歴史言語学　モノグラフシリーズ❶

ソシュールと歴史言語学

神山孝夫・町田　健・柳沢民雄

発行―日本歴史言語学会
発売―大学教育出版

Historical Linguistics in Japan
Monograph Series 1

Ferdinand de Saussure in the Context of Historical Linguistics
By Takao KAMIYAMA (ed.), Ken MACHIDA, and Tamio YANAGISAWA

©2017 Japan Society for Historical Linguistics
University Education Press, Okayama, Japan
All rights reserved

序

　ここに「歴史言語学モノグラフシリーズ」を創刊する。

　その記念すべき第1巻では、現代言語学の祖とも称されるソシュールが歴史言語学に残した足跡をたどる。

　ソシュールに関する誤解は根深い。あるいは「ソシュール」と「歴史言語学」の組み合わせに違和感を感じる向きもあろう。だが、彼の生涯と業績を確認すれば、彼の専門が印欧語を主材とする歴史・比較言語学であることは明らかである（**第Ⅰ章**：神山）。若くして印欧祖語の母音組織と母音交替の解明に不滅の貢献をなし（**第Ⅱ章**：神山）、また古い印欧語の特徴を留めるリトアニア語の複雑なアクセントの振る舞いを鋭い洞察力によって明らかにした（**第Ⅲ章**：柳沢民雄）。晩年に担当した「一般言語学講義」に基づき死後に上梓された主著は言語の共時的研究の指針も示したが、そこには彼が一生を捧げた通時（すなわち歴史）的研究のエッセンスが縦横無尽にちりばめられている（**第Ⅳ章**：町田　健）。

　ソシュールの真価に触れることを通して、印欧語に限らず、歴史言語学に親しむ機会としていただければ幸いである。

　本書の基礎となったのは、2017年3月19日（日）に研究社英語センターにて開催されたシンポジウム「ソシュールと歴史言語学」である。創業110周年記念行事としてお力添えいただいた株式会社研究社と関戸雅男社長、各方面で尽力いただいた日本歴史言語学会の各位、そして全国から来聴くださった奇特な方々に篤くお礼申し上げたい。成稿までの過程でお力添えいただいた北岡千夏、小川博仁、宮本順一郎の各氏にも等しく感謝する。

　日本歴史言語学会と機関誌『歴史言語学』、それに付随するこの「歴史言語学モノグラフシリーズ」、そしてそれらを通じてわが国の歴史言語学全体がますます生生発展することを祈念しつつ。

　　　　2017年11月吉日

　　　　　　　著者を代表して
　　　　　　　日本歴史言語学会会長　神山孝夫

目　次

序	3
目次	4
ソシュール家の系譜（抄）	6

第Ⅰ章. ソシュールの生涯と業績　　　　　　　神山孝夫　7

生い立ち (7)　　初等教育 (9)　　ピクテとの交流　　鼻音と母音の交替 (10)
印欧語根についての試論 (11)　　「試論」の成稿時期 (13)　　ボップ『比較文法』
(15)　　クルツィウス『語源学の基礎』(16)　　ジュネーヴ大学の 1 年 (17)
パリ言語学会 (19)　　ライプツィヒ (21)　　子音の組成と成節流音 (22)
成節鼻音と「鼻音ソナント」(24)　　「鼻音ソナント」のプライオリティー (25)
ライプツィヒでの就学 (26)　　履修した講義 (31)　　「文法の集い」と「文法の
夕べ」(32)　　研究成果の発信 (34)　　ブルークマンの「ギリシア語文法」(35)
Mémoire の出版 (36)　　ベルリンでの半年 (38)　　クルツィウス一門の崩壊 (40)
Mémoire の反響：パリとジュネーヴ (42)　　*Mémoire* の反響：ドイツ (43)
再びライプツィヒへ (47)　　博士論文の提出 (49)　　リトアニア旅行 (52)
パリ留学 (54)　　高等研究院准教授 (56)　　高等研究院での授業 (58)
パリ言語学会 (60)　　パリでの私生活と挫折 (63)　　高等研究院の辞職 (65)
ジュネーヴ大学 (68)　　一般言語学講義 (71)　　ジュネーヴでの研究 (73)
ジュネーヴでの私生活と死 (77)

第Ⅱ章. *Mémoire*（覚え書）とラリンガル理論　　　　　神山孝夫　83

Mémoire の位置 (83)　　グリムの権威化 (84)　　ボップの逡巡 (85)
Spaltung (87)　　シュライヒャーの試み　　Spaltung 再び (89)　　母音の縮減
と「鼻音ソナント」(90)　　複数の a の想定 (92)　　*Mémoire* (95)　　硬口蓋化
法則と母音組織 (98)　　ソシュールの瑕疵とメラーの補正 (100)　　未知の音韻
の名称と記号 (106)　　2 音節語基と Schwebeablaut (108)　　ドイツでの反応
(109)　　ソシュール自身による補足 (113)　　ラリンガル理論の受容 (115)
ラリンガル＝ソナント説 (119)　　ラリンガルの残滓 (120)　　ラリンガルの音
価推定 (125)　　ラリンガル＝子音説の行き詰まり (130)　　正常階梯とゼロ階
梯の出現 (131)　　音節保存の傾向と o 階梯の出現 (133)　　ラリンガルの合一
と消失：*a と長母音の出現 (135)　　*ə の出現 (136)　　結論 (138)
総括1：母音組織の生成プロセス (139)　　総括2：母音交替の発生 (140)

第Ⅲ章. リトアニア語アクセントの研究　　　　　　　柳沢民雄　141

0. はじめに (141)
1. リトアニア語の基礎的知識 (144)
1.1. リトアニア語の書記法と発音　　1.2. リトアニア語の母音組織 (146)

1.3. リトアニア語の音節 (148)　　1.4. リトアニア語の韻律的対立 (149)　　1.5.
リトアニア語のアクセント法　　1.5.1. 名詞のアクセント法 (149)　　1.5.2. 動
詞のアクセント法 (152)
2.　ソシュールの第 1 論文「リトアニア語のアクセント法について」(155)
2.1. ソシュール論文以前のリトアニア語アクセント学 (156)　　2.2. フォルトゥ
ナートフ「リトアニア語の比較アクセント学のために」(158)　　2.2.1. 長いソナ
ント r̥, l̥, m̥, n̥ のリトアニア語の反映 (159)　　2.2.2. 短いソナント r̥, l̥, m̥, n̥ の
リトアニア語の反映 (161)　　2.2.3. 二重母音のリトアニア語の反映 (163)
2.2.4. ソシュールの音調とアクセントの考え (164)　　2.2.5. 原初的な印欧語の
長い単母音のリトアニア語における反映 (166)　　2.2.6. 原初的な印欧語の短い
単母音のリトアニア語での反映 (171)
3.　ソシュールの第 2 論文「リトアニア語のアクセント法」(173)
3.1. ソシュールの法則 (174)　　3.2. 曲用のアクセント法 (177)　　3.3. 動詞屈折
のアクセント法 (180)　　3.4. 派生語のアクセント法 (183)　　3.5. リトアニア
語の名詞の AP と［印欧語の］オクシトン語幹 (188)
4.　ソシュールのリトアニア語アクセント研究の評価 (191)
4.1. ソシュールの法則のその後　　4.2. ソシュールのリトアニア語 AP の起源的
仮説のその後 (193)

第Ⅳ章. *Cours*（講義）と歴史言語学　　　　　　　　　　町田　健　197

0.　緒言 (197)
1.　言語に関わるアポリア (198)
2.　言語変化を妨げる要因 (200)
2.1. 言語記号の恣意性と言語変化 (201)　　2.2. 体系の複雑性と言語変化 (204)
2.3. 言語的改変に対する集団の無気力 (205)
3.　言語変化を促す要因 （206）
4.　音変化の原因 (208)
4.1. 民族が持つ音変化への性向 (209)　　4.2. 地質や気候の条件 (211)　　4.3.
最小努力の法則 (212)　　4.4. 幼児期における発音の習得 (214)　　4.5. 国家
の状態と音変化 (215)　　4.6. 言語基層の作用 (216)　　4.7. 音と流行 (218)
5.　類推と民間語源 (219)
5.1. 類推 (219)　　5.2. 民間語源 (220)
6.　言語の地理的多様性 (221)
7.　言語変化の理由 (224)
7.1. 語彙の変化 (224)　　7.2. 音素の変化 (225)　　7.3. 構造規則の変化 (226)

第Ⅴ章. 座談会抄録　　　　　　　　神山孝夫、町田　健、柳沢民雄　231

　　略語　　　　　　　　　　　　　　　　　　　　　　　　　　　　244

　　参考文献　　　　　　　　　　　　　　　　　　　　　　　　　246

　　索引　　　　　　　　　　　　　　　　　　　　　　　　　　　　263

ソシュールと歴史言語学

ソシュール家の系譜（抄）

Schouel (Chouel) de Saulxures-lès-Nancy
c1430–?
Monteuil-sous-Amance（仏ナンシー北東）領主

Mongin Schouel (Chouel) de Saulxures
1469–1542
功績により貴族に取り立てられ領地を拡大

Antoine de Saussure
1514–1569
改綴，カルヴァン派に帰依しスイスに亡命，ローザンヌ市民となる

Claude de Saussure
c1542–?
フランスへ帰国

（2代後に廃絶）

Jean de Saussure
1546–1617
Bossens（ローザンヌ北東）領主

Jean-Baptiste de Saussure
1576–1647

Daniel de Saussure
Morrens（ローザンヌ北）領主

（数代後に廃絶）

Elie de Saussure
1602–1662
Bossens に加え Morrens を受け継ぎ，ジュネーヴ市民となる

César de Saussure
1637–1703

Théodore de Saussure
1674–1750
妻の兄がジュネーヴの邸宅とジャントー村の別荘を建設

Nicolas de Saussure
1709–1791
農学者

Horace-Bénédict de Saussure
1740–1799
博物学者・登山家
ジュネーヴの邸宅とジャントー村の別荘を受け継ぐ

Albertine Adrienne Necker de
Saussure 1766–1841
文学者・教育者

Nicolas-Théodore de Saussure
1767–1845
生化学者・鉱物学者

（子孫なし）

Alphonse Jean François de Saussure
1770–1853
ジャントー村長

Henri Louis Frédéric de Saussure
1829–1905
博物学者

Ferdinand Mongin de Saussure
1857–1913
言語学者
妻 Marie が Vufflens 城を受け継ぐ

第 I 章. ソシュールの生涯と業績

生い立ち

　地方史を丹念に追った Joseph (2012a: 4f., 652) によると，ソシュール一族はフランス東部ロレーヌ地方の Saulxures-lès-Nancy に発する．従来は同地方の小村 Saulxures-sur-Moselotte の発祥とされた．16 世紀，貴族に取り立てられて領地を広げたが，カルヴァン主義に帰依したために責めを負う．スイスに逃れ，新たに領地と安寧を獲得した一族は，ニコラ (Nicolas)，オラス・ベネディクト (Horace-Bénédict)，ニコラ・テオドール (Nicolas-Théodor) 等の学者を輩出した．

　フェルディナン・モンジャン・ド・ソシュール (Ferdinand Mongin de Saussure) ももちろんその血統の中にある．彼は 1857 年 11 月 26 日に博物学者アンリ (Henri Louis Frédéric) と伯爵令嬢ルイーズ (Louise) の長男としてジュネーヴに生まれた．1717 年建立の生家はジュネーヴ大学のすぐ北側の高台に立つ．

19 世紀末頃のソシュール邸
(http://www.notrehistoire.ch/medias/85934 より)
敷地は Rue de la Cité, Rue de la Tertasse, Rue de la Corraterie に囲まれる

初等教育

ソシュールは 1866 ないし 67 年，父の指示により，ドイツ語圏に属すベルン北方のホーフヴィル (Hofwyl，現 Hofwil) にある寄宿学校[1]に入学し，初等教育の大半をここで修めた．彼は同地において他科目と並んで独英羅を，そして 1869 年からはギリシア語を学ぶ．

しかし，同校における当時の就学の環境は，祖父や父がその前身に学んだ頃ほど理想的ではなかったらしい．これを察知した父アンリは，1870 年，ソシュールをジュネーヴに呼び戻し，古典語の教育を特に重視するマルティーヌ学院 (l'Institution Martine)[2]に転学させる．ソシュールはこの決定を大いに喜び，また同校における勉学は充実したものとなった．同校において彼は急速にギリシア語に親しむことになる．

ピクテとの交流

ソシュール家にはジュネーヴから数 km 離れた，レマン湖北岸のジャントー (Genthot) 村に別荘があった．建立は 1723 年．クルー・ド・ジャントー (Le Creux-de-Genthod) と呼ばれる入江近くに位置し，広大な庭園を備える．祖父のアルフォンスはこの村の長を務めた．その父オラス・ベネディクトはここからレマン湖の彼方にモンブランを仰ぎ見て，伝説となったその登頂を目論んだ．ソシュール少年も家族とともに毎年の夏をここ，あるいは同じ村の中の北寄りの集落マラニー (Malagny) にある，母方プルタレス家の祖父アレックス伯爵 (Alexandre-Joseph de Pourtalès, 1810–1883) の豪邸に過ごした．

ソシュールは幼少よりことば好きであったという．語源研究の愛好家であったアレックス伯爵の影響もあろう．しかし，ことばへの関心が決定的に増大するきっかけとなったのは，別荘における**ピクテ** (Adolphe Pictet, 1799–1875) との交流であった．マラニーには，言語古生物学 (linguistic paleontology) の創始者とも評される，この著名な言語学者・作家の別荘もあったのである．[3]

---

[1] Philipp Emanuel von Fellenberg (1771–1844) によって創設された，英国 public school に似た富裕層向け，全寮制の初・中等教育施設．
[2] 前身は l'Institution Le Coultre．1869 年に Eugène Martine 氏が引き継ぎ，1882 年閉校．
[3] 1882 年に取り壊され現存しない（http://patrimoine.versoix.com/?page=82&obj=212）．

第Ⅰ章　ソシュールの生涯と業績

クルー・ド・ジャントーの旧ソシュール家別荘と周辺施設の一部
(Google マップより)

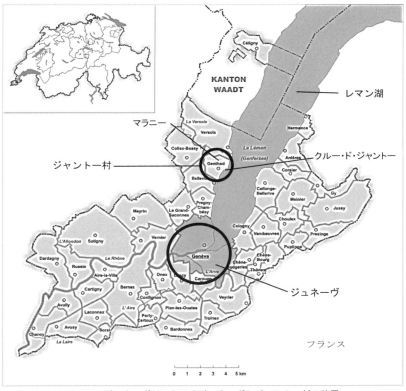

スイス・ジュネーヴ州におけるジュネーヴとジャントー村の位置
https://upload.wikimedia.org/wikipedia/commons/6/6d/Karte_Gemeinde_Gen%C3%A8ve_2007.png を加工

アルフォンスの姉アルベルティーヌは文学界とつながりを持っていた．彼女を介してソシュール家とピクテの間には長年の交流があり，ソシュール少年も晩年のピクテの知遇を得ることになる．彼の別荘への訪問と歓談を繰り返す間に，言語の研究によって過去の民族の生活を垣間見る可能性に心惹かれるようになったのは当然かもしれない．早速，『印欧語ないし原始アーリア語の起源』(= Pictet 1859–63) に果敢に挑むなど，早くも十代前半にして印欧語の歴史的研究に目覚めたのであった．

鼻音と母音の交替

1872 年，14 歳のソシュールはマルティーヌ学院を首席で卒業すると，大学進学者用の高等学校 (gymnase) に進学する前に，1 年間ジュネーヴ州立のコレージュに通うことになった．「まだ若すぎる」というのが理由である．すでに高等学校に進むのに充分な学力を身に着けていた彼にとって，予備校的性格しか見いだせないコレージュに就学することは不本意であった．とはいえ，後に彼自身も回想するように，コレージュでの経験は無駄でなかったばかりか，むしろ彼の人生を左右する貴重なものであった．ここに学ぶ間に，いわゆる「鼻音ソナント」（24 頁以下参照）と同様の発想に至ったからである．

後年，数少ないドイツの友人のひとりである印欧語比較言語学者**シュトライトベルク** (Wilhelm August Streitberg, 1864–1925) の勧めに応じて書かれた「回想」(= Saussure 1960) [4] によれば，そのきっかけとなったのは，オルトラマール (André Oltramare, 1822–96) 校長が自ら教鞭を取るギリシア語講読の授業中，教材であるヘーロドトスの一節に見いだした τετάχαται なる古形だったとされる．[5]

---

[4] 1903 年執筆．ソシュールの手元に残され，1960 年に活字化された草稿は，シュトライトベルクのもとに届けられた最終版とは異なっていた．詳しくは小松 (2011: 4ff.) を参照．
[5] ヘーロドトス『歴史』に τετάχαται は見いだされない．ただし，Lodewijk Caspar Valckenaer (1715–1785) による注釈にはこの形態への言及がある．するとソシュールがこの形態を目にしたのはこれを引用した注釈の中だったかもしれない．他方，『歴史』VI.103 には τετάφαται「（複数の馬が）埋葬されている」(θάπτω (< *θαπ-j-) "bury") が見える．重複音節と気音を加えた *θε-θάφ-αται はグラスマンの法則（注 16）により τετάφαται となる．さらに，トゥーキュディデース (Θουκυδίδης, c460–c400 BC) の『戦史』III.VIII.3 には τετάχαται「（ペルシアの船団が）陣形を整えた」が見える．以上からすると，「回想」におけるヘーロドトスはトゥーキュディデースの，あるいは τετάχαται は τετάφαται の書き誤りである可能性もある．

ソシュールはコレージュでの授業に退屈していたが，この形態を目にするや，とたんに夢中になってこの形態の成り立ちについて推理を開始したという．

ソシュールの理路を追うためには τετάχαται の成り立ちを確認せねばならない．まず，その語根は ταγ- "put in order" である．[6] 語頭に添えられた τε- は語根の子音に ε を添えた，いわゆる重複音節 (reduplicated syllable) であり，これを添えることによって問題の形態が完了形であること，すなわち過去に行われた行為の結果が現在に及んでいることが示される．

また，τε-τάχ-αται の τάχ- は，大雑把に言えば，語根 ταγ- の完了時制における異形態である．さすがのソシュールも当時はこの程度しか把握していなかったことだろうが，後の彼の成果に基づく今日の知見を加えて細部を補足すれば，完了の能動 1 人称単数形の語尾は本来 *-h₂e > *-ha であって，この形態からの類推によって完了時制のほかの形態の語根末にも *-h- が添えられるに至ったと考えられる．これがいわゆる気音完了 (aspirated perfect) の起源である．すなわち，*τε-ταγ- にこの *-h- が加われば，得られる有声帯気音を無声のそれに置き換えるというギリシア語の癖に従い，*τε-ταγ-[h]- > *τε-τα[gʰ]- > *τε-τα[kʰ]- = τεταχ- となる (e.g. τέταχα)．

さて，問題は残った -αται の部分である．完了中動相の 3 人称複数形に用いられる語尾は一般に -νται であって，-αται という形は珍しいが，意味・形態の両面から，これらが起源的に同一であることは疑い得ない．だとすれば，ν [n] が α [a] と交替していると考えねばならない．このアイデアはそれから数年の間，彼を捉えて離さないことになる．

印欧祖語の語根についての試論

1873 年秋，コレージュでの不本意な 1 年を終えたソシュールは高等学校に進んだ．彼が処女論文「ギリシア語，ラテン語，ドイツ語の語を少数の語根に還

---

[6] 現在 1 人称単数形は *τάγ-j-ω > τάττω ないし τάσσω．*γ-j- が融合して得られると期待される長い硬口蓋閉鎖音 [ɟɟ] は無声化して [cc] に転じたと思しい．この段階，ないし破擦音となった [cɕ, tɕ, ts] 等のいずれかの段階が不完全に ττ と綴られたと考えられる．σσ はさらに摩擦音に転じた段階を表記する．詳しくは松本 (1970; 2014: 195–254) あるいは神山 (2016: 14ff.) を参照されたい．ただし，中途に予想される無声化の原因は判然としない．

- 11 -

元する試論」(= Saussure 1978) を完成させ，尊敬するピクテに講評を求めたのは翌 1874 年夏（16 歳）のことであったと考えられる．

　同試論でソシュール少年が目論んだのは，当時彼が心得ていたギリシア語，ラテン語，ドイツ語等の数々の語の語根部分が，「子音＋母音＋子音」という簡素な構成の共通の要素（印欧祖語の語根）に由来することを示すことであった．

　実際，印欧祖語の語根が一般に子音で始まり子音に終わる 1 音節の形状を取ることは，現在ではよく知られた事実である．[7] しかし，当時これをある程度心得ていたのは，果敢に祖語の再建を試みた Schleicher (1861: 287f.) による印欧祖語の語根構造の試案を知る，印欧語比較言語学の真の専門家だけであったろう．

　すなわち，ソシュール少年の抱いたアイデアの骨子は，実はかなりよいところを突いていた．十代半ばの少年が，先行業績の恩恵を受けることなく，独力でここまでたどり着いたことはむしろ驚きである．

　しかし，調音が類似すると感じた子音群をまとめて，それらが同じ音に由来するとみなしたのは杜撰な仮定であった．調音位置が同じ子音群がまとめられ，当時の常識に従い l と r は同じ範疇に入れられた．このような仮定に無理があるため，その上に想定された印欧祖語の語根の想定にも応分の無理があった．

　例えば，彼が唇音を P で，舌尖音を T でまとめ，母音を A として印欧語根 PAT を導いたが，そこには今日の再建形 *ped- "foot"（Lat. pēs（語根 ped-），Gk. ποὺς（語根 ποδ-），G. Fuss（cf. OE fōt），Gk. πηδάω "jump"）[8] のみならず，*pent- "tread"（Gk. πόντος "sea(lane)", πάτος "way", G. finden "find"）や *pet- "rush"（Lat. petō, Gk. πέτομαι "fly"），さらには *wed- "water"（G. Wasser, Gk. ὕδωρ），*pō(i)- "drink"（Gk. πίνω, πότος "feast"）や少々問題のある *bhudh- "bottom"（Lat. fundus, G. Boden, Gk. πυθμήν），その他多くが含まれていて，これらを総合して彼が想定したその原義「地面，深淵」（F. sol, profondeur）に説得性のあろうはずはない．

---

[7] 簡略的に子音一般を C で，ソナントないし鳴（子）音 (resonant) r, l, m, n と半母音 i, u を R で，本来の母音を e で表せば，再建される印欧祖語の語根は Ce(R)C あるいは C(R)eC という 1 音節の形状を取り，初頭には s- が添加される場合もある．神山 (2006: 163) を参照．
[8] これらの例語に含まれる長母音はいずれも二次的なものである．前 3 者では単数主格を形成する際に，その指標 *-s ないし語根末の *d が脱落して**代償延長** (compensatory lengthening) が生じたと考えられる．Martinet (1986: 186ff.; 2003: 217ff.) を参照．πηδάω に現れるのは派生語に見られる二次的延長 (vṛddhi) である．

- 12 -

だが，専門的な知識を身につける前の彼が，調音位置の同じ子音が同じ由来を持つと考えた背景もわからないではない．例えば，歯（茎）音についてギリシア語，ラテン語（ならびにイタリア語とフランス語），英語，ドイツ語の間の音の対応をまとめた次頁の表をご覧いただきたい．ここに記したような諸言語間の音対応と個々の言語内における歴史的変化を正確に把握していない状態では，あたかも任意の歯（茎）音ないしそれに近い音がランダムに現れるかのような印象を持つのも致し方ないかもしれないからである．

　まして，当時はまだヴェルナーの法則（注14）は発見されていないし，グラスマンの法則（注16）も発見されて日が浅い．舌背音ないし口蓋音（gutturals）に複数系列が存在することさえも知られていなかった（98頁注64参照）．ピクテは Mon jeune ami, je vois que vous avez pris le taureau par les cornes...（Saussure 1960: 17）「猛牛に挑んでいるね（がんばって！）」という励ましのコメントを記しただけだったが，ソシュール少年はその後専門的な勉強を開始するとすぐに自身の至らなさに気付き，汗顔の思いに至ったに違いない．

「試論」の成稿時期

　従来，「回想」(= Saussure 1960) の記載に基づき，「試論」の成稿時期は彼がマルティーヌ学院に在学していた1872年の夏（14歳）とみなされてきた．

　だが，金澤 (2009: 209) によれば，1996年に発見された新資料に「回想」の複数のヴァージョンが含まれており，そこには問題の論考をピクテに送った日付を2年遡らせようとした形跡があるという．Joseph (2012a: 153) も異なる理路から同様の見解を記す．そんな虚しい改竄を試みた真意はにわかには理解できないが，金澤が想像するように，それは「鼻音ソナント」発見のプライオリティーを主張するための方便だった可能性もなきにしもあらずであろう．しかし，ライプツィヒを離れて20年以上も経てから，かつ私信において事実を曲げたところで得られるものはない．あるいは，「試論」における失敗を恥じるあまり，実際よりもさらに幼い頃のできごとだと思いたかったのかもしれない．

　「試論」の脱稿時期は1874年夏（16歳）と考えられるが，「回想」にも記される通り，それ以前からアイデアを温めていた可能性もあろう．

- 13 -

Gk.	Lat.	It.	F.	E.[9]	G.[10]
[t]~[s][11]	[t]	[t]~[d][12]	[t]~無音[13]	[θ]~[ð]~[d][14]	[d]~[t]
τύ ~ σύ	tū	tu	tu /ty/	thou	du /du:/
πατήρ	pater	padre	(père [pε:r])	OE fædar[15]	Vater ['fa:tɐ]
[d]	[d]	[d]	[d]	[t]	[ts]~[s]
δύο	duo	due	deu [dø]	two	zwei [tsvaɪ]
(τίς, τί)	quod, quid	(che [ke])	(que, qui)	what	was [vas]
[tʰ]~[t][16]	[f][17]	[f]	[f]	[d]	[t]
τίθημι	faciō	fare	faire [fε:r]	do	tun [tu:n]
[s]~[h]~無音[18]	[s]~[r][19]	[s]~[r]	[s]~[r]~無音	[s]~[z]~[r]	[s]~[z]~[r]
εστί	est	(e)	(est [ε])	is	ist
έπτά	septem	sette	sept [sεt]	seven	sieben ['zi:bn]
(ἔννῡμι)	vestis	vestire	(vêtir [vεti:r])	wear	OHG werien
(cf. καλῑά	colōr	colore	couleur	OE heolstor	MHG hulst
"shelter")	< OLat. colōs		[kulœ:r]	"cover"	"cover"

---

[9] ゲルマン語では他の印欧語の音がずれて現れる. この現象は最初に Rask (1818b: 169ff.) が指摘し, Grimm (1822: 583ff.) がまとめた. 最初に生じたのは**第 1 次子音推移**（G. erste Lautverschiebung；不適当だが一般化した別名は**グリムの法則** Grimm's Law）である. ギリシア語の無声閉鎖音, 有声閉鎖音, 帯気音は, 原則としてゲルマン語の無声摩擦音, 無声閉鎖音, 有声閉鎖音に対応する. 注 14 も併せて参照のこと.

[10] 標準ドイツ語の基礎となった高地ドイツ語は第 1 次子音推移の後に再度子音のずれを経験した（**第 2 次**ないし**高地ドイツ語子音推移** G. zweite *oder* hochdeutsche Lautverschiebung）. 他ゲルマン語の無声閉鎖音, 有声閉鎖音は原則のドイツ語の無声破擦音（さらに無声摩擦音）, 無声閉鎖音に対応する. 第 1 次子音推移によって得られた [θ] は, これとは別の過程によって, ドイツ語とオランダ語で [d] に転じた. 詳しくは清水 (2012: 46ff.) 等を参照.

[11] 注 6 にも触れたように *j の前で τ は破擦音, 次いで摩擦音に転じ, σ との差異が失われるほか, 変化の細部は明らかでないが *tw- が σ として現れる. τύ が σύ として現れるのは後者の類推による. Beekes (2010: 1419f.) 等を参照.

[12] 有声音間の無声閉鎖音はロマンス語地域西部で（時にイタリア語でも）有声化した.

[13] 有声音間の無声閉鎖音はロマンス語地域西部において有声化, 次いで摩擦音化を被り, フランス語では [v] として保存される [β] を除いて脱落する. 神山 (1995: 169) 等を参照.

[14] ゲルマン語の第 1 次子音推移には例外が存在する. Verner (1877a: 114) がつきとめたとおり, 第 1 次子音推移によって得られた無声摩擦音は先行音節にアクセントがあった場合に暫時保存され, それ以外の場合には有声化した. こうして得られた有声摩擦音は西ゲルマン語でさらに有声閉鎖音となる. この推移を**ヴェルナーの法則**（Verner's Law）と称する.

[15] 英語の歴史の中で若干の語における d が例外的に th に転じている. 神山 (2014) 参照.

[16] 帯気音の連続が排除され, 原則先行の帯気音が気音を失う. 数学者 Grassmann (1863) によりつきとめられたため, **グラスマンの法則**（Grassmann's Law）と呼ばれる. 注 5 参照.

[17] ラテン語の祖先が有したはずの *[tʰ] は *[θ] を経て歯音性を失い [f] に合一した.

[18] ギリシア語において [s] は母音に先行する語頭において [h] となり, 母音間では消失した.

[19] ラテン語において [s] は母音間で [r] に転じた. この現象を rhotacism と称する. Lat. colōs が colōr に転じたのは斜格形（例えば属格 *colōsis > colōris）からの類推による. ゲルマン語ではヴェルナーの法則等によって有声化した *s が同じ現象を被る. なお, 仏英独の [r] は 17 世紀ごろまでの発音. その後の発音習慣の変化を含め神山 (2015; 2017) を参照のこと.

ボップの『比較文法』

　「試論」を受け取ったピクテは，そこに含まれる様々な誤りを事細かく指摘する代わりに，参考にして研鑽を積むのに利用すべき書籍を推薦した．ソシュール少年は1874年の恐らく秋から少しずつこれに取り組みはじめた．

　推薦された書のひとつは，ベルリン大学教授として学界をリードした**ボップ**（Franz Bopp, 1791–1867）の「文法」であったという．だが，これがどの本を指すのかよくわからない．Joseph (2012a: 677) はソシュールがこの時期にサンスクリット学習をはじめたと考えられることから，簡略文法である Bopp (1834, 1845[2], 1863[3], 1868[4]) をその候補とみなす．確かにソシュールがサンスクリット自修をはじめた初期にこの本を用いた可能性は濃厚だろう．しかし，ピクテに推薦されたのはやはり『比較文法』（= Bopp 1833–1852 ないし後の版）であったと考えるべきかと思う．[20] 以下に記すクルツィウスの『語源研究』の類書であること，またソシュールが『講義』において言及している点から，これら両者に深くなじんでいたことが窺われること，これらの充分な理解なくして τετάχαται において彼が着想した鼻音と母音の交替の問題に挑むことなど不可能だからである．

　実際，ボップの『比較文法』は単なる文法書などではない．当時好まれた用語「比較文法」(G. vergleichende Grammatik) とは，今日むしろ一般的になった「比較言語学」(G. vergleichende Sprachwissenschaft)，ないし印欧語を対象とする場合には「印欧語学」(G. Indogermanistik) とほぼ同義であって，語彙等の単純な比較対照にとどまらず，印欧諸語の音韻と文法的側面を中心に据えて，言語の根幹を詳しく見比べることにより，それらが記録されるよりも以前の状態を合理的に推理し，印欧語のあゆみを明らかにすることを目指す言語研究分野を指す．

　神山 (2006: 50) に記したように，ボップは，**ジョウンズ**（Sir William Jones, 1746–1794）が示した印欧語についての有名な着想と，主に文学者として知られる**シュレーゲル**（Friedrich von Schlegel, 1772–1829）が残したインド学の先駆的業績に刺激を受け，ナポレオンによる侵攻の影響の中，ドイツでの不完全な就学に続きパリとロンドンでほぼ10年を費やしてサンスクリット等を身に着けた．彼

---

[20] 紙幅の制限のため，ボップならびに以下に言及される研究者の経歴や業績については大部分割愛する．適宜神山（2006）等を参照されたい．

こそ，その知識を基礎にして印欧語比較言語学ないし比較文法を本格的に誕生させ，またこれをドイツに根付かせた立役者である．同時代に，ゲルマン語を中心にして同種の試みを実践した**ラスク**（Rasmus Rask, 1787–1832）と**グリム**（Jacob Grimm, 1785–1863）の業績も無論軽んじることなどできないが，その射程の広さと到達したレベルにおいてボップは両者をはるかに凌ぐと言ってよい．

6分冊で出た『比較文法』初版は，各分冊の冒頭に付された序を除き，本文 1511 頁から成る．文字と音論，名詞の単数主格を皮切りに，あらゆる文法的形態について，サンスクリット，アヴェスタ（当時はやや不適当にゼンド Zend と称された），ギリシア，ラテン，リトアニア，古代教会スラヴ，ゴートの各語，そしてドイツ語等々のデータが整理され，それらが成立する過程についてボップが把握ないし推理することがらが恐らくすべて記されている．

富盛（1985: 16）によれば，ソシュールは大学敷地内にある州立図書館（現ジュネーヴ図書館 Bibliothèque de Genève）からこれを借り出したらしい．同図書館には上記の初版のほか，1857〜61 年に 3 巻本で出た第 2 版と，後者を基にして 66〜74 年に出たフランス語版のいずれもが所蔵されているが，後に引用されていることから，当時彼が主に利用したのはフランス語版であった．翻訳にあたった**ブレアル**（Michel Bréal, 1832–1915）[21] は当時フランスにおけるボップの唯一の直弟子であり，数年後，ソシュールとパリで交誼を深めることになる．

クルツィウスの『語源学の基礎』

ピクテから推薦された他方の書は，ボップの高弟で，当時ライプツィヒで言語学講座を主催していた**クルツィウス**（Georg Curtius, 1820–1885）[22] の『ギリシア語語源学の基礎』であった．富盛（1985: 16）によれば，高等学校在学中からソシュールはジュネーヴ大学文学部の図書室へ通ってその第 2 版（= Curtius 1866）を読んだという．ボップを借りた州立図書館同様，文学部もソシュール邸から徒歩数分の至近距離にある．

---

[21] 近代オリンピックにおけるマラソン競技の発案者としても知られている．
[22] しばしば「クルティウス」と誤記されるが，神山（2006）等でも繰り返し指摘しているように，そのドイツ語での発音は ['kɔrtsiʊs]（ないし ['kʊʁtsiʊs] 〜 ['kʊʁtsiʊs]）である．Duden の *Aussprachewörterbuch* を確認されたい．

以下に述べるような経緯から徐々にソシュールは印欧祖語の母音交替の問題に引き付けられていくことになるのだが，**第Ⅱ章**に詳述するように，この未解決問題の解決に向けて当時もっとも先を行っていたのがクルツィウスであった．

　彼の『語源研究』第 2 版は分量的にボップの『比較文法』には劣るが，それでも 730 頁から成る大部である．巻頭にはボップへの献辞が付され，総論，ほかの印欧諸語とギリシア語との規則的な音対応，同様に不規則的な（すなわち当時は経緯が不明であった）音対応の計 3 部から成り，ギリシア語を視野の中心に据えた印欧語比較文法書と言ってよい．

　扱われている言語は，ギリシア語に加えサンスクリット，アヴェスタ，ラテン，リトアニア，スラヴ，ゴート，古ノルド等のゲルマン諸語はもちろん，高弟ヴィンディッシュ（Ernst Wilhelm Oskar Windisch, 1844–1918）の協力を得て，ボップに欠けていたケルト，アルメニア，そしてアルバニア語や，わずかな痕跡を残すメッサピア語やプリュギア語にまで及んでおり，ボップの『比較文法』からさらに視野を広げ，またピクテや，かつてプラハで同僚だった**シュライヒャー**（August Schleicher, 1821–1868）などによる研究の進展をも取り込んで内容を拡充した，当時最高の比較文法書のひとつであったことは間違いない．

　ピクテの示唆により，恐らく高等学校在学中から両書に触れたソシュールであるが，彼がいかに勤勉であったにせよ，またいかに優れた頭脳を持っていたにせよ，極めて濃密な内容の『比較文法』と『語源学の基礎』を短期間のうちに読了し，かつその内容をしかるべく把握することなど不可能であると言ってよい．ありがたいことに，程なく両書の理解を手助けしてくれる味方が現れる．

ジュネーヴ大学での 1 年

　ソシュールは高等学校 2 年目に大学入学資格バカロレア（F. baccalauréat）を取得し，17 歳で自宅近くのジュネーヴ大学自然科学部に入学した．彼の曽祖父オラス・ベネディクトや大伯父ニコラ・テオドールは同学の前身である Académie の教授であったから，実績はあっても在野の研究者のままであった父アンリは，自分より優れた資質を備えると見て取ったソシュールには，是非彼らのように自然科学の研究職に就いてもらいたいと望んだ．しかし数年来彼の関心はもっ

ぱら言語にある．父の意向を忖度して進路に迷った彼は様々な学部の実に様々な科目を履修した．肝心の言語学は担当教授の**ヴェルテメール**（Joseph Wertheimer, 1833–1908）[23] に対しなぜか悪感情を抱いたために履修しなかったが，神学，法律学，代数学，物理学，化学，美術史，歴史学，哲学，ラテン語学文学，ギリシア語学文学，ニーベルンゲンの詩，フランス語史，そして後掲のギリシア語文法等を受講したことはわかっている．その上，彼は2年生向けの授業も取ったという．友人はこれをありえない負荷と評した．

　結果，鬱憤もたまり，後には「無駄な1年間」と振り返った．しかし，この1年間がなければ後の彼の名声もなかったかもしれない．その年に文学部の私講師（F. privat-docent）に就任した**モレル**（Louis Morel）が開講した「ギリシア語文法」（冬学期）と「比較言語学の初歩と古典文献学への応用」（夏学期）を受講したことが大いに助けになったからである．

　モレルの生没年は明らかでないが，Joseph（2012a: 171ff., 678f.）によるとジュネーヴに生まれ，ジュネーヴ大学の前身である Académie に続いてライプツィヒに学び，ギリシア語の比喩表現における身体部位の名称についての研究で学位を得たばかりであった．前年にはクルツィウスの同名の講義（実質的に印欧語比較文法）を受講し，克明なノートを持ち帰った．

　ソシュールがモレルから受けた講義はクルツィウスの講義の二番煎じだったとされるが，効率において独学は教えを受けることに遠く及ばない．これまでひとりで悶々と取り組んでいた印欧語比較言語学の理解が急速に進むことになった．ジュネーヴ大学に在籍した1年間のうちにボップの『比較文法』とクルツィウスの『語源学の基礎』に加えて，シュライヒャーの『総覧』（= Schleicher 1861–2）等々を充分に把握し，さらに様々な専門誌に掲載される最先端の研究を理解できるところまで到達してしまったのである．

　印欧語比較言語学に開眼したソシュールは，ある日の講義の後，大学そばの公園で積年の疑問をモレルにぶつけてみた．3年前，τετάχαται から得た [n] と [a] の交替という思いつきは果たしてあたっているのだろうかと．ボップにもク

---

[23] 神山（2006: 81）では不注意にもドイツ系と誤解し「ヴェルトハイマー」と誤読した．小林訳にも同じ不備がある．町田訳 Saussure（2016: 2）掲載の略歴を参照されたい．

ルツィウスにも，またシュライヒャーにもそんな記載はない．例えば an という音連続が a と交替するなら，それは単に n の部分が脱落したためだとクルツィウスは『語源学の基礎』で説いている．[24] クルツィウスの最新の講義で何かほかの可能性に言及はなかったかと迫るソシュールに，モレルが答えに窮するばかりだったというのも無理はない．

　モレルとすれば，当時，印欧語学のメッカであったライプツィヒで最先端の知識を身に着け，意気揚々と故郷に戻ってきて教職をスタートさせたが，最初に教えた 17 歳の若者がそれこそあっという間に自分を追い越して行くのを目のあたりにして，自信を失わざるを得なかったことであろう．その後は現代文学に転じて女子高等教育機関 École supérieure pour jeunes filles とツューリッヒ大学でフランス文学を講じ，また盛んに文筆活動を繰り広げたというが，道を転じるきっかけを与えたのは若きソシュールであったのかもしれない．

　実際その頃のソシュールの勉強ぶりはすさまじいものだったのだろう．ただでさえ忙しい学業の合間を縫って，夜な夜なサンスクリットの教えを乞いに遠縁にあたる言語研究家ファーヴル（Léopold Favre, 1846–1922）を訪ね，また「ギリシア語」（を中心に印欧語全般）の研究に没頭して疲労困憊し，顔色も優れない様子を目にして，父アンリは息子の健康を気遣っている．恐らくこの頃には息子に自然科学で大成してもらいたいという気持ちも薄れ，好きな道に進んでもらいたいと思ったに違いない．その間の 1875 年 12 月 20 日，幼少の彼を印欧語へと導いたピクテが 76 年の生涯を閉じている．

パリ言語学会

　ジュネーヴ大学在学中の 1876 年 4 月，ソシュールはパリ言語学会（la Société linguistique de Paris）の紀要（*Mémoire de la Société linguistique de Paris : MSL*）第 2 巻を読んだ．そこに掲載されたブレアルの論文に疑義を感じた彼は一文を草する．現在分詞を作る接尾辞 -ant-（今日の表記法では -e/ont-）は基本的な -t- を拡大したものであって，ブレアル氏が記すように -ta-（= 今日の -te/o-）を拡大

---

[24] 第 5 版 (1879) では 65 頁と 217 頁．ソシュールが「回想」で例に引く tatós は同書に見当たらず，Joseph (2012a: 681) は tásis の誤記を疑うが，音節構造を例示したとも見える．

したものではないというのがその趣旨である．引用される文献も，慣れ親しんだブレアル訳のボップ『比較文法』，クルツィウスの『語源学の基礎』は当然として，ポット（August Friedrich Pott, 1802–1887），ベンファイ（Theodor Benfey, 1809–1881），エーベル（Hermann Wilhelm Ebel, 1820–1875）といったビッグ・ネームの労作を含み，クーン誌（*Kuhns Zeitschrift: KZ*），*MSL*，クルツィウス編の『ギリシア・ラテン文法研究』などの主要研究誌に載った諸研究，またその後険悪な関係となる**オストホッフ**（Hermann Osthoff, 1847–1909）による論文にまで及んでいる．「回想」には「（緊張して）1 行ずつ震えながら書いた」と記されるが，これら諸文献を引きつつ例示を重ね堂々と自説を主張する様はとても 18 歳の学生とは思えない．もはや立派な第一線の研究者の風格を感じさせる．

ソシュールはこの論文を添えてパリ言語学会に入会の申請を行った．これらはサンスクリットの手ほどきを受けたファーヴルを介して，ソルボンヌのサンスクリット学者**ベルゲーニュ**（Abel Henri Joseph Bergaigne, 1838–1888）のもとに送られ，ソシュールは 4 月 29 日の例会でベルゲーニュとブレアルの推薦を受け，5 月 13 日の例会で加入が承認された．

ここで，自分の論文の瑕疵をほじくり出されたブレアル自身がソシュールの加入を歓迎したことを特筆したい．設立時からの同会事務局長として，ドイツに比べ立ち遅れたフランスの印欧語比較言語学のレベルを，彼のような若い人の力を借りて引き上げたいとの願いがあってのことだろうが，その後の対応を含め彼の器量の大きさには感服せざるを得ない．

片や，重鎮ブレアルの瑕疵を指摘した論文を送って入会を申請したソシュールはいったいどういうつもりだったのか．当時のソシュールは，ブレアルなどまったく恐れるに足らずと驕り高ぶっていたように見えるが（cf. Joseph 2012a: 178ff.），彼の行為は大胆不敵も甚だしく，入会を断られる可能性さえあったことには，ついぞ思いが至らなかったと思しい．そうであったら，現代言語学の父ソシュールは恐らく誕生することはなかった．当時の彼は人間的にまだまだ未熟であったと言わざるを得ない．

彼が送った論文は *MSL* 誌次号に掲載されることになり（Saussure 1878a；ただし分冊刊行は 1877），一時的とはいえ彼が蔑んだブレアルとの縁は続いていく．

ライプツィヒ

サンスクリット学習を含めた印欧語比較言語学の勉強は急速に進んだ．しかし，その代償としてジュネーヴ大学での学業は結局なおざりになってしまった．後年この 1 年を「無駄」と評したのも故なきことではない．最初の学期は多くの科目に登録し，父の希望する方面の勉強と，言語研究を並行して行う決意を示した．しかし，次の学期には後者に熱中するあまり自然科学系の科目はおおむね履修もせず，化学の試験は受けなかったらしい．父アンリは後になってからこれを知り激怒したが，結局息子の希望をかなえてやることにした（cf. Joseph 2012a: 182ff.）．その春にパリ言語学会に入会し，同会の機関誌 *MSL* に論文が掲載される運びとなっていたこともアンリの気持ちを和らげたと思しい．

しかし，ジュネーヴないしスイス国内では正式な課程として印欧語比較言語学を修めることはできない．では，どこで学ぶか．フランスならパリ，ドイツならサンスクリットと印欧語の講座があちこちにあってレベルも高い．アンリは同郷の若者が数多く集まるライプツィヒを候補とした．ほかならぬクルツィウスと彼の高弟（後の青年文法学派）が集う同地は，印欧語比較言語学が当時最も進んだところであり，もちろんソシュールもクルツィウスに憧れていたのだから異存のあろうはずもない．

1876 年 10 月，ソシュールはウィーン経由でライプツィヒに入り，Hospital-straße 12 のシュラーク Schlag 夫人方[25] に下宿，同 21 日にライプツィヒ大学文献学部への入学手続きを済ませた．少なくともその 4 日後までアンリは，もうすぐ 19 になろうという息子に付きっきりであれこれ事情を整え，健康のためにと乗馬クラブの加入までお膳立てした．過保護と言ってよかろう．帰路にはドイツ各地の図書館で調べ物をしてから貴族の友人宅を巡って狩猟を楽しんだ由．

ジュネーヴの環境はずっとよかったのだろうが，当時のライプツィヒは，ヨーロッパのほかの工業都市と同様に，石炭の煤煙による大気汚染が激しく，水も不潔に感じられて，入浴も憚られるほどであったと記す．自室の窓からの眺望も殺風景．食の事情も芳しくない．しかし，向学心は燃えていた．父が去ると早速カリキュラムを確認し，私講師の**ヒュップシュマン**（Heinrich Hübschmann,

---

[25] 現 Prager Straße 西端．後に友人の住む Thalstraße I/III のシュレック Schreck 夫人方に転居．

1848–1908）が開講する古代ペルシア語[26] にまず興味を惹かれた．お宅がソシュールの下宿から近いと知ると，大胆にも訪問を思い立つ．

　幸い，ヒュップシュマンは彼を恭しく向かい入れ，奮起を促そうと，その夏に同窓の秀才**ブルークマン**（Karl Brugman(n),[27] 1849–1919）が発表した画期的な「**鼻音ソナント**」（Lat. nāsālis sonans）説を紹介した．ところが，ソシュールはこれを特に新しい発見ではないと評したのである．のちの青年文法学派が彼を冷遇するようになる端緒をここに見ることができよう．

子音の組成と成節流音

　ここで「鼻音ソナント」説の骨子に触れておきたい．

　まず，子音の中でも，呼気の流れを明確に阻害して発され，発生する音量[28] の小さな噪音ないし阻害音（obstruent）と，その阻害の度合いが軽度で，母音に匹敵するほどの音量を伴う鳴音ないし鳴子音（resonant ないし sonant）とは機能の上で大きく異なることを指摘せねばならない．

主な該当音（IPA）

子音	噪音	閉鎖音 stop ないし破裂音 plosive		p, t, k ; b, d, g
		摩擦音 fricative		f, s, θ, ʃ, x, h ; v, z, ð, ʒ, ɣ
		破擦音 affricate		pf, ts, tʃ, kx ; bv, dz, dʒ, gɣ
	鳴音	流音 liquid	側面接近音 lateral approximant	l, ʎ
			ふるえ音 trill	r, ʀ
		接近音 approximant		w, j, ɥ, ɹ
		鼻音 nasal		m, n, ɲ, ŋ

　噪音が音節を形成することはないが，鳴音は子音に挟まれる，ないし子音と休止に挟まれるとき，それ自身が母音と同格の音節核[29] となる．それは例えば

---

[26] この科目が開講されたのは 1877 年夏学期のことであり，ソシュールがライプツィヒ入りした直後の 1876/1877 年冬学期にはヒュップシュマンは中期イラン語を開講している．

[27] 1883 年までは Brugman，それ以降は Brugmann と綴った．

[28] 良く知られた Jespersen の用語で言えば sonority, G. Sonorität（きこえ（度））に相当する．

[29] 母音以外で音節核となる成節音ないし音節主音 (syllabic) には国際音声記号 (IPA) にお

現代英語の handsome, mountain, little をそれぞれ ['hænsm̩], ['maʊntn̩], ['lɪtl̩] と発音した場合の [m̩, n̩, l̩] にも見られることである．現代英語の R 音は新奇な接近音の [ɹ] ないしその変種である [ɻ] に転じているため，伝統的な流音にはあたらないが，[30] 例えばチェコ語の prst [pr̩st]「指」やセルビア・クロアチア語の trg [tr̩ɡ]「広場」等々には明らかな [r̩] が現れる．

　これらの成節鳴音を安定して保持する言語も見られる一方で，大半の言語はこれらに二次的な支え母音（anaptyxis, G. Sproßvokal, F. voyel d'apui）を加えて，音節核の機能をその母音に担わせるという変化を見せる．この時，印欧各語派のいわば「好み」に従ってばらばらに加えられた母音は，かつて印欧祖語にさかのぼると誤認され，「**第2のシュワー**」（schwa secundum）と呼ばれた．[31]

PIE	r̩	l̩
Hitt.	ar	al
Skr.	r̥ [ri]	l̥ [ri]
Av.	ərə	ərə
OP	(a)r	(a)r
Gk.	ar/ra	al/la
Lat.	or	ul
Lith.	ir	il
Slav.[32]	ir	il
Gmc.	ur	ul
Celt.	ri	li

いて (̦) が，比較言語学において (̥) が加えられる習慣であり，後者が IPA で無声化を表示することを含めてかなりの混乱が生じている．実は後者こそソシュールが *Mémoire* において導入した，より伝統ある記載法であった．だが，彼が 1891 年に高等研究院を辞してジュネーヴに去った後，音声学の担当となった教え子パシー（Paul Passy, 1859–1940）が創設した国際音声学会はなぜかソシュールの記載法に追従していない．同会の定める IPA においては恐らく 1932 年から前者の記載法が採用された．

[30] 近代における英独仏語等の R 音の変遷については神山（2014）を参照されたい．

[31] ヒルト（Hermann Hirt, 1865–1936）が発案し，ギュンタート（Hermann Güntert, 1886–1948）が推し進めた想定．詳しくは神山（2006: 111ff.）を参照．

[32] Slav. *i > ь. OCS rъ, lъ は ь と ъ の混乱と，メタテーゼによって生じた新たな音連続であるため，スラヴ祖語の音連続として提示することはできない．神山（2001: 22ff.）を参照．

例えば上表に見られるように，印欧祖語に存在したと考えられる成節流音 r̥ [r̥]
と l̥ [l̥] をそのままの形で保存した言語は恐らくない．

　サンスクリットでは祖語の r と l が r に合一するため，祖語の r̥ [r̥] と l̥ [l̥]
に対して r̥ が現れ，これは音韻論的に成節流音 /r̥/ として扱われたと思われる．
しかし，バラモンによる支え母音を伴う音声実現 [ri] から推して，この音韻が
往時において真に成節流音 [r̥] として発音されたかどうかは不確実であり，支
え母音を伴う発音は最古の段階から行われたとも疑い得る．アヴェスタと古代
ペルシア語の反映もこれと類似した状況を映したと考えられよう．

　これらを含め，恐らくすべての印欧語において，祖語の r̥ [r̥] と l̥ [l̥] は前後に
何らかの母音を挿入することによって音節主音性を失う発達を経験したと考え
ることができる．上にも少々触れた現代諸言語にまま見られる成節流音は流音
に隣接した母音が縮減することによって後代に新たに生じたものである．

成節鼻音と「鼻音ソナント」説

　今日の知見に基づけば，祖語の成節鼻音に対応する印欧各語派の反映は下記
のような分布を示す．網掛け部分が鼻音性を欠くことに注目されたい．

PIE	m̥	n̥
Hitt.	am	an
Skr.	a	a
Av.	a	a
OP	a	a
Gk.	a	a
Lat.	em	en
Lith.	im	in
Slav.	im > ẽ	in> ẽ
Gmc.	um	un
Celt.	am	an

- 24 -

ひとまず網掛け部分を考慮から外せば，成節流音の場合と同様に，成節鼻音も各語派で様々な支え母音を加えることによってその成節性が排除された過程が見える．こうして得られた母音と鼻音から成る音連続は多くの語派で保持されるが，スラヴ語では両要素が融合した鼻母音を経て概ね口母音に至る．[33] 同様の推移はケルト語の後の発達の中で，アイルランド語を代表とするゴイデル語群（Goidelic）にも見られる．[34]

　さて，問題は網掛け部分である．今日の知見からすれば，成節鼻音は該当諸語派において，恐らく他語派と同様に支え母音を添え，スラヴ語やアイルランド語と同様に鼻母音を経て口母音に至ったとみなすことができる．これこそが恐らく 1872 年に学童時代のソシュールが τετάχαται によって着想し，また 1876 年にブルークマンが命名した「鼻音ソナント」説の骨子である．すなわち，この説はむしろ**「成節鼻音の母音化現象」**とでも称するのがふさわしく，その推論は極めて妥当なものである．

「鼻音ソナント」発見のプライオリティー

　従来，ソシュールが「鼻音ソナント」発見のプライオリティーに固執したとする説がささやかれてきた．確かに，「回想」に従えば，彼がギリシア語の鼻音と母音の交替に着目したのはブルークマンに先んじていたように見える．しかし，学童時代の彼はその着想を論文にまとめるための素養に欠けていた．その素養を急激に身に着けた 76 年春の段階であれば，その着想を論文にまとめ，例えば入会申請とともにパリに送ることはできたかもしれない．とはいえ，それが *MSL* に首尾よく採用されたとしても，それを載せた分冊が公刊されるのは 77

---

[33] 例えば PIE *dekm̥-t- "10" の成節鼻音は Slav. *desim̥t- の段階で支え母音 i を得て，OCS desętь では鼻母音の状態に達するが，ほとんどのスラヴ語においてその鼻母音は口母音に転じている（e.g. R. desjat' (десять), Cz. deset, SCr. dȅsēt, Bulg. deset (десет)）．少なくとも音韻論的に鼻母音を保ったのはポーランド語を代表とするいわゆるレヒ語群（Pol. języki lechickie）のみである（e.g. Pol. dziesięć /'dʑɛɕɛ̃tɕ/ ['dʑɛɕɛntɕ]）．

[34] 例えば *km̥to- "100" の成節鼻音は Celt. *kanto- において支え母音 a を得るとともに後続する t の調音位置に同化して m が n に転じた．この状態は現存するケルト語のうちブリトニック語群（Brittonic ないし Brithonic）において保たれる（W. cant, Br. kant）が，ゴイデル語群では OIr. cét, Ir. céad /kʲeːd/ のように鼻音性が失われ，母音部が代償延長される．その過程ではスラヴ語と同様の鼻母音の段階を経ていると考えられる．

年であり，76年夏に世に出るブルークマン論文に先んじることはできない．どの道，いわば巡りあわせによって「鼻音ソナント」の第一発見者となることはできなかったのだから，たとえ一瞬は悔しさを味わったとしても，その後もそのプライオリティーについて思い悩んだとは考えにくい．

ヒュップシュマン宅での一件は「鼻音ソナント」発見の名誉を奪われて屈辱感を味わう苦い経験であったというよりも，むしろ，「回想」にも記されている通り，学童時代に抱いた着想が正鵠を射抜いていたことを今さらながら確認して，自身の潜在的研究能力に自信を持ち，一層の飛躍を志す契機となったというのが真相ではあるまいか．

その後，ブルークマンに対し敵意を示すどころか，むしろ好意と尊敬の念を抱き続けたこともその傍証となろう．

ライプツィヒでの就学

ソシュールはライプツィヒ大学に入学した76年10月から，同学が誇る錚々たる教授陣の提供する広範な授業を通じて，彼に欠けていた様々な言語とその歴史についての知識を急速に補充し，またそれと同時に独自の生産的研究活動を開始する．

ライプツィヒでソシュールが受けた授業については，後にも触れるように，「回想」における記載が不十分かつ不正確である．実際，ノートが残され，聴講したことが明らかな授業を，あたかも聴講しなかったかのように記している場合がある．数年後に生じる感情的もつれの延長で，ライプツィヒでの就学に受けた恩恵を後に過小評価するようになったためなのかもしれない．

ソシュール自身が残した記録，Joseph（2012a, b）が収集した情報，ライプツィヒ大学に残る記録と講義題目（http://histvv.uni-leipzig.de/vv/（2017年7月23日確認）），その後にソシュールが行った研究を考え合わせれば，彼が何らかの形で受講した授業の候補として以下のようなリストを提示できよう．Villani（1990: 8f.）掲載の記録に従えば履修認定を受けた科目は網掛け部分のみだが，学期途中まで受講した，ないし聴講した科目はかなりあると見られる．試みに，各学期に想定される最大限の週間授業予定表を加えた．

1876/1877 冬学期 （10 月 16 日〜3 月 15 日）

エツァルディ私講師（Anton Philipp Edzardi, 1849–1882） 古ノルド語文学史 Geschichte der altnordischen Dichtung (Edda und Skalden) 水土 11–12 時

オストホフ私講師 サンスクリット中級 Fortsetzung des Sanskrit-Cursus (II. Cursus) 火金 12–13 時

オストホフ私講師 言語学史 Geschichte der neueren Grammatik und Sprachwissenschaft 月木 12–13 時

オーヴァーベック教授（Johannes Adolph Overbeck, 1826–1895） 古代美学 Antike Kunstlehre 月火木金 9–10 時

クルツィウス教授 ギリシア語文法 Griechische Grammatik 月火木金 11–12 時

クルツィウス教授 文法の集い Grammatische Gesellschaft 月 18–20 時

ツァルンケ教授（Friedrich Karl Theodor Zarncke, 1825–1891） ニーベルンゲンの詩入門と選文購読 Einleitung in das Nibelungenlied und Erklärung ausgewählter Stücke desselben 月〜土 10–11 時

ヒュップシュマン私講師 アヴェスタ選文購読 Erklärung ausgewählter Capitel d. Avesta 木 16–18 時

ヒュップシュマン私講師 リグヴェーダ選文購読 Erklärung ausgewählter Hymnen d. Rigveda 火金 16–17 時

ヒュップシュマン私講師 中期ペルシア語 Orientalische Uebungen (Mittelpersisch) 金 18–20 時

ブラウネ私講師（Wilhelm Braune, 1850–1926） 古高ドイツ語演習 Althochdeutsche Uebungen 土 17–19 時

ブラウネ私講師 中高ドイツ語初級演習 Mittelhochdeutsche Uebungen für Anfänger 水 17–19 時

ブラウネ私講師 ゲルマン語学入門 Einleitung in das Studium der germanischen Sprachen 週 1 時間(開講曜日・時限未定)

レスキーン教授（August Leskien, 1840–1916） スラヴ語文法・講読演習 Uebungen in slavischer Grammatik und Interpretation von Texten 週 1 時間(開講曜日・時限未定)

想定される時間割 1876/1877 冬学期

時	月	火	水	木	金	土
8-9						
9-10	Overbeck	Overbeck		Overbeck	Overbeck	
10-11	Zarncke	Zarncke	Zarncke	Zarncke	Zarncke	Zarncke
11-12	Curtius	Curtius	Edzardi	Curtius	Curtius	Edzardi
12-13	Osthoff	Osthoff		Osthoff	Osthoff	
14-15						
15-16						
16-17		Hübschmann		Hübschmann	Hübschmann	
17-18			Braune	Hübschmann		Braune
18-19	Curtius		Braune		Hübschmann	Braune
19-20	Curtius				Hübschmann	

+Braune, Leskien(開講曜日・時限不明)

1877 年夏学期（4 月 16 日〜8 月 18 日）

エツァルディ私講師　ニーベルンゲンの詩の入門・講読 Einleitung in das Nibelungenlied nebst Lectüre und Erklärung ausgewählter Stücke desselben　月火木金 12–13 時

オストホッフ私講師　サンスクリットの初歩 Anfangsgründe des Sanskrit nach Stenzler's Elementarbuch der Sanskrit-Sprache　月火木金 9–10 時

オストホッフ私講師　印欧語語幹・語形成論素描 Ausgewählte Capitel aus der indogermanischen Stamm- und Wortbildung　月木 17–18 時

ガルトハウゼン准教授（Victor Emil Gardthausen, 1843–1925）ギリシア古書学 Griechische Paläographie　月水木 8–9 時

クルツィウス教授　ラテン文法 Lateinische Grammatik　月火木金 11–12 時

クルツィウス教授　文法の集い Grammatische Gesellschaft　月 18–20 時

シェル私講師（Fritz Schöll, 1850–1919）ヘーシオドス『仕事と日』の解説とヘーシオドス詩の歴史・批評入門 Erklärung von Hesiod's Werken und Tagen nebst Einleitung in die Geschichte und Kritik der Hesiodeischen Poesie　月木金 12–13 時 [35]

ヒュップシュマン准教授　リグヴェーダ講読（続き）Erklärung von Hymnen des Rgveda (Fortsetzung)　火金 16–17 時

ヒュップシュマン准教授　古代ペルシア語 Orientalische Uebungen (Altpersisch)　週 2 時間（開講曜日・時限未定）[36]

ブラウネ准教授　ドイツ文法（ゴート語, 高地ドイツ語, 低地ドイツ語）Deutsche Grammatik (gotisch, hochdeutsch, niederd.)　月火木木土 8–9 時

フリッチェ准教授（Adolf Theodor Hermann Fritzsche, 1818–1878）古典語韻律論 Griechisch-römische Metrik mit Zugrundelegung seines den Zuhörern als Manuscript gratis beigegebenen Compendium　水土 10–11 時

レスキーン教授　スラヴの民族誌と言語史古層 Ethnographie und älteste Geschichte der slavischen Stämme　水土 12–13 時

レスキーン教授　スラヴ語文法・講読演習 Uebungen in slavischer Grammatik und Interpretation von Texten　週 1 時間（開講曜日・時限未定）

想定される時間割 1877 夏学期

時	月	火	水	木	金	土
8 -9	Gardthausen	Braune	Gardthausen	Gardthausen		Braune
9-10	Osthoff	Osthoff		Osthoff	Osthoff	
10-11			Fritzsche			Fritzsche
11-12	Curtius	Curtius		Curtius	Curtius	
12-13	Schöll	Edzardi	Leskien	Schöll	Schöll	Leskien
14-15						
15-16						
16-17		Hübschmann			Hübschmann	
17-18	Osthoff			Osthoff		
18-19	Curtius					
19-20	Curtius					

＋ Hübschmann, Leskien（開講曜日・時限不明）

---

[35] 履修記録には Hesiods Theogonie（神統記）とある. 講義内容が変更されたと思しい.

[36] 履修記録にある Altgriechische Keilinschriften (Villani 1990: 9) は Altpersische Keilinschriften（古代ペルシア語楔形文字碑文）の誤記であろう.

第 I 章　ソシュールの生涯と業績

1877/1878 年冬学期（10 月 15 日〜3 月 15 日）

ヴィンディッシュ教授　バガヴァッドギーターBhagavadgîtâ　週 2 時間（開講曜日・時限未定）[37]

ヴィンディッシュ教授　サンスクリット文学概説 Überblick der Sanskritliteratur　月木 16–17 時

ヴィンディッシュ教授　サンスクリット文法と演習 Sanskrit-Grammatik mit Übungen (nach Stenzler's Elementarbuch)　月火木金 15–16 時

エツァルディ私講師　エッダ詩について Ueber die Eddalieder　水土 11–12 時

エツァルディ私講師　古ノルド語文法（およびゴート語との比較）Altnordische Grammatik (mit Vergleichung des Gotischen)　月火木金 11–12 時

クルツィウス教授　ギリシア文学史 Geschichte der griechischen Literatur, vorzüglich der Poesie　月火木金 11–12 時

クルツィウス教授　文法の集い Grammatische Gesellschaft　月 18–20 時

ヒュップシュマン准教授　アルメニア作家講読 Erklärung eines armenischen Schriftstellers　週 2 時間（開講曜日・時限未定）

ヒュップシュマン准教授　リグヴェーダ研究入門および選文購読 Einleitung in das Studium des Rgveda u. Erklärung ausgewählter Hymnen desselben　火金 16–17 時

ヒュップシュマン准教授　古イラン語文法 Grammatik des Altiranischen　火木金 12–13 時

ブラウネ准教授　古ザクセン語文法とヘーリアント講読 Altsächsische Grammatik, nebst Erklärung des Heliand (ed. Heyne)　月火金 16–17 時

ブルークマン私講師　ギリシア語文法 Griechische Grammatik　月火木金 9–10 時

レスキーン教授　スラヴ語文法演習とテキスト講読 Uebungen in slavischer Grammatik und Interpretation von Texten　水 12–13 時，土 11–13 時

レスキーン教授　古代教会スラヴ語文法 Grammatik der altbulgarischen (altkirchenslavischen) Sprache　月火木金 12–13 時

想定される時間割 1877/1878 冬学期

時	月	火	水	木	金	土
8 –9						
9-10	Brugman	Brugman		Brugman	Brugman	
10-11						Leskien
11-12	Edzardi/ Curtius	Edzardi/ Curtius	Edzardi	Edzardi/ Curtius	Edzardi/ Curtius	Edzardi/ Leskien
12-13	Leskien	Leskien/ Hübschmann	Leskien	Leskien/ Hübschmann	Leskien/ Hübschmann	
14-15						
15-16	Windisch	Windisch		Windisch	Windisch	
16-17	Windisch	Braune/ Hübschmann		Windisch	Braune/ Hübschmann	
17-18						
18-19	Curtius					
19-20	Curtius					

+ Hübschmann, Windisch（開講曜日・時限不明）

---

[37] 履修記録では Interpretation des Rig-Veda（リグヴェーダ講読）となっている（Villani 1990: 9）．講義内容が変更されたと思われる．

- 29 -

1878 年夏学期（4 月 25 日～8 月 17 日）

ヴィンディッシュ教授　古アイルランド語（ケルト語）Altirische Grammatik (Keltisch)　月火木金 15－16 時

ヴィンディッシュ教授　サンスクリット講読（初級者用）Sanskritinterpretation: 1) Anfängercursus (nach Stenzler's Elementarbuch)　月木 16–17 時

ヴィンディッシュ教授　サンスクリット講読（上級者用）Sanskritinterpretation: 2) für Fortgeschrittenere (mit Böhtlingk's Chrest.)　火金 16–17 時

エツヴァルディ私講師　古ノルド語韻律論とスカルド詩概説 Altnordische Metrik nebst Übersicht über die Skaldendichtung, verb. mit Lectüre u. Erklärung ausgewählter Skaldenlieder　週 3 時間（開講曜日・時限未定）

クルツィウス教授　ホメーロス「イーリアス」の解釈と文学作品論争 Uebungen des Königlichen philologischen Seminars in der Interpretation von Homer's Ilias und im Disputiren über schriftliche Arbeiten　水 11–13 時

クルツィウス教授　比較言語学提要（および古典文献学再考）Elemente der vergleichenden Sprachwissenschaft mit besonderer Berücksichtigung der Aufgaben der classischen Philologie　月火木金 11–12 時

クルツィウス教授　文法の集い Grammatische Gesellschaft　月 18–20 時

ブラウネ准教授　ドイツ文法（ゴート語, 高地ドイツ語, 低地ドイツ語）Deutsche Grammatik (gotisch, hochdeutsch, niederd.)　月火水木金土 8–9 時

ブラウネ准教授　「ドイツ文法」履修者向け, ゴート語文法演習（五旬節（当年は 6 月 9 日）以降開講）Gotische Uebungen (von Pfingsten ab), für die Hörer der Deutschen Grammatik　週 1 時間（開講曜日・時限未定）

レスキーン教授　スラヴ語文法演習とテキスト講読 Übungen in der Grammatik slavischer Sprachen mit Interpretation von Texten　水土 12–13 時

レスキーン教授　リトアニア語文法 Grammatik der litauischen Sprache (mit Berücksichtigung des Lettischen u. Altpreussischen)　月火木金 12–13 時

想定される時間割 1878 夏学期

時	月	火	水	木	金	土
8 - 9	Braune	Braune	Braune	Braune	Braune	Braune
9-10						
10-11						
11-12	Curtius	Curtius	Curtius	Curtius	Curtius	
12-13	Leskien	Leskien	Leskien/Curtius	Leskien	Leskien	Leskien
14-15						
15-16	Windisch	Windisch		Windisch	Windisch	
16-17	Windisch	Windisch		Windisch	Windisch	
17-18						
18-19	Curtius					
19-20	Curtius					

＋ Braune（開講曜日・時限不明）

- 30 -

履修した講義

　主任教授クルツィウスは例年通り月火木金曜の 11～12 時に講義を開いていた．モレルから伝え聞き，『語源学の基礎』を通じてあこがれていたのだから，彼の教えに接することはソシュールにとってライプツィヒ留学の主たる目的であった．無論，その講義にも，以下に記す「文法の集い」にも，事情が許す限り出席したはずであるが，しかるべく講義の履修が認定されているのは 76/77 年冬学期と 77 年夏学期，「文法の集い」は 77 年夏学期のみである．

　だが，77/78 年冬学期はクルツィウスの講義を受けず，同じ曜日・時間に配当されたエツァルディ私講師の講義「古ノルド語文法」を受講した．これはノートが残されていることから明らかだが，この科目は卒業の際に履修認定されていない．この講義に限らず，学期の途中で聴講を中断したり，あるいは試験を受けなかったり，あるいは重複履修に扱われたために記録には残っていないものの，事実上聴講した授業はほかにもかなりあると思われる．例えばオストホッフ，ヒュップシュマン，ヴィンディッシュ，フリッチェ，レスキーン，ブラウネ，ツァルンケ，そして後述するブルークマンの講義を，少なくとも部分的に，ないしは履修認定されたもの以上に受講したことは間違いない．さもなければ，その後パリでゲルマン語のポストを得ることも，リトアニア語アクセントについての貴重な研究（**第Ⅲ章**）が生み出されることも，また晩年に「ニーベルンゲンの詩」の文献学的研究に熱中することもなかったことであろう．

　「回想」にはこれらの一部について受講していないかのような記載が見られるものの，その記載は正確でない．例えば 77 年夏を最後にライプツィヒを去るオストホッフの授業はほとんど受けていないと記すが，実際のところ，ソシュールが最初の学期に彼の少なくとも 2 つの授業をきちんと履修したことは履修認定の記録から明らかである．次学期もオストホッフの授業を聴講したかもしれない．最初の学期に受けた「言語学史」からは 37 頁のノートが残され，後年ジュネーヴでの『**講義**』で言語学史に触れた際，ソシュールはこれを参考にしているという（Joseph 2012a: 194f.）．オストホッフとは *Mémoire* 出版後に険悪な関係となり，ライプツィヒを離れて以降，彼のみならず青年文法学派の面々に受けた教えと恩恵を忘れてしまおうとしたに違いない．

- 31 -

「文法の集い」と「文法の夕べ」

　月曜夕刻に行われるクルツィウス主催の演習ないし「文法の集い」は当時非常に盛況であった．学生のほか，上にも名を挙げたようなライプツィヒの若手の教師たちも，他所に赴任した同窓の若手研究者も参加し，様々な先端的な研究発表が行われた．隣町のハレからはヴェルナー（Karl Verner, 1848–1896）が，50km ほど離れたイェーナからはデルブリュック（Berthold Delbrück, 1842–1922）とジーヴァース（Eduard Sievers, 1850–1932）[38] が駆けつけた．刺激にあふれていたのであろう，少なくとも 1876/1877 年冬学期と 1877 年夏学期にはソシュールもこれには欠かさず参加し，[39] 研究発表も 2 回行ったという．

　クルツィウスの演習の後には，同学諸氏の親睦を深めるべく茶話会・酒宴が催され，これを「文法の夕べ」（der grammatische Abend）と称した．[40] 会場は大学より北西へ徒歩数分，旧市街の Kleine Fleischergasse に今も残る由緒あるカフェ・レストラン Zum Arabischen Coffe Baum，略して Coffe Baum である．[41]

　ソシュールは入学後しばらくこの定期的な親睦会に顔を出したらしく，後年ブルークマンが述懐するように，彼は先輩諸氏との交流から様々な学問的刺激と恩恵を受けたように見える．

　例えば彼は後にジュネーヴで音声学を講じているが，履修ないし非正規に聴講した可能性のある授業からは彼が音声学の素養を身に着けた経緯がまったく見えない．結局，「文法の集い」と「文法の夕べ」を通じてジーヴァースと彼の『音声生理学の基礎』（＝Sievers 1876）を知り，同書によって音声学を身に着けたと考えるべきであろう．翌年夏頃から準備を開始する *Mémoire* においても同書は何度も引用されており，出版翌年の段階で，すでに同書の内容が充分に咀嚼・吸収されていることが窺われる．

　また，ソシュールがボップの高弟**ホィットニー**（William Dwight Whitney, 1827–

---

[38] ジーファースないしジーフェルスと表記されることが多く，それもまた必ずしも誤りではないが，ドイツ語における通常の発音は ['ziːvɐs] である．カナ表記もそれに準じた．
[39] ソシュールは「回想」において，同演習の正式メンバーではなかったと記す．確かに最初の学期は正式に履修していないが，次の学期にはしかるべく履修している．
[40] 定期的に開催されたとされるが，その具体的開催曜日・時間は各種資料から確認できない．ここでは主として「文法の集い」に続いて開催されたとする私見に従った．
[41] Wilbur（1977: xxvi）には Caffeebaum ale-house として紹介されている．

- 32 -

1894）に私淑したことはよく知られているところであるが，彼の著作，特に『言語の生と成長』（＝ Whitney 1875）の存在を知ったのも「文法の集い」ないし「文法の夕べ」の折と考えられる．同書のドイツ語訳が出たのはソシュールがライプツィヒに来た 1876 年のことであり，その翻訳者はレスキーンであるから，彼ないし周辺から情報を得たのであろう．

　結局，晩年のブルークマンがシュトライトベルク宛の私信で述懐するように，ソシュールがライプツィヒでの就学と人的交流に多くを負っているのは確かである（Villani 1990: 29f.）．その後も交流を広げ，かつ深めていけば，彼の人生にも違った展開があったことだろう．だが，その後「文法の夕べ」からはなぜか足が遠のいてしまった．この点については後日ソシュール自身も「回想」において正直に後悔の念を吐露している．

　書き物にはもっぱらフランス語を用いたソシュールだが，幼少から親しんだドイツ語での受講にもコミュニケーションにも難があったとは考えにくく，授業でお世話になっている，また今後お世話になる先生方を含めて，同学諸氏と個人的に親交を深め，また研究上有用な情報を得るチャンスなのだから，演習には欠かさず出席して，時には発表さえしているのに，その後の「文法の夕べ」は毎回失敬するというのは不自然である．周りに少々奇異な印象を与えた可能性はあるかもしれない．

　先生筋にあたる方々と席をご一緒する機会は敷居が高かったのか，とも疑われるが，折に触れてヒュップシュマンや後掲のようにブルークマンを個人的に訪問したり，ライプツィヒからパリに盛んに論文を送り，20 歳前にして著書上梓を目論むような行動力を持つ当時のソシュールに，そのような遠慮は似つかわしくない．恐らくは，独自の研究の進展を重んじたと想像されるが，ライプツィヒ大学に集う同学の方々との交流を結果的に軽んじ，ペダゴジア（Paedagogia）と名付けられたスイス上流階級の留学生のグループでの交友を優先してしまったことは，ソシュールの人生にとって決して有利な選択ではなかったと言える．結局，ライプツィヒに集う後の青年文法学派の面々と打ち解けることはなく，その延長として，さらには *Mémoire* 上梓後に無用な軋轢をも生むことにもつながったからである．

研究成果の発信

　ライプツィヒに腰を落ち着けたソシュールは，各種授業の聴講による知識の拡大と並行して，猛烈な勢いで研究成果の発信を開始する．

　76 年春に入会を認められたパリ言語学会では 1，2，3，7 月と 77 年のうちに 4 回もライプツィヒから研究発表原稿を投稿した．これらはいずれもソシュール 19 歳の作である．その結果，翌 78 年に完結する *MSL* 第 3 巻には，入会申請の際に提出した ①（17 歳の作）と短評を含めて 6 つの論文が掲載されることとなった．これらのうち 77 年 7 月 21 日に発表（代読）された ⑥ は *Mémoire* に至る中途段階を画するものとして特に重要であり，**第Ⅱ章**にも触れる（93 頁以下）．

① Le suffixe -*t*-　(= Saussure 1878a)
② Sur une classe de verbes latins en -*eo*　(= Saussure 1878b)
③ La transformation latine de *tt* en *ss* suppose-t-elle un intermédiaire *-*st*?　(= Saussure 1878c)
④ Exceptions au rhotacisme　(= Saussure 1878d)
⑤ i, u = es, os　(= Saussure 1878e)
⑥ Essai d'une distinction des différents *a* indo-européens　(= Saussure 1878f)

　他方，上でも触れたように彼はライプツィヒでもクルツィウス主催の「文法の集い」で 2 回の研究発表を行ったとされている（実施日不詳）．

　その第 1 のもの «un Vortrag sur les finales comme τόκα-τότε» は定代名詞 *to- から形成される Gk. τότε, Dor. τόκα "then" の末尾に加えられた接辞に関するものであり，ソシュールがその背後に何を見たのか，残された資料からは明らかでない．

　第 2 の発表 «un Vortrag sur l'ablaut inaperçu λᾰθεῖν : λέ-λᾱθα et δάμνᾱ-μι : δάμνᾰ-μεν» は，Gk. λᾰθεῖν "to escape notice"（アオリスト不定法）: λέ-λᾱθα "I have escaped notice"（完了）や δάμνᾱ-μι "I subdue" と δάμνᾰ-μεν "we subdue" 等々に見られる，それまで誰も気づかなかった母音交替 a : ā の背後にあるメカニズムについて考察した画期的なものであり，「回想」によればこの発表は 1877 年に実施されたとされる．

この第 2 発表が上記 ⑥ (= Saussure 1878f) ないし *Mémoire* に至る中途の段階にあることは間違いない．かつて筆者はその実施時期を 77 年春と推定したが，その時期はもう少し遅いかもしれない．実際，「文法の集い」でソシュールが履修認定を受けた唯一の学期がこの 77 年夏学期であることから，両発表は，履修認定のための条件として，同学期内に行われたと考えるのが素直に見える．その場合，第 1 発表は学期はじめの 4 月頃，第 2 発表は 5〜6 月頃に行われ，後者を基礎に 7 月下旬のパリで発表される ⑥ が準備されたとみなすべきであろう．

第Ⅱ章に述べるように，長母音とヨーロッパ語 a との交替を含め，母音交替の全体像を明らかにしたのは *Mémoire* である．第 2 発表，次いで未知の音韻 1 つを想定する ⑥ はその初期の構想を示したものであり，2 つの未知の音韻の想定を含む *Mémoire* の構想は 77 年夏以降になされたと考えられる．

ブルークマンの「ギリシア語文法」

クルツィウスの下で育ったブルークマンは，卒業後しばらく大学進学者向けの高等学校であるギュムナージウムの教師を務めつつ，先に紹介した「鼻音ソナント」説を発表するなど先端的な研究を進めていた．「文法の集い」と「文法の夕べ」でも常連である．彼はソシュールがドイツでの 2 年目を迎える 1877 年秋からライプツィヒ大学で私講師として「ギリシア語文法」を担当することになった．2 人はすでに「文法の集い」を通じて互いを見知っていた．そればかりか，彼らは親密とは言わないまでも比較的近しい，恐らく互いを尊敬しあう関係にあったと見られる．発表 ⑥ の原稿コピーがブルークマンに届けられていたこと（Joseph 2012a: 212），後掲（44–45, 109–110 頁）のようなブルークマンによる *Mémoire* 評，「文法の集い」におけるソシュールの第 2 発表の翌日に大学中庭でブルークマンから質問を受けたという逸話（「回想」），同じく「回想」においてソシュールがブルークマンとの関係を友情（F. amitié）と呼んでいること，後年にはブルークマンがシュトライトベルクへの私信の中で，微妙な感情を垣間見せながらも，ソシュールを「この聡明な学者」（G. dieser gescheite Gelehrte）と呼んでいること（Villani 1990: 29）などもその傍証である．

ブルークマンが担当したこの授業ではギリシア語を話題の中心に据えて音声

変化のメカニズムが細かく検討され，これを履修したソシュールは大いに啓発されたはずである．だが，一見不可解にも，彼はその学期途中でこの授業の履修を中断してしまう．当時準備を開始していた著書 *Mémoire* において採用した印欧祖語の母音交替についての見解が，ブルークマンの授業で提示されたものと偶然にも一致しているように思われたため，剽窃の誹りを未然に避けるために，履修を中断する決断を下したとされている．ソシュールは Königstraße（現 Goldschmidtstraße）のブルークマン宅を訪れて礼を尽くして履修中断の意志とその理由を伝え，ブルークマンは快くこれを了承した．「回想」によればその中断の時期は 1877/1878 冬学期の開始間もない頃であったが，後年ブルークマンはその時期を 1878 年 1 月頃のことと述懐している（Villani 1990: 30）．

いずれにせよ，ソシュールが筆記したその講義冒頭部は数冊，計 96 頁のノートにまとめられ，後日 1 冊に製本されて，その背表紙には Brugman, Griechische Grammatik と金文字で印刷を施して大切に私蔵されていたという．週 4 時間開催される講義であるにせよ，学期開始後間もなく履修を中断したにしてはノートが大部であるかのような印象も禁じ得ず，ブルークマンの授業を履修した期間は「回想」に記されるよりもやや長かったことが窺われるだろう．

Mémoire の出版

ライプツィヒにおける印欧語研究に接したソシュールは，特にオストホッフとブルークマンが推し進めたソナント理論を足掛かりとして，また，「文法の集い」での第 2 の発表と ⑥ を経て，1877 年の夏から秋口頃，ついに長母音を含めた印欧祖語の母音の振る舞い全体を把握する構想に到達した．その細部は**第 II 章**にて確認されたい．

彼は急いでいた．鼻音ソナントの場合と同じく，ほかの人に先を越されるわけにはいかない．彼がライバル視したのはほかならぬブルークマンである．*MSL* に投稿することも検討したらしいが，その場合，うまく採用されたとしても成稿から印刷・公刊までに恐らく 1 年以上の時間を要する．現に，1876 年春にパリに送った最初の論文 ① を掲載した分冊が出たのは執筆の翌年，これを含む巻が完結したのはさらに翌年のことであった．正式なクレディットは 1878 年であ

る．同じようなことになったら，その間にライバルに先を越されてしまうかもしれない．すぐに著書を出すことがベストである．

　ライプツィヒでギリシア・ラテン語や言語学関係の出版に実績のあったトイブナー社（B. G. Teubner）は幸いソシュールの申し出を受け入れた．だが，学位もない大学 2 年生の持ち込んだ原稿をすんなりと企画出版とすることなどできる相談ではない．父アンリはその内容も価値も理解できなかったが，息子の熱意にほだされ，その製作経費を支払うことに同意した．様々な文字・符号を含むため，その費用はかなりの高額であったという（Redard 1976: 316f.）．すなわち *Mémoire* は自費出版で世に出た．

　77 年秋頃から開始した執筆作業は翌年夏までに完了した．父アンリの日記によると，ソシュールははじめ 60 頁ほどの小冊子を作ろうと考えたようだが，原稿はついに 300 頁に達した．授業の履修と並行してこの作業を行うことは並大抵のことではない．勢い 77/78 年冬学期と，翌 78 年夏学期に履修認定された科目は前年よりも明らかに少ない．もはや「文法の夕べ」のみならず「文法の集い」に出る余裕もなかったろう．それでも毎日のように登校してヴィンディッシュとブラウネから履修認定を受け，恐らくレスキーン，エツァルディ等，そして上記のように途中で履修を中断したもののブルークマンの講義に出て，機を逃さずに，特にケルト語，ゲルマン語，バルト・スラヴ語の貴重な知識を蓄える努力を怠らなかったことはさすがである．

　そんな忙しい最中，78 年 1 月にはパリで語源についての研究発表（代読）を行い，3 月末，夏学期開始前に少々帰郷した折にはピクテ『印欧語の起源』（第 2 版）の書評 Saussure（1878g）を『ジュネーヴ新聞』に寄稿して，幼い自分を印欧語へと導いてくれた，今は亡き最初の師を偲んでいる．

　78 年夏学期が終了し，また原稿が完成した後も，ソシュールはライプツィヒに留まり，校正と，巻末に補遺と索引，さらに正誤表を付け加える作業に忙殺された．ようやくこれも終わり，後は印刷・製本の工程を残すばかりとなってライプツィヒを去ったのは 9 月の最終週であった．彼の奮闘もあって製作作業は順調に進み，翌 1879 年はじめに出る予定であった *Mémoire* は，扉に 1879 と印刷されたまま，前倒しで 1878 年 12 月に出版されたのである．

ベルリンでの半年

　当時のドイツの大学では，ひとつの専門分野を最低4学期学び，必要な科目の履修認定を受ければ，卒業にあたる認定を受け，学位 Magister を受けることができた．その後に博士の学位請求をする権利が生まれ，当時はまだ大学院に相当する制度はないが，博士学位，さらには教授資格（G. Habilitation）の取得を目指して，あるいはまた他の専門分野に転じて，自由に勉強を続けることもできる．Mémoire の製作で多忙を極める中，1878年8月17日に4番目の学期を終えた20歳のソシュールは最短での卒業を選択し，同29日に卒業証書（G. Sittenzeugnis）を受領してライプツィヒでの学業にひとまずピリオドを打った．[42]

　Mémoire 上梓の準備に消耗し，疲労困憊の体でジュネーヴに戻ったソシュールは，束の間の休暇の合間に父アンリと今後の学業について相談を重ねた．アンリもかつてギーセンで博士学位を得るにあたり，パリで論文の準備をした経験を持つ．息子にも他所での論文準備を勧めた．

　その結果，母方プルタレス伯爵家の3叔父が拠点とするベルリンが候補に挙がった．自由に彼らの邸宅を訪れることができる当地ではライプツィヒにおけるような生活の不便もない．同意したソシュールは1878年11月21日[43]にベルリン大学[44]哲学部に登録し，その学期から私講師を務めるツィマー（Heinrich Zimmer, 1851–1910）とオルデンベルク（Hermann Oldenberg, 1854–1920）の指導を受けつつ，博士論文の準備を進めることになった．大学から北西へ600メートルほど離れた Dorotheenstraße 88 の学生寮がしばしの住まいである．

　ツィマーは当時ドイツ領のシュトラースブルク（現仏領ストラスブール）とテュービンゲンで古典文献学，サンスクリット，ケルト語を，オルデンベルクはゲッティンゲンとベルリンでサンスクリットをそれぞれ修め，2人ともちょうどその年にベルリンで教授資格を得たばかりであった．ライプツィヒとのつながりはない．その後ツィマーはグライフスヴァルトからベルリンの教授に，オ

---

[42] Villani (1990: 8)．ただし同所に記された卒業日8月12日は誤りである．
[43] 7月からベルリンに学んだとする説は誤りである（e.g. Saussure-Mauro 山内訳 1976: 298）．
[44] ブランデンブルク門東側の旧東ベルリンに位置する現在のベルリン・フンボルト大学（Humboldt-Universität zu Berlin）．当時の正式名称はフリードリヒ・ヴィルヘルム大学（Friedrich-Wilhelms-Universität）であった．第2次大戦後，西ベルリンに開学したベルリン自由大学（Freie Universität Berlin）とは別組織である．

ルデンベルクはキールからゲッティンゲンの教授となっていくが，当時の彼らの経歴と身分を勘案すると，わざわざ彼らの教えを受けるためにソシュールがこの地に留学してきたとは考えにくい．恐らくはベルリン大学に入学した後に若い彼らの提供する授業とその知見に接して尊敬の念を抱き，特に2人の指導を仰ぐようになったというのが真相であろう．残念なことに，彼らが行った講義についての情報は得られていないが，その後に完成する博士論文を一瞥すれば，ソシュールが彼らの教えを通じて特にヴェーダの文献学的知識を急激に蓄積したことが見て取れる．当然ケルト語も磨いたことだろう．

　わざわざ新たな論文を準備しなくとも，78年末に上梓される *Mémoire* を博士論文としてライプツィヒ大学に提出するという選択もあったかのように思われるが，少なくとも1878年夏以降のソシュールにすでにその気はなかった．次項に述べるような事情からオストホッフとブルークマン等，「青年文法学派」の面々が受けた冷遇を目のあたりにして，彼はライプツィヒでの博士取得のためには，手堅い，クルツィウスの理解を超えないような論文が必要であることをすでに察知していたのである．ツィマーとオルデンベルクの教えを頼んだのは，ソシュールの今回の留学の目的がすでにサンスクリットの文献学的研究に定められていたためだと考えられる．

　余談ながら，ソシュールがツィマーの指導を受けたことには運命のいたずらを感じてしまう．細部は本書90頁以下と神山（2006: 76ff.）に譲るが，実は「鼻音ソナント」の議論は，オストホッフがZimmer（1876）に反論したことからはじまったのであった．これを進展させたブルークマンが同年のうちに「鼻音ソナント」の想定に至ったのである．その後オストホッフがソシュールに悪意を抱くようになる背景の一部には，彼が批判したツィマーにソシュールが接近したことも含まれるかもしれない．

　ベルリン留学の最後には意外なおまけが付いてきた．1878/1879年冬学期が3月27日に終了し，翌日に離独のあいさつのためにツィマーを訪ねると，その場に，何と，数年来私淑した，かのホィットニーがひょっこり顔を出したのである．ベルリンとテュービンゲンに学び，米国イェイル大学の教授となっていた彼は有名な『サンスクリット文法』（= Whitney 1879）の英語版と並行してドイ

ツ語版の製作を進めつつ，1878 年 7 月から 14 か月のヨーロッパ滞在を続けていたのであった．サバティカルイヤーだったのだろう．そして，そのドイツ語訳の任を負っていたのがツィマーだったのである．ホィットニーはツィマーとの打ち合わせと前後して，たまたま同席したソシュールとも歓談し，すでに入手して目を通していた *Mémoire* についての講評とともに自身の著書を恵贈することを約してその場を去った．近日中の再会も約したのだろう．だが，その後ソシュールは急用でジュネーヴに戻らざるを得なくなってしまった．4 月 7 日付で彼がジュネーヴから出した詫び状はイェイル大学に残るが，ソシュールがその返信を受け取ったかどうか，その後ホィットニーがジュネーヴを訪れた際に 2 人が再会を果たしたかどうかはともに不明である．以上は Joseph (1988; 2012a: 254, 688) により突き止められた貴重な情報である．後年，ホィットニーの追悼文集への寄稿を求められ，未完となったもののソシュールが長文を用意した背景も納得できる．

クルツィウス一門の崩壊

　ソシュールがライプツィヒに留学した 1876 年の冬学期から，クルツィウスと弟子たちの関係は急速に悪化した．きっかけとなったのはオストホッフとブルークマンによる鼻音ソナント説である．24 頁以下に記したように，音節主音となった鼻音が最終的に母音として現れる場合があることはスラヴ語やアイルランド語の発達を確認すれば容易に合点されるところであり，同様の推移がサンスクリットやギリシア語に起こったとしても特に驚くべきではない．

　だが，印欧祖語の母音交替のメカニズムの理解において弟子たちの進歩についていけないクルツィウスには，高弟であるオストホッフとブルークマンが到達した見解がひどい謬見に見えた．隣接する母音と鼻音を含む形態素が，今日の用語でいうゼロ階梯を取った場合，母音が縮減して鼻音が音節主音となること，そしてその後の発達の中でその音節主音たる鼻音が最終的に母音と化すことがあることなど，母音の縮減するメカニズムが理解できない彼には絶対に認められないたわごとであった．母音の縮減を理解しない彼は，上のような場合には母音が保持され，鼻音が脱落するとする自身の従来の見解（19 頁参照）に

固執した.

　1862 年以来ライプツィヒに君臨し，68 年からは独自の研究誌『ギリシア・ラテン文法研究』(*Studien zur griechischen und lateinischen Grammatik* 略して *Curtius Studien*) を刊行して印欧語比較言語学をリードした彼も，ついに自身が育てた弟子たちに凌駕されるときが訪れていた．だが，彼はそれを認めることを頑強に拒んだ．こうなれば行きつく先は別離が必定である．一枚岩に見えた一門は一気に崩壊した.

　76 年，同誌第 9 巻の編集をブルークマンに任せたところ，彼はクルツィウスの許諾を得ぬままに，大胆な「鼻音ソナント」説を披露した．これに憤慨したクルツィウスは同巻末尾に急遽一文を添えて，同巻が自分の目を経ていないと断り (p. 468)，続く第 10 巻 (1878 年 1 月刊行) の巻末では「もろもろの事情により」(aus verschiedenen Gründen, p. 438) 同誌を廃刊すること，ライプツィヒの文献学の重鎮ランゲ (Ludwig Lange, 1825–1885)，リベック (Otto Ribbeck, 1827–1898)，リプシウス (Justus Hermann Lipsius, 1834–1920) とともに同年新たに『ライプツィヒ古典文献学研究』(*Leipziger Studien zur classischen Philologie*) を創刊することを一方的に宣言した．まるで「ブルークマンをはじめ，弟子たちの研究はもはやたわごとに過ぎないから，彼らとは手を切って，今後はもののわかった人たちと手を組む」所存だと言わんばかりである.

　研究の発表の場を奪われたブルークマンは，暗に師の意向に抗う姿勢を見せ，同じ 78 年，前年秋からハイデルベルク大学教授に転じていた盟友オストホッフとともに『印欧語における形態論研究』(*Morphologische Untersuchungen auf dem Gebiete der indogermanischen Sprachen : MU*) 誌を創刊した．その巻頭言に謳われた G. die 'junggrammatische' richtung 「(旧世代と決別した) 新世代の文法研究の方針」(p. v, xiii, xv, xviii)[45] とは，厳密な音法則の追求[46] と類推を広く利用することであった．そしてこの表現から後に G. Junggrammatiker すなわち「**青年文法**

---

[45] 名詞の語頭を大文字にするという現在の慣例には従っていない．ドイツ語で普通用いられるものとは異なる引用符 (' ') を含めてオリジナル通りに記す．junggrammatisch ないし Junggramatiker という語の由来とニュアンスに関しては風間 (1878: 185f.) を参照.

[46] ここから青年文法学派のモットー「音法則に例外なし」(G. Ausnahmslosigkeit ; 文字通りには「例外がないこと」，i.e. "exceptionlessness") が生まれている．「例外のない」(ausnahmslos) ということばが彼らに最初に用いられたのは Leskien (1876: xviii, xxviii) においてである.

- 41 -

学派」という呼称が生まれたのである．この呼称は「我々青年文法学派」（wir „junggrammatiker"）の形で同誌第 2 号（1879）54 頁脚注に早速登場している．

　師の冷酷な振る舞いと，ブルークマンとオストホッフの奮闘を目のあたりにした同窓の面々は新世代の側に付いた．こうして青年文法学派には「文法の集い」の旧メンバーを中心にレスキーン，ヴィンディッシュ，パウル（Hermann Paul, 1846–1921），ヴェルナー，ヒュップシュマン，ブラウネ，ジーヴァース，そしてクルツィウス門下以外からもデルブリュック等々が与することとなったのである．無論，学統と上記の「方針」からしてソシュールもここに加えられてしかるべきであり，そうなれば彼はその中心メンバーとして活躍したことであろう．だが，以下に述べるような事情から *Mémoire* 出版後に人間関係がこじれ，青年文法学派の側もソシュール自身もそれを望むことはなかった．

　その後，クルツィウスの側には波紋節（G. Wellentheorie）で知られるベルリンのシュミット（Johannes Schmidt, 1843–1901）が加勢し，ブルークマンとの間であまり生産的でない論争が繰り広げられた．風間（1978 180ff.）を参照されたい．

Mémoire の反響：パリとジュネーヴ

　1878 年 12 月に *Mémoire* が世に出ても，ソシュールの下には何の反応も届かなかった．しばらく不安な日々が続いたことを，後年，**アヴェ**（Louis Havet, 1849–1925）宛の私信において述懐している（Retard 1976a: 343）．そして，『ジュネーヴ新聞』2 月 25 日号に高等研究院（École des hautes études，現 École pratique des hautes études）の古典語学者であったそのアヴェによる *Mémoire* の書評が掲載された．実は，上梓後，父アンリがジュネーヴ新聞の社長アデール（Jacques Adert, 1817–1886）と相談し，アヴェに推薦文の執筆を依頼していたのであった．

　2 月 8 日，脱稿したアヴェはアンリに書簡を送り，様々な前提となることがらを順序立てて説明していないために極めて読みにくいものの，*Mémoire* がいかに優れた著作であるか，ソシュールがいかに逸材であるかを父アンリに伝えた．

　別便で新聞社に届いたアヴェの書評は新聞に掲載される同種の記事としては異常に長いものであった．『ソシュールノート』誌（*Cahiers Ferdinand de Saussure: Cahiers*）32 号に転載された同書評は計 20 頁にもなる（Retard 1978）．ここでア

ヴェは一般の読者のために，印欧語比較言語学の紹介から母音交替の概略，ソナントと呼ばれる母音と子音の中間の位置を占める音韻（22 頁以下），ソシュールがはじめて想定した未知のソナント的な音韻，そしてその想定を応用して 2 音節からなる語根を巧みに処理する方法についてまで，その内容を順序立てて，かつ簡略化した形で説明することに成功している．これを繰り返し読んだアンリは，ようやく息子が熱中している研究の概略を理解するに至り，掲載翌日に発した礼状において深い謝意を表するとともにアヴェを深く信頼して，学位取得後に息子をパリに送ることを提案している．さらにその夏にジャントー村の別荘へ招待しているが，アヴェの訪問がかなったのかどうかはわからない．

　ベルリンで同書評を確認したソシュールは，2 月 28 日，パリのアヴェに丁寧な礼状を送った．3 月 2 日付のアヴェからの返報によると，彼は書評の依頼を受け，簡単な紹介文を物すつもりであった．ところが，いざ *Mémoire* を手にすると，様々なことがらを順序立てて説明していないために極めて読みにくく，通読には難儀したものの，読了するや「脳髄が喜びに沸騰した」（j'avais la cervelle toute bouillonnante de plaisir）という．そして 21 歳の学生に過ぎないソシュールを「先生」（Cher monsieur, ou plutôt mon cher maître）と呼びかけたのである．[47]

　これによって，ソシュールは自説を理解し，認めてくれる人がいることに心底安堵したのであった．生涯続いた彼らの密な交流はここからはじまる．

Mémoire の反響：ドイツ

　他方，印欧語比較言語学の先進地域，ドイツでの反応は鈍かった．

　ソシュールが先を越されるのではないかと恐れ，したがって *Mémoire* をもっともよく理解できたはずのブルークマンは，*MU* 1（= Brugman 1878: 34）において長母音と短母音との交替の扱いに苦慮していると吐露した（109 頁以下参照）．*Mémoire* はその疑問に対する解答を提示したのだが，ブルークマンからは特に目立った反応はない．*MU* 2 の巻末に急遽あとがき（Nachschrift）を加えて *Mémoire*

---

[47] 3 月 2 日付アヴェからの手紙の中心部分は質問により占められ，その中には内破音・外破音に相当する観察が記されている．この概念を用いた音節理論は 1897 年夏学期にジュネーヴで講じられ，後年，『講義』に収められたが，どうやらその着想はアヴェの観察に基づいているように見える．この手紙への返信は 3 月 22 日に発された（Rerard 1976a）．

を「価値ある」（wertvoll）業績と評しただけである（Brugman 1879d: 261）．さらにその後も本質的でない箇所において *Mémoire* に何度も言及しながら，長短母音の交替にかかわることがらには一切触れない．結局 Brugmann（1897; 1904）において，ソシュールの想定した未知のソナント的な音韻に触れないままに，長短母音の交替についてのソシュールのアイデアを採用するが，いつの時点で見解の転換があったのかはっきりしない．

　神山（2006: 101）は軽率にもこれをブルークマンの不勉強と見たが，それは大きな誤りであった．ライプツィヒで出ていたツァルンケ編『文学中央新聞』（*Literarisches Centralblatt*）1879 年 6 月 14 日号に，某 Bgm. 氏による，かなり詳しい，アヴェのものよりもはるかに専門的な *Mémoire* 評（次頁）が掲載されており，その評者はほかならぬブルークマンと考えられるからである．

　ブルークマンによるこの書評（= Brugman 1879a）を読めば，彼が *Mémoire* を細部まで理解していたことが明白である．理論的にはソシュールに同意しても，従来の習慣からそれを受け入れるのには部分的に抵抗を見せ，また細部において瑕疵と思われる箇所の指摘を挟むものの，上記のような冷淡な態度とは正反対で，むしろソシュールを称賛しているように見える．末尾近くに置かれた「概してソシュールは音法則を極めて厳密に取り扱う一派に属す」（Im Allgemeinen bekennt sich de Saussure zu strengster Handhabung derselben [= der Lautgesetzen]）の一文からは，彼を青年文法学派の一員と認めていることがわかる．

　すでにジュネーヴに戻っていたソシュールは，やや遅れてこれを目にし，細部での意見の違いはありつつも自説を完全に理解してもらえたことがよほどうれしかったのだろう．丁寧なドイツ語で書かれ，6 月 29 日付でジャントー村の別荘からブルークマンに発された礼状からは彼の安堵が透けて見える．

　すなわち，ブルークマンは *Mémoire* を完璧に理解し，半ば匿名でしかるべき書評を物して，教え子でもあり切磋琢磨するライバルでもあるソシュールの試みに応分の高い評価を与え，結果的に彼を励ました．だが，その後，恐らく意図的に *Mémoire* の核心部分には触れないようにしたと思われる．

　この，手のひらを反すような対応の変化は不可解にも思えるが，ソシュールの死後にシュトライトベルクと交わした書簡（Villani 1990: 29ff.）を参考にする

某 Bgm. 氏による *Mémoire* 評

(= Brugman 1879a)

と，ブルークマンを取り巻く事情もわかる気がする．すなわち彼の盟友オスト
ホッフを急先鋒として，ライプツィヒないし青年文法学派にはソシュール排斥
の雰囲気に満ちており，結果的にブルークマンは，消極的ながらも，この雰囲
気に迎合してしまったのである．

　そもそもオストホッフがかつての教え子ソシュールを毛嫌いし，半ば敵視す
るようになったことがすべての発端と考えられるが，彼がそのような感情を抱
くようになったのは恐らく彼の勘違いに起因する．「文法の夕べ」へもほとんど
顔を出さなくなり，スイス貴族とばかりつるんで，お高く留まっているように
見えたかもしれないが，77年夏学期の終わりまでは2人の間に特に問題はなか
ったように見える．ひとつのきっかけとなったのは77年7月のパリでの発表⑥
（34頁）であろう．その原稿はブルークマンに手渡されたが，オストホッフは彼
を介して同稿を目にする，ないしそのコピーを手にしたらしく，その発表が行
われた同日に，同報告で想定された印欧祖語の音韻 A とはブルークマンの a_1
と a_2 を合わせたものではないかと私信でブルークマンに訴えている（Joseph
2012a: 211）．だが，彼の指摘はまったくの見当違いである．その発展形である
Mémoire もブルークマンと自分の「パクり」に謬見を足したものだと軽々に決
めつけてしまった．たかが20歳の学生（脱稿時）が，誰もなし得なかった印欧
語の深い歴史に正しく切り込むことなどできるはずがないことであり，さらに
その大著を簡単に自費出版できる経済的境遇も憎悪の種となる．その上，彼ら
が印欧語研究のメッカと誇るライプツィヒを去り，クルツィウス同様，頑強に
ソナントを認めない旧世代の大御所シュミットが君臨するベルリンで，ことも
あろうにかつて自分が批判したツィマーの教えを受けたことも気に入らなかっ
たろう．もはや完全に「坊主憎けりゃ袈裟までも」の状態である．

　当のブルークマンはパリでの発表であれ，*Mémoire* であれ，ソシュールに対
して腹に一物を持った形跡はない．兄貴分のオストホッフがソシュールを毛嫌
いし，彼に対してあからさまに粗野な態度を取るのを繰り返し目にして，どん
な気持ちになったことだろう．結局オストホッフには逆らわなかったが，ブル
ークマンはこのような場面を後々まで記憶し，シュトライトベルクへの私信で
言及している（Villani 1990: 29ff.）．後悔の念をひしひしと感じる．

以降，ソシュールは当然ながらオストホッフを嫌った．彼に少なくとも 2 学期にわたって指導を受けたことも忌まわしい記憶として忘れ去ろうとしたことは「回想」からも窺われる．青年文法学派の面々も，Brugman（1879a）を最後に，オストホッフに倣ってソシュールの業績を正当に評価することを放棄した．ソシュール同様，後掲のように彼の側に付いたメラー（Hermann Möller, 1850–1923）も誹謗中傷の嵐を浴びたという．「回想」の末尾に添えられた不穏当な表現「ドイツ人の羊のような盲従性」（moutonnièreté des Allemands）[48] とはこのような状況を指したのであろう．無論，当を得ている，いないにかかわらず，*Mémoire*にまじめに取り組んだ試みもあったが，それらについては**第Ⅱ章**に譲る．

悲しいかな，ドイツにおいては印欧語比較言語学者としてのソシュールは今なお不当に過小評価されている．

再びライプツィヒへ

1879 年 4 月にジュネーヴに戻ってから半年ほどのソシュールの動きはよくわからない．上記のように 6 月にブルークマンに書評への返礼をジャントー村の別荘から発していることにも見られるように，その春から夏を自宅と別荘でのんびりと過ごし，友との旧交を温めつつ，傍らでベルリンで材料をそろえた博士論文の準備を進めていたのであろう．前年には *Mémoire* の製作で特別に免除された夏の軍事教練はきちんとこなしたはずである．彼は特に射撃が好きであった．狩猟好きのアンリも，この夏は息子を遠慮なく鹿狩りへと連れ出したに違いない．

その後，ソシュールは冬学期のはじまる 10 月中旬までにライプツィヒに戻った．滞在先は慣れ親しんだ Thalstraße のシュレック夫人方である．同じ下宿には友人のファーヴル（Édouard Favre, 1855–1942）が引き続き住んでいた．ソシュールの死後，以下のかなりよく知られた逸話を伝えたのは彼である．

博士論文提出の前には多くの教授と面談して論文の構想を説明する必要があった．ソシュールがある教授を訪ねた折にこんな会話が行われた由．

---

[48] 日本語訳は小松（2011: 19）に拠った．

- 47 -

「君はあの有名なソシュールの親戚かね？」

「はい，ひ孫にあたります.」（オラス・ベネディクトのことと勘違いしている）

「ひ孫だって？ ふざけちゃいけない. あの *Mémoire* が出たのは去年のことだよ.」

「でも，あの... その本なら書いたのは僕です.」

「...」

　これは帰宅したソシュールがファーヴルに語った話なのであろう.

　その教授はゲルマン文学のツァルンケとも伝えられたが，ソシュールとは授業を通じて数年来の知り合いのはずだからどうも納得がいかない. 様々な資料を吟味した Joseph（2012a: 258）は，その教授を聖書学者デーリッチ（Franz Delitzsch, 1813–1890）だと結論付けている.

　その後はライプツィヒに腰を落ち着けるかと思いきや，ソシュールはしばらくパリに滞在した. その目的はわからないが，かねてからの父アンリの意向と翌年以降のことを考え合わせると，特に数か月前から連絡を取り合っていたアヴェと面談して今後の相談をしていたのだろう. さもなければ翌年初冬にパリにやって来て，直後にすんなりと高等研究院に入学できるとは考えにくい.

　そして 12 月の半ばごろライプツィヒへ戻ったソシュールはホーエンタール伯爵家の領地で狩猟を楽しんだという. 恐らくクリスマスを同家で過ごした後，博士論文の仕上げに戻った. 下宿で迎えた 1880 年の新年は，シュレック夫人の *Prosit Neujahr!* の大声にたたき起こされたとか.

　博士論文ではテーマに定めたサンスクリットの絶対属格構文を，その共時的記述，用例分析，起源についての考察の 3 つの観点から研究するという計画を立て，審査にあたる教授陣の承認をすでに得ていた. ところが，はじめの 2 つの章は書き上げたものの，最後の起源の章の執筆がどうしても進まない. 現在でもその起源の解明は進んでいないのだから，ソシュールの苦心もわかろうというものである. そして提出期限の迫った 1 月末に至り，彼はついに起源に関する第 3 章の完成を諦めた. 最初の 2 つの章をもって博士論文とすることに意を決したのである. 申告した計画と異なる内容となれば，学位請求が拒絶されることありえよう. 苦渋の決断であった.

博士論文の提出

『サンスクリットにおける絶対属格の用法』（De l'emploi du génitif absolu en sanscrit）と題された論文は 2 月 4 日にライプツィヒ大学に提出された.

まず基本的なことがらを整理しておくと，主語に対応する定形動詞（finite verb），すなわち時制，法，相，人称と数という文法的意味を併せ持つ動詞の形態を含む節（clause）が 1 つしかない文は単文（simple sentence）である．複数の節を，身近な英語を例に取れば and や or, but, so, for のような情報を併置する単純な等位接続詞（coordinating conjunction）で結んだ文は重文（compound sentence），because や though, when, as, if 等々の，より複雑な節同士の関係を表す従属接続詞（subordinating conjunction）で結んだ文は複文（complex sentence）である.

さて，古来の呼び名「**絶対構文**」（absolute construction）が意味するところはその名から明らかというわけではない．これは印欧語において複文に相当する意味内容を単文の形で表現し，いわば簡潔で「締まった」文にするための技巧である．従属節に相当する部分の動詞は分詞の形を取り，対応する主語とともに言語によって一定の格に置かれて，結果的に従属節の意味内容が定形動詞なしに句（phrase）として表現されることになる．「絶対句」のように呼んでもよいのだろうが，ここでは慣用に従っておく.

身近な英語の場合を例にすると，古英語には以下のような絶対与格構文が存在していた．スペースの関係で主節は省略する.

ūp	*sprungenre*	*sunnan*
副詞	動詞 過去分詞	名詞
	女性・単数・与格	女性・単数・与格
'up'	'sprung'	'(the) sun'

上記の絶対構文ないし絶対句では，意味的に主語にあたる sunnan と，それに対応する動詞にあたる過去分詞の sprungenre がともに与格（dative）を取り，文字通りには「昇った太陽（に）」を表して，従属節で表現される「太陽が昇ったとき（後で）」に相当する意味内容が表現されている．この構文が今日の独立分詞構文の由来であることは容易に想像できるところであろう：e.g. The sun having risen up, they dried up.

この構文に用いられる格は言語によりまちまちであって，ギリシア語では属格（genitive），ラテン語では奪格（ablative），そしてゲルマン語とスラヴ語では与格がそれぞれ用いられる.[49] このような不一致が存在する以上，印欧語の最古の段階からこの表現方法が存在したとは考えにくい. 勢いその由来を突き止めることは難しい.

　さて，サンスクリットの場合，絶対構文には一般に所格（locative）[50] が用いられる. 主節を省略した以下の例では文字通りの「今日，上りつつある太陽（という状況）において」という句が，「今日，太陽が昇ってくるときに」という従属節に相当する意味内容を表している.

adyá	sū́rye	udyatí
副詞	名詞	動詞 現在分詞
	男性・単数・所格	男性・単数・所格
'today'	'(the) sun'	'going up'

　しかし，サンスクリットでは同種の絶対構文に属格が用いられる場合もある. 以下はそんな例のひとつであり「それから彼は，行者たちが見守る中，天に上った」を意味する. 下線部が絶対属格構文に相当する部分であって，絶対所格構文との差異は見えにくい. 絶対属格の出現頻度が圧倒的に小さいことも手伝って，当時，両者の差異はいまだ明らかにされていなかった. それこそ，ソシュールがこの構文を博士論文のテーマに定めた所以である.

divaṃ	jagāma	munīnām	paśyatām	tadā
名詞	動詞	名詞	動詞	副詞
	完了		現在分詞	
女・単・対	3 単	男・複・属	男・複・属	
'to heaven'	'he went'	'ascetics'	'watching'	'then'

　ソシュールは絶対属格を含む用例をかなり徹底的に調査し，得られた 496 の厳選された用例をもとに絶対所格と絶対属格の差異抽出を試みた. 予定した由来を扱う章を欠くため，彼の結論はまとめた形では提示されていないが，絶対

---

[49] ゲルマン語では，例は少ないながら，ほかの格が用いられることもある. ゲルマン語の分詞構文のほか，スラヴ語学で言う副動詞（verbal adverb, R. деепричастие）の由来でもある.
[50] 処格ないし依格と呼ばれることもある.

属格構文では人がかかわること，原則的に現在分詞が用いられること，すでに先人に指摘されているとはいえ，この構文は主節の内容と譲歩の関係にある場合に限って用いられることが明らかにされたと言ってよかろう．

　ソシュールの論文審査にあたったのはヴィンディッシュとクルツィウスの両教授であった．ヴィンディッシュは 2 月 15 日に，クルツィウスはその翌々日に論文審査の講評と評価を提出した．彼らは異口同音に第 3 章を欠いたことを惜しみつつも，この論文で達成されたこと，彼がこれまでになした研究，得た知識，そして彼の才能を併せて賞賛し，ともに I = egregia（傑出している）と評価した．秀ないし S に相当しよう．ヴィンディッシュはてっきり彼が *Mémoire* で学位申請するものと思っていた．ヴィンディッシュにとってはそれでも構わなかったが，数年来文献学に傾倒しているクルツィウスはそうではない．読み通りソシュールの論文は見事この老教授のツボにはまった．口頭試験などするまでもない（すぐに博士を授与しよう）という趣旨が記載されている．

　この結果は 2 月 18 日に通知（恐らく掲示）され，2 月 28 日 3 時から公開口頭審査が行われることになった．審査員にはヴィンディッシュ，クルツィウスにツァルンケが加わった．当日，前 2 者の評価はともに I = egregia だったが，ツァルンケは II = admodum laudabilis（大いに賞賛すべき）．優か A に相当しよう．協議を経て即日 summa cum laude（最高の称賛をもって）で博士が授与された．以上は Villani（1990: 9–13）に引用されたライプツィヒ大学の記録に確認される．

　その夕刻，ソシュールはブルークマンと学友バウナック（Johannes Baunack, 1855–1928）を招待して，当時のライプツィヒで一番のレストランであったというホテル・ハウフェ（Hotel Hauffe）で博士取得を祝った．上等な赤ワイン（フランス産？）と，ほかの料理と前後して，まだ 2 月末なのに立派なアスパラガス（ドイツ人の大好物）が供されたという．ブルークマンは，それから 30 年以上を経ても，これらをよく覚えていた（Villani 1990: 31）．実は，これがソシュールとブルークマンの最後の晩餐であった．

　翌 1881 年 9 月にブルークマンが結婚式にソシュールを招待したが，スイスで軍事教練中の彼からは例によって丁寧なドイツ語で辞退の連絡が届いた（Villani 1990: 14）．その後彼らの間に連絡があった形跡はない．

リトアニア旅行

　1880 年 3 月 4 日にジュネーヴに戻ったソシュールは，リトアニア行きの計画を温めた．従来，彼のリトアニア行きについてはささやかれつつも，実際にその訪問が行われたのかどうかを含め，まったく事情が知られていなかった．しかし，パスポートの記載や手記等の新資料が確認された今日では，彼の足取りがかなり明らかになっており，Joseph (2012a: 270ff.) にその概要がまとめられている．すなわち，リトアニア旅行が行われたことは確実である．

　Mémoire の執筆・製作時期と重なったため，学期終りまでは履修せず，結果として正式な履修認定は受けていないが，レスキーンに手ほどきを受けて以来，ソシュールのリトアニア語への関心は深く，特にその特異なアクセントの振る舞いが彼をとらえていた．その年，秋にパリへ向かうまでの予定はかなり融通が利きそうな状況だったから，この好機を逃すわけにはいかなかった．

ドイツ帝国（1871–1918）と，その中核たるプロイセン王国
http://up.picr.de/12009181mu.jpg を加工

そして，4月19日に軍事教練欠席の手続きを済ませるとジュネーヴを離れてライプツィヒに舞い戻り，5月13日に学位記を受け取る．その後，しばらく博論改訂の作業に従事した後，7月末頃，合計2年半ほど親しんだライプツィヒに別れを告げ，ベルリン経由でリトアニアとの国境の町メーメル（Memel, 現リトアニア領クライペーダ Klaipèda）へと向かった．

　当時のドイツ帝国の中核をなしていたのは，リトアニアと合同王国を形成したポーランドの分割によって東に領土を広げたプロイセン王国であった．ライプツィヒが属したのはザクセン王国である．リトアニアのごく一部はプロイセンの東端に含まれたが，その大部分は，同じくポーランド分割によって領土を西に広げたロシア帝国に属した．

　彼は国境の町に到着すると，数日の間プロイセン領内でリトアニア語のフィールドワークを行った．そして，その後ロシア領内の調査に移る．

　無論スイス国民だからといってロシア入国に特に問題はないはずだが，奇妙なことに，彼はプロイセンのパスポートを入手し，これを用いてロシア領リトアニアに入国したのである．偽造パスポートなどではない．8月5日，彼に対してプロイセン市民としてのパスポートを発給するよう，国境の町の大使（?）から要請が発され，7日，メーメルで発給された．そこには，彼の身体的特徴とともに，ジュネーヴ出身のプロイセン市民（!）たるソシュール文学博士が，ロシア領のクロッティンゲン（Krottingen, 現リトアニア領クレティンガ Kretinga）[51] へ旅行する旨が記されている．暗に，関係諸氏に対し何事につけ便宜を図るよう要請しているように見える．現代の庶民の理解を超えたことだが，ベルリンにも根を張る母方のプルタレス伯爵家のコネが発動され，事が円滑に運ぶように，また万一の場合にはすばやい対処が可能なように，臨時的にロシアの隣国プロイセンの市民として取り扱う「配慮」が行われたものと想像する．神通力を見せつけられ，唖然とするほかはない．

　しかし，それだけの配慮を受けて準備万端でリトアニアに入ったものの，彼

---

[51] クレティンガはクライペーダの北の町．現在の人口は2万人ほどだが，1865年，1897年の人口はそれぞれ 1616, 3418 であり，1880年の人口は2〜3千人であったと思われる（https://lt.wikipedia.org/wiki/Kretinga）．

は 8 月 26 日にロシア領のリトアニアを出国している．すなわちリトアニア滞在は高々 20 日間である．夏の軍事教練を事前にキャンセルしておいたのだから，秋にパリに向かう直前までリトアニアでのフィールドワークを行うつもりだったと思われるのに，こんなに早く戻ってくるとは意外である．そして，彼はスイスに直行し，8 月 31 日から，キャンセルしたはずの軍事教練に従事した後，9 月中旬にジュネーヴに戻った．

　リトアニアにおける彼の足取りは**第Ⅲ章**に触れられるが，リトアニア語のフィールドワークは必ずしも上首尾でなかったらしい．それは，手記にも残るように，ソシュールのように鋭い耳を持つ者にとっても，一般のネイティヴスピーカーの発する音声をただ聞いただけでは，リトアニア語の特殊なアクセントを把握することが極めて難しかったためではないかと愚考する．しかし，彼は諦めていなかった．翌年パリで知り合う**ボドゥエン・デ・クルテネ**（Jan Ignacy Niecisław Baudouin de Courtenay = Иван Александрович Бодуэн де Куртенэ, 1845–1929）等の協力も得つつ独自に研鑽を積み，数年後にはリトアニア語のアクセントの由来とアクセント位置の移動について極めて重要な発見をなすことになる．他にもかなりのノート・メモ類が残されているという（Bouquet 2003: 323–350）．詳細については**第Ⅲ章**を参照されたい．

パリ留学

　ソシュールは 1880 年 11 月末にパリに入った．それから 2 か月弱の間，彼がどこに住んだのかはよくわからない．もしかしたら以下に触れるホテルに逗留したのかもしれない．その後，1881 年 1 月にゲ・リュサック通り（rue Gay-Lussac）33 に居を定め，1 年以上ここに起居した．だが，その後 1882 年 3 月，5 月，12 月に発された手紙に住所としてオデオン通り（rue de l'Odéon）3 が記されていることからすれば，その後はしばらくホテル暮らしを行ったように見える．この住所はよく知られた三ツ星ホテル Odéon Hôtel の所在地だからである．さらにその後，84 年 12 月 11 日付の手紙には住所としてセーヌ川近くのボーヌ通り（rue de Beaune）3 が記されており，その間に同地の家を買い求めた，ないし借りたものと考えられる．他方，彼の用務先である高等研究院は当時ソルボンヌ通り

に面した本来のソルボンヌ大学，すなわち現在のパリ第 4 大学，またの名をパリ・ソルボンヌ大学の中に位置していた．[52] 彼が住んだと思われる場所は，すべてそこから徒歩数分の至近距離にある．

　ソシュールが正式に高等研究院の学生として登録されたのは 1881 年 2 月 15 日である．同院では伝統としてすべての授業が一般に開かれているため，ソシュールは登録前から様々な授業に顔を出していた．Joseph (2012a: 274) によれば，そこに学んだ 1 年弱のうちにソシュールはアヴェのラテン語（通時）音韻論，ダルメステテ（Arsène Darmesteter, 1846–1888）のロマンス語（通時）音韻論，ベルゲーニュのサンスクリット，ブレアルの講義を受講ないし聴講したというが，これらにおいて受講者たるソシュールの知識が部分的に教員のそれを上回っていた可能性が高い．現にアヴェは話題によって講義をソシュールに任せたこともあるという（富盛 1985: 30）．余力があったらしく碑文研究，神学，哲学・文学史の授業をも聴講し，さらにコレージュ・ド・フランスで**パリス**（Gaston Paris, 1839–1903）の古仏語の講義を聞いている．

　その間，ライプツィヒ大学に提出した博士論文は，大幅な訂正と推敲を施され，1881 年にジュネーヴの出版社 Jules-Guillaume Fick から出版された（Saussure 1881a；右図はその表紙）．これもまた自費出版である．

　後年にほかの書類とともにソシュール家から寄贈され，現在ハーヴァードに所蔵される元の，ライプツィヒ大学に提出された論文と比べると，はるかに洗練されたものに仕上がったとされる．

　同年，ソシュールはこれを提出してジュネーヴ大学からも博士号を得ている．

---

[52] 本来のソルボンヌ大学の実質的に大学院の役割を果たした高等研究院はその後，高等学術研究院（École pratique des hautes études）と名を替え，現在では 1.5km ほど南に移転している．また，現在のパリ第 1〜13 大学は 2018 年 1 月から統合されて，ソルボンヌ大学と改称する予定と聞く．

高等研究院准教授

　ドイツ留学を続けていれば，博士に続いて教授資格の取得を目指したことだろうが，パリに転学したからには，これに準じる資格である F. agrégation を取得するまで学業を継続し，次いで研究職に就くという展望を抱いていたはずである．無論，1881 年の秋からも高等研究院での就学を続けるつもりであったろう．しかし，夏の休暇をジュネーヴで過ごし，軍事教練を終えたばかりのソシュールが 10 月頭にパリに現れた．例年ならあと半月は家族と共に過ごしていたところであるから，早期の帰還を促されたと見られる．

　高等研究院で比較言語学（grammaire comparée）部門の主任教授（directeur d'études）であったブレアルはコレージュ・ド・フランス教授を兼務し，さらにアカデミー会員でもあったから行政関係で多忙を極め，講義を休むことも多くなったという．そこで，同部門に新たなポストを設けてソシュールを迎えることを考えた．確かにこれほどの逸材を逃す手はない．彼なら，教授資格さえ取れば，印欧語学の本場であるドイツの主要大学でも最先端の研究・教育を行うだけの力量を備えている．ライプツィヒで彼を導いた先生たちとも学問的にはすでに対等の立場にあると見てよい．彼がいれば，ドイツに比べると立ち遅れていたフランスの印欧語比較言語学を，ドイツのそれと肩を並べるところまで引き上げることができるかもしれない．

　問題は 2 つあった．まず，彼がまだ 23 歳であって，教員としては若すぎること．もうひとつは彼がスイス人だったことである．まだ agrégation を取得していないことなど問題ではなかったらしい．年齢の点は彼が例外的に優秀な逸材であることを説明すれば教授会の納得が得られそうであったが，フランス国籍を取得することは原則的に必要なことであった．彼は身内に相談し，かなり迷ったようだが，結局スイス国籍を捨てる選択はしなかった．これによって彼を通常の教員として採用することが難しくなり，後述のように，採用にあたっては少々異例な方法が採られることになった．

　担当する科目の検討も必要だった．もっとも適任と思われる比較言語学，サンスクリット，ギリシア，ラテン，ロマンスの各語にはすでに担当教授が在籍している．バルト・スラヴとケルトはライプツィヒとベルリンで少なくとも言

語学的ないし文献学的には熱心に学び，また特にリトアニア語には愛着があったが，実用的に未熟であることは否めず，これらを看板に掲げることは非現実的であった．

　結局，すでにゴート語，古ノルド語，ドイツ語，英語とその歴史に通じているゲルマン語を看板とし，「ゴート語と古高ドイツ語」を担当科目名とすることになった．この時点では，彼はこれを喜んで受け入れている．

　そして，10 月 30 日の教授会において，ソシュールを新たにスタッフに迎えるという動議がブレアルから発され，アヴェからも賛意が表されて，教授会は満場一致でこの人事を承認した．11 月 5 日，高等教育省が認可を与え，晴れてソシュールは高等研究院の准教授（maître de conférences）[53] に任命された．

　ただし，フランス国籍を取得していないために，通常の教員としての採用は困難で，学内的には通常の准教授として扱われたものの，報酬は弁済金のような名目で支払われた．初年度に得た報酬は年額 2000 フランであって，主任教授 directeur d'études の報酬に相当する好待遇だったとされる．だが，彼には特に母方プルタレス家の親戚筋を通じてパリの貴族社会とのつながりもあり，被服費や遊興費もかなり必要であって，ジュネーヴから仕送りをもらわないとやっていけなかったらしい（Joseph 2012a: 282, 390）．

　試みに彼の最初の年収を現在の日本円に換算してみた．当時は 1 フラン＝金 9/31 g とする完全金本位制が採られていた．2017 年 8 月 21 日現在，24 金 1 g の価格は 4527.16 円であるから，これを基準にすると当時の彼の年収は，現在の下記の額に相当することになる．

$$9/31 \ \times \ 4527.16 \ \times \ 2000 \ \fallingdotseq \ 263 \ 万円$$

　しかし，どうもこの金額は少なすぎる．現在パリ中心部で 25 平米ほどの小さめのステューディオを借りる場合でも月額 1000 ユーロ≒13 万円弱はかかるようだから，家賃にそれだけ使ったら，手元に残るのは年額 100 万円程度．これでは，学生のような質素な生活を送る場合ならいざ知らず，社会人として普通

---

[53] わが国で相当する職階は一般に講師ないし准教授であり，従来「講師」と訳されてきたが，高等研究院の職階としては主任教授に次ぐ地位であるため，恐らく「准教授」とするのがふさわしい．大場（2011）参照．

の生活を送ることもできないだろうし，ましてや貴族たちとの交流など絶対に無理である．

結局，彼の年収 2000 フランの価値は現在の 263 万円よりもはるかに高かったと考えねば辻褄が合わない．1949 年から 1971 年途中までは 1 米ドル＝360 円であり，今日では 1 米ドル＝100 円前後であることにも表れているように，為替レートの推移によって円の価値がここ半世紀で 4 倍弱に跳ね上がったことを参考にすれば，当時のソシュールの年収は少なくとも上記の金額の 4 倍以上，すなわち現在の 1000 万円よりも多かったと見られよう．23 歳のソシュールが受けた待遇は確かに破格のものであったことが実感される．

高等研究院での授業

24 歳になったばかりのソシュールの授業は 1881 年 12 月 14 日に開始された．

初年度，彼に割り当てられたのは週 3 時間の講義，すなわちわが国の多くの大学と同様に 90 分の授業が 2 コマである．水曜日には印欧語からゲルマン祖語，そしてゴート語や古高ドイツ語等に至る通時音韻論を，土曜日にはゲルマン語形態論を解説したのち，ウルフィラによるゴート語福音書を講読した．以降しばらく水曜に通時言語学，土曜に文献学が扱われた．在任中の彼の授業はすべて 13 時開始である．

聴講生を含めた受講者は 15 人：Édouard Ascher, Antoine Assant, Alfred Bauer, Curt Bohnstedt, Michel Calloïano, René David, Émile Ernault, Johann Kirste, Albert Lange, Joseph Loth, Henri Meylan, Victor Muller, Frédéric Posth.[54] 水曜の授業には教員のダルメステテとレジェ（Louis Léger, 1843–1923）も顔を出している．翌年以降，彼らに限らず何年も引き続いて受講した者も多い．

翌 1882/83 年度には土曜に古高ドイツ語を扱い，ブラウネ編の選文集と Otfrid, Tatian, Isidor を部分的に講読した．受講者 14 名．新たに Xavier Brun, Oswald Cohn, Frédéric Fath, Florentin Gaignière, Isidore Goldstein, Emil Hausknecht, Ignace Kont, Adrien Taverney, Jakob Zimmerli が加わった．

1883/84 年度は前年に準じる．受講者は 19 名．新顔に Anton van Hamel, Léon

---

[54] 以下，紙幅の制限により受講者名は簡略に記し，カナ表記と生没年を略す．

Hildt, Léon Hirsch, Gédéon Huet, Émile Jeanmaire, Georges Keil, Jean Laudenbach, Sylvain Lévi, Henri Lichtenberger, Jacob Loewenberg, Émile Lombard, Léon Pineau, Adolphe Proust, Albert Rollin, Meyer Schwob, Victor Swaine がいた.

1884/85 年度にはゴート語ないし古高ドイツ語の読解を金曜に移し，土曜には新たに古ノルド語を開講してスノッリのエッダ（Snorra-Edda）を読んだ．受講者は 9 名．新顔に Edmond Debray, Louis Duvau, Anders Enander, Émile Rayon, Henri Regnier, Edmond Sénéchal. ただし，古ノルド語受講者は 3 名であった．この年，報酬は年額 2500 フランに増額された.

1885/86 年度は授業日を月水金に変更した．講読には古英語文献を取り上げたが，厄介な母音の変遷の解説に時間を要し，読解が充分にできなかったことを悔やんでいる．新顔 Théophile Cart, Mieck 某, Georges Möhl, Ernest Muret, Léon Parmentier, Paul Passy, Paul Ponsinet を含む 12 名が受講した.

1886/87 年度は前年に準じる．ただし，前年の反省から講読は古高ドイツ語に戻している．受講者は新顔の Édouard Audouin, Alfred Baudouin, Philippe Becker, Wily Bordsdorf, Fédor Braun, Philémon Colinet, Léon Dorez, Georges Dottin, Jean Mangin, Pierre Quillard, Paul Sabbathier, Georges Schiffmann, Alphonse Vulliemin を含め 16 名.

1887/88 年度には講義内容に大きな変化があった．ゲルマン語にこだわらない授業の開講を許されたからである．これに伴い，週 4 回の授業を設定，水土にはギリシア・ラテンの比較文法を，火金には古ゲルマン諸語を講じた．後者の詳細は不明である．受講者は 13 名．新顔には Pierre Bollon, Paul Boyer, Paul Desfeuilles, Henri Desfossés, Georges Guieysse, Alfred Jacob, Léon Lévi, Charles Martin, Antoine Meillet, Jean Psichari, Paul Sirven, Émile Vigelius がいた.

1888/89 年度にはゲルマン語関係の授業を開いていない．開講曜日はわからないが，前年同様のギリシア・ラテン語比較文法を週 2 コマ，そしてリトアニア語を 1 コマ講じている．受講者は 22 名．新たなメンバーに Pierre Domerc, Julien Dubois, Jean-Baptiste Dutilleul, Charles Gerecz, Georges Habay, Henri Lebègue, Paul Lejay, Jules Leroy, Horace Micheli, Alfred Piffard, Henri Provandier, Charles Renel, Louis Weill が確認できる.

1889/90 年度は，後掲のような事情から，ジュネーヴに過ごし，高等研究院での授業を担当していない．代わって，アルメニアでのフィールドワークから戻ったばかりの 23 歳の学生メイエ（Antoine Meillet, 1866–1936）が臨時に代講を務めることになった．講義内容は知られていないが，前年と前々年にソシュールから受けた授業を繰り返したものと思われる．

パリへ戻った 1890/91 年度にはゴート語の授業を実施したことはわかっているものの，その他については確認できない．彼の真骨頂であるギリシア・ラテン語比較文法は開いたことと想像する．パリで最後の受講者は 22 名．John Bérarde, Godefroy de Blonay, Ernst Brugger, Emmanuel Debrie, Martin Demetresco, Jean Diano, Démètre Evolceanu, Mourice Grammont, Henri Jaulmes, Antoine Laborier, Charles Lambert, Louis de la Vallée-Poussin, Ferdinand Lot, Edmond Malbois, Pierre Martin, Jean Passy, Hubert Pernot, Pierre Poujol, Hippolyte, baron de Saint-Didier がはじめて受講した．

全受講生のデータと 1881〜1890 年のソシュール自身による講義報告は Fleury（1964）に掲載されている．

パリ言語学会

高等研究院に学ぶようになってからパリ言語学会にも本格的にかかわるようになった．その例会は隔週土曜の夜 8 時半から開催されていたが，ソシュールは 1880 年 12 月 4 日にはじめてこの例会に出席したという．ということは，これまで彼がパリ言語学会で行った数々の研究発表はすべて代読によるものだったことになる．彼は早速 Ἀγαμέμνων の語源についてはじめて口頭で研究発表を行うとともに，会計監査の一員を務めることになった．この研究では Ἀγαμέμνων がもともと接尾辞 -μων を持つ *Ἀγαμένμων に由来する可能性が検討され，*MSL* 4（1881）に掲載された（Saussure 1881b）．この説は，例えば Frisk（1960: 6）や Beekes（2010: 8）にも半ば定説として記載されているが，彼らはそのプライオリティーを誤ってプレルヴィッツ（Walther Prellwitz, 1864–?）の 1891 年の論文に帰している．ソシュールの歴史言語学的研究が特にドイツ（と周辺）で蔑ろにされていることを物語る 1 例であろう．

3月5日の例会でベルゲーニュが2音節語基（108頁）の問題に触れると，次の19日の例会では，*Mémoire* の焦点のひとつであるこの問題について詳しく報告した．自説を解説する機会を得たことは彼にとっても意義深いことであった．続く4月2日の例会では，教育相に召集され，ソルボンヌで開催される年次学術会議に，パリ言語学会を代表して出席するメンバーに選出された．あらゆる点から見て，23歳の学生ソシュールは別格に扱われていたことがわかる．

11月に高等研究院准教授に抜擢されると，彼はパリ言語学会で大いに重用されることとなった．しかし，その重用の度合いは少々度を越していたと言えるかもしれない．1881年12月17日には翌82年の役員選挙が行われ，名誉職的な事務局長（secrétaire）には68年以来連続してブレアルが，実質的に会を取り仕切る副事務局長（secrétaire-adjoint）にはアヴェが再選された．さらに副事務局長の補佐と機関誌 *MSL* の編集委員がソシュールに委託されることになった．だが，アヴェはソシュールに全幅の信頼を置いたのか，実務のほとんどすべてをソシュールに丸投げしてしまい，ソシュールはアヴェに対して不満を抱きつつも，真摯にその役割をこなした．そして，83年にはその副事務局長にソシュールが選出され，彼は91年にジュネーヴに去るまで *MSL* の実質的編集委員長とともにその任に留められたのである．

誰もが遠慮したい縁の下の仕事がこれほど長く1人の人物に集中するというのは異常なことである．これでは落ち着いて研究する暇もなかろう．このような人使いの荒さによる人間関係の小さな歪みが積もり積もって後掲のような89年夏の辞意表明（66頁）につながったようにも見える．

だが，事務局を取り仕切るようになってからも発表のペースは落ちない．そのかなりの部分は，当時はまだ3〜4年に1回ほどののんびりしたペースで各巻が完結していた *MSL* に，少し遅れて論文ないし要旨として掲載されている．

ソシュールがはじめて編集を担当した *MSL* 5 (1884) には自身の筆になる Ved. líbugā "ivy" と OCS lobŭzati "kiss" の語源的関連（Saussure 1884a），Lat. sūdo "sweat"（Saussure 1884b），OHG murg, murgi "short"（Saussure 1884c）のそれぞれ語源についての論考が掲載されている．

続く *MSL* 6 (1889) に載ったものも個々の語の語源に関するものが多い：Gk.

ἀδήν "gland"（Saussure 1889a）; Lat. lūdus "play, school"（Saussure 1889b）; 鳥の呼
称である Gk. ἀλκυών "kingfisher, halcyon" と G. Schwalbe "swallow"（Saussure
1889c）; Gk. νυστάζω "to slumber"（Saussure 1889d）; Gk. λύθρον "clotted blood"
（Saussure 1889e）; Gk. ἴμβηρις, ἔγχελυς "eel" と Lith. ungurýs（Saussure 1889f）; Gk.
κρήνη "fountain"（Saussure 1889g）; βουκόλος "cowherd"（Saussure 1889h）; Skr. stōkás
"little"（Saussure 1889i）; Goth. wilwan "robber"（Saussure 1889j）. さらに Gk. σώφρων
"of sound mind" の古い比較級について考察し（Saussure 1889k），「羽，翼」にあ
たる Gmc. *feþrō (cf. OE feþer), Gk. πτερόν 等の分析を通して，その語根を *petA-
(= *peth₁-) と見ることがもっとも有望であると示した（Saussure 1889l）. 彼のアイ
デアは，今日 Watkins（2011³: 69）や Rix（2001: 477）等に見られるものに等
しく，彼の先見性はここにも確認される. しかし，僭越ながら，Saussure（1889l）
の表題 Sur un point de la phonétique des consonnes en indo-européen は内容とあまり
合っていないようだ. 2 音節語基（108 頁）に主眼を置いた命名か？

　途中まで編集に携わった MSL 7 (1892) に載ったのはやはり個々の語の語源に
関するものが多いが，祖語の再建や通時音韻論を扱ったものも混じる: 印欧語
の数詞 6（Saussure 1892a）; φρυκτός "dried up"（Saussure 1892b）; Gk. λιγύς "loud"
（Saussure 1892c）; OPr. siran "heart"（Saussure 1892d）; 古プロシア語における ū
の反映（Saussure 1892e）; 古プロシア語の -ū に終わる女性名詞（Saussure
1892f）; Goth. þarf, þaúrban "must"（Saussure 1892g）; Gk. ἀκέων "keeping silent"
（Saussure 1892h）; Gk. τετίημαι "to be sad"（Saussure 1892i）; Gk. ἐπιτηδές
"deliberately"（Saussure 1892j）; Gk. περί "around" < *ὕπερι（Saussure 1892k）; Gk.
ἡνία "reins"（Saussure 1892l）; Gk. ὀκυόεις "morbid"（Saussure 1892m）; Gk. ὑγιής
"healthy"（Saussure 1892n）; ks, ps 由来の Gk. Χ Φ（Saussure 1892o）; アッティカ
における -ρᾱ- > -ρη-（Saussure 1892p）; Gk. -oμνο- > -υμνο- ?（Saussure 1892q）;
Lith. kùmstė "fist"（Saussure 1892r）.

　MSL に論文として掲載されたなかった主な研究発表に以下がある（Saussure
1922: 600–603 ほか）: -eiua に終わる語根；フリブール（Fribourg）方言の音声学
（以上 1881）；フリブール方言の音声学（承前）；Gk. κατήρης "furnished"；ギリシ
ア語の否定接辞 νη-（以上 1882）；G.Hexe "witch"（1883）；古高ドイツ語の二重

母音 eo と iu；OHG widar "against" の異形態 wirdar（以上 1884）；OHG holz "forest" と Lat. callis "path"（< *caldis）[55]（以上 1887）；ラテン語の動形容詞 gerundīvum（1888）；ホメーロスの作詩法の詳細；Gk. πολύς "many, much" の異形態 πολλός；リトアニア語のアクセント（以上 1889）；ヴィスワ川のドイツ語名；G. Hexe "witch"（再訪？）；印欧語無声帯気音の由来（= Saussure 1891；113–4 頁）（以上 1891）．

　上記のように，パリにおけるソシュールの研究活動は主にパリ言語学会において繰り広げられた．その例外に記念論文集に寄稿された Saussure（1884d; 1887）があり，それぞれギリシア語のリズムの法則と，ゲルマン語の例外的な比較級・最上級の形態を取り扱う．異彩を放つのは，結婚と家族の由来を扱った書籍に加えられた Saussure（1884e）である．

　あまり知られていないことだが，1885 年には古高ドイツ語を中心に据えてゲルマン語の通時音韻論（Études sur la phonétique germanique: Le vieux haut-allemand）をまとめ上げ，人文学におけるフランス最高の賞であるヴォルネー賞（Prix Volney）に応募した．だが，できが気に入らなかったのか，その後取り下げ，原稿は廃棄してしまったと見える．受賞の如何にかかわらず上梓されていればソシュールの 3 番目の著書となったことだろう．

パリでの私生活と挫折

　ソシュールがパリで過ごした 11 年間（およびジュネーヴでの 1 年）の間に彼の私生活には様々な出来事があった．

　パリでは早速ギャンブルを覚えた．熱中した時期，競馬には 2〜3 日に 1 回通い，ジュネーヴ出身の仲間とほとんど毎晩のようにポーカーに興じた．馬では大損を繰り返したが，ポーカーで仲間から巻き上げた金で穴を埋め，また社交界に出入りするための高価な衣服を整えたという．時には給金と仕送りをつぎ込んでも収支が取れず，1885 年には伯父のテオドール（Théodore de Saussure, 1824–1903）に 650 フランの借金を頼んでいるし，以下に触れるノエミ嬢からも折に触れてかなり融通してもらっていた．返済したかどうかはわからない．例

---

[55] この語源分析は現在では支持されることが少ない．Cf. Pokorny (1959: 524), de Vaan (2008: 84), etc.

えば 1887 年には 1391 フラン，すなわち上で採用した換算法に従えば，現在の数百万円の赤字が出たことが新発見の資料からわかる．これらギャンブルの収支関係の記録は「比較文法」のファイルボックスに収められていた (Joseph 2012a: 339)．門外不出の最重要書類として扱われたということであろうか．

　好きな女性もできた．1881 年 1 月，母方の遠縁にあたる銀行家・大富豪マレ (Mallet) 男爵家の城（下の写真は http://static2.akpool.de/images/cards/49/499076.jpg より）に招かれた折，当主アルテュール (Arthur) の長女ノエミ (Noémi) 嬢を見初めた．当時は 14 歳の少女だったが，87 年には 20 歳．30 歳のソシュールとはつり合いも悪くない．何度も会って気心も知れた．求婚の申し入れを考えはじめた 88 年秋，マレ城で開催される舞踏会への招待が届いた．ソシュールはこれをプロポーズの絶好の機会ととらえる．英国に嫁いだ妹を訪ねるついでに英王家御用達の有名テーラー Henry Poole & Co. で最高級の夜会服を新調（労働者の年収ほどを要したという），完璧な装いで意気揚々と城へ向かうが，運悪く御者の鞭が目にあたり，激痛のあまり舞踏会を諦めて帰宅．しばらく療養に引き籠る羽目になった．幸い目の傷も癒えて，後日改めて城を訪ねたのだが，ついに求婚には至らず，しばらく後にノエミとほかの男性（やはり大富豪）との縁談がまとまったと聞き知ったのであった．

実はノエミとの結婚を是非とも実現したいという気持ちは，純粋な愛のみに根差したわけではなかった．マレ家の財力に期待していたのである．ソシュール家はスイスとフランスに複数の農園を所有し，そこからの収入で，マレ家には遠く及ばないものの裕福な生活を営んできた．だが，数年前に父アンリが投資に失敗し（一種の詐欺に引っかかったと言ってよい），フランスに所有していたアンリお気に入りの農園をひとつ売却して負債を埋めるという苦い経験を経ていた．無論，すぐに生活に窮したわけではないし，他方で，かのダーウィンと交流したり，ジュネーヴを訪れる VIP の応接に繰り返し駆り出され，また結局応じなかったものの，ブラジルの博物館に招かれるなど，アンリの博物学者としての人生は一種のピークを迎えていた．しかしながら，いずれにせよソシュール家の裕福の度合いは大きく下がり，またフェルディナンのすぐ下の弟オラス（Horace, 1859–1926）が画家を志望するものの，キャリア形成がなかなか円滑に進まなかったこと等々，これらすべてに関する心配・憂慮が諍^{いさか}いを生み，夫婦に不和を生じてしまったのであった．母ルイーズは精神的に衰弱して家を出て静養し，父アンリも神経症に陥って寝込んでしまった．これではソシュールに劣らず優秀な末弟ルネ（René, 1868–1943 ; 後に数学者・ジュネーヴ大教授）の将来にも悪い影響が及びかねない．何よりも経済的状況を改善して，諍いの種を減らすことが肝要と考えたとしても仕方がないかもしれない．

さらに，「超」の付く良家の子女ノエミに求婚し，また彼女と男爵夫婦に尊敬をもって受け入れられるためには，高等研究院の「准教授」という地位は不充分に思えた．まだ 30 代前半だが，この際，主任教授の地位がほしい．当時のヨーロッパではそれも不可能ではなかった．加えて言えば，授業内容をゲルマン語に限定している現状にも不満を募らせていた．多少の越境は認められていたものの，サンスクリットや古典語を含めて印欧語全体の比較言語学（当時は比較文法と呼ばれた）を堂々と扱えるポストがほしい．

そんな 88 年末，高等研究院でサンスクリット講座を主催したベルゲーニュが突然他界した．ソシュールは口にこそ出さなかったが，その後釜を埋める最適の人物は自分だと考えた．その間，ジュネーヴ大学でゲルマン語のポストが空き，同学に奉職していた友人ポール・オルトラマール（Paul Oltramare, 1854–1930）

- 65 -

に応募を勧められるが見向きもしない. しかし, 彼の思惑通りに事は運ばない.

エッフェル塔が完成し, 華々しくパリ万博が開幕した 89 年の 5 月, メイエとともに将来を嘱望された優秀な弟子ギエス (Georges Guieysse, 1869–1889) が銃で心臓を打ち抜いて自殺するというショッキングな事件が起こった. これもさらなる心労となってソシュールを襲った.

高等研究院の辞職

その頃にはノエミとの縁も切れることになったが, 引き続いた挫折と心労に自制を失い, ついに自暴自棄になったソシュールはブレアルに半ば八つ当たりをしてしまう. 今の低い地位にはもはや我慢がならないと, どうやらことばを荒らげて昇進ないし待遇の改善を迫ったらしい. しかし, 何ら確言が得られなかったため, 1889 年夏に学年が終わってジュネーヴに帰ったら, もう高等研究院に戻らないとブレアルに宣言したのである.

7 月 22 日には, ソシュールは大統領カルノー (Sadi Carnot, 1837–1894) からソルボンヌの新校舎の竣工式に出席を求められるものの, これを拒否してジュネーヴに去った. だいぶ頭に血が上っていたと見える.

ソシュールのおかげでパリから印欧語比較言語学分野での優れた人材も次々と輩出されるに至り, またパリ言語学会の運営と機関誌 *MSL* の編集も今や彼の尽力に大きく依存している. 彼には何としても残ってもらいたい. そう考えたブレアルは夏の間に彼の昇任に向けて動き出す.

そして 10 月 10 日, ジュネーヴのソシュールにブレアルからの心温まる手紙が届いた. そして比較文法講座の主任教授への昇任の提案をもってソシュールを慰留したのである. 単に彼の一存ではない. すでにパリス, 高等教育局長リヤール (Louis Liard, 1846–1917) とも協議し, 時の公教育大臣ファリエール (Armand Fallières, 1841–1931) の了解を取り付けていた.

ブレアルの気遣いにはもちろん感謝したことだろう. 表面的に見れば, 希望通り昇任することになったのだから, この上さらに迷惑をかけることのないよう, ありがたく慰留に応じるのが筋に見える. だが, 彼はそうしなかった. すでに失恋の傷も弟子を失った悲しみも癒え, 血が上っていた頭も冷えて, また

昇任を求める理由もとうに消滅していたのだから，昇任など，実は，もうどうでもよくなっていた．

彼の辞意は固かった．彼は疲れていたのである．親しい友人のプシカリ（Jean Psichari, 1854–1929）の私信に確認されるように，彼は落ち着いて，もっと自由に研究したかった（Joseph 2012a: 361f.）．思えば17歳でジュネーヴ大学に入ってから，あまりに慌ただしい日々であった．パリにやって来てからも，博打と女性への愛には目覚めたものの，授業と学会の雑事に忙殺され，短い書き物はこなしても，じっくり研究に取り組む暇はなかった．今の環境を離れて，不安定な状況に陥った家族を見守りながら，中途半端のままになっている様々な研究にじっくりと取り組むこと．これが彼の切なる望みであったと考えられよう．

しかし，ブレアルとパリスにここまで迷惑をかけてしまった以上，今ここでいきなり辞職するのはあまりに礼を失している．ここで少しだけ辞職を延期して，最後に高等研究院とパリ言語学会に精一杯奉公してから，跡を濁さずにパリを去ろう．彼はそう決心したのである．

そして1889年秋，短期的に彼の選んだ道は休職であった．11月5日，パリスに無給で1年間の休職を求め，ほどなくこれが認められた．その1年はメイエが代講を務めたことは上述の通りである．

ソシュールの休職の表向きの理由は健康上のものとされた．しかし，様々な憶測を呼んだらしい．例えば，*Mémoire* 以来，ドイツ人として珍しく，ソシュールに私淑するシュトライトベルクは，ソシュールが治る見込みのない精神疾患（unheilbare Geisteskrankheit）を発症したという噂をソシュールの教え子から聞きつけ，12月1日付の書簡においてブルークマンの耳に入れている（Villani 1990: 15）．突然の休職に，そんな噂が高等研究院周辺では囁かれていたのである．

そんな中，しばし雑事を離れたソシュールは，かつてやり残したリトアニア語アクセントの研究を再開し，クルテネ，次いで彼に紹介された**ヤウニュス**（Kazimieras Jaunius, 1848–1908）と書簡の交換を通じて疑問点を解明しようと試みている（Sljusareva 1972; Godel 1973）．1890年春から夏にかけてリトアニアに出かけたとの推測もある（e.g. 富盛 1985: 34; Bouquet 2003: 503）が，その根拠は明らかでない．

心も決まり，リフレッシュして迎えた 1890/1891 年度，彼はパリ最後の 1 年における授業と学会業務を精一杯務めた．そして，最後の学期も終りに近い 91 年 6 月 14 日，個人的な事情により学期終了とともに高等研究院を辞する旨をパリスに書き送った．パリスもブレアルも，すでにソシュールの心づもりを察していた．彼の離職を惜しみつつも，もはや慰留は行っていない．ただ，彼ら 2 人のアカデミー会員はレジオン・ドヌール（légion d'honneur）勲章がソシュールに下賜されるよう当局に求め，彼の功績に報いるよう取り計らった．

Mounin（1970: 13）は，彼がコレージュ・ド・フランス教授に推挙されるも，スイス国籍に固執して，これを固辞した云々という想像を記すが，その裏付けは皆無である．高等研究院への就職の経緯との混乱と見られる．

6 月 6 日のパリ言語学会で彼が行った最後の研究発表は，彼がかつて *Mémoire* で想定した未知の音韻 A が，無声閉鎖音に付随する気音（aspiration）として現れる場合についてであった（Saussure 1891）．実はこれはこの音韻の子音性を指摘する画期的なものであった（113–4 頁）．これをもって，ソシュールはパリばかりか，印欧語比較言語学の最前線をも去ることになる．後から見れば，劇的な置き土産であったと言えるかもしれない．

ジュネーヴ大学

1889 年春，ブレアルに対して感情的な辞意表明を行った際，ジュネーヴに帰ってからの身の振り方は何ら決まっていなかった．財産は目減りしたとはいえ，生活には特に不自由することがないとすれば，ソシュールが職にこだわらなかったのにもうなずける．現に，その後に友人から紹介されたジュネーヴ大学のゲルマン語教員の口には見向きもしなかった．

しかし，91 年夏に帰郷する頃には別の可能性が浮上していた．友人諸氏の働きかけによって，ジュネーヴ大学文学・社会学部に，彼をあてこんだ印欧語比較言語学講座が新設されることになり，結局彼はこの話に乗ったのである．

そして 91 年 10 月 13 日，34 歳を目の前にしたソシュールは上記講座の准教授（F. professeur extraordinaire）に着任した．フランスでは，大学の専任の准教授ないし講師は maître de conférences と呼ばれるから，ソシュールがこの時得た職が

あたかも非常勤講師の一種であるかのように解釈する向きもある．だが，スイスの場合，professeur extraordinaire とは G. außerordentlicher Professor ないし Lat. professor extraordinārius と並行する職階であることは明らかであって，わが国の現状に合わせれば「准教授」と称するのがふさわしい．もちろん専任教員である．加えて言えば，彼に与えられたのが教授の俸給の 3 分の 1 であったという話（Joseph 2012a: 370）もあるが，少々眉唾物である．

　ジュネーヴ大学でのソシュールの担当講義は「サンスクリット」と「ギリシア・ラテン比較文法（ないし（通時）音韻論）」の 2 つであった．

　21 歳にしてとてつもない業績を上げ，19 世紀における印欧語学のメッカたるドイツの中でも，その往時の最高峰ライプツィヒで最高の評価 summa cum laude で学位を取って，さらに，フランス語圏の人文学の，これまた最高峰である高等研究院で 10 年活躍して，レジオン・ドヌールを下賜されてスイスに戻ってきた，そんな大先生の授業には受講者が殺到するだろう．誰もがそう思った．

　大教室を割りあてられたソシュールのジュネーヴでの最初の授業には彼の家族・友人がかなり訪れたものの，出席した学生は翌年も履修する**セシュエ**（Albert Sechehaye, 1870–1946）と，常連となるトイェッティ（Virgile Tojetti, 1867–1932）の 2 人であった．ほかに 2 人の登録者があった．コレージュの教師であった**バイイ**（Charles Bally, 1865–1947）が学期途中からこれに加わる．

　この講義メニューは 96/97 年まで続いた．ギリシア・ラテン比較文法の講義では印欧語の動詞の歴史，ギリシア語の動詞，ギリシア語の碑文と曲用，ギリシア語方言と碑文，ホメーロスの言語特徴，古代ペルシア語の碑文，ヘーシュキオス Ἡσύχιος の語彙集とギリシア語方言学についても順次触れられた．その間の 96 年 10 月 23 日，39 歳でソシュールはサンスクリットと印欧語比較言語学の教授に任命されている．

　96/97 年の受講者デュショザール（Henri Duchosal, 1872–1962）の回想によって，ソシュールがサンスクリットをどのように講じたのかがわかる．既習者と初心者に等しく目を配った巧妙な授業を行い，各人に課した宿題を郵便で提出させる．ソシュールはそれを添削してすぐに返送し，受講者は誤りの確認を済ませて次回の授業に臨むという段取りである．デュショザールはたった 1 つだけ短

音aを長音āと取り違えて0点の評点をもらった由（Joseph 2012a: 419f.）．ソシュールが絶対に看過できない誤りであったことを彼は知っていただろうか．

97年夏にはサマースクールを担当した．ここで彼は個々の言語音が声道を開く方向にあるのか（外破音 explosive），逆に声道を閉じる方向にあるのか（内破音 implosive）に基づいて音節を定義する方法を講義した．注47（43頁）に記したように，恐らくこれはアヴェの着想に示唆を得ている．これに感銘を受けたバイイは自分が筆記した講義録をもとに書籍化を勧めるがソシュールは固辞した．その概略は彼とセシュエ編の『一般言語学講義』に収められている．

ゲルマン語担当の教員が任を離れたため，空いた穴を埋めるべく，ソシュールは97/98年からゲルマン語の授業も担当し，この年は古高ドイツ語を扱った．ジュネーヴに戻る際には，今後はゲルマン語にかかわりたくないという気持ちがあったようだが，ようやくその気持ちも和らいだと見える．この年から教職を離れるまで，2年間を例外としてずっとサンスクリット，ギリシア・ラテンとともにゲルマン語の講義を続けることになる．

受講者が少ないことが問題になったため，98/99年からはさらにフランス語音声学を開講し，留学生の人気を得た．ゲルマン語の授業では引き続き古高ドイツ語を講じた．

1899/1900年にはサンスクリットに多数の登録者があり教室は満杯となったが，結局残ったのは2人であった．その1人，コレージュ教師マルティ（Lucien Marti, 1880–1983）の手記により，ソシュールの宿題添削が念の入ったものであったことが再確認される（Joseph 2012a: 446f.）．ゲルマン語の授業では古英語を扱った．

1900/01年に担当した授業も前年とほとんど変わらない．ただし，ゲルマン語については恐らく実験的に古英語とゴート語の2クラスを開いた．しかし，前者に履修者はなく，後者のみが実施された．ギリシア・ラテンではホメーロスの方言を，フランス語音声学ではフランス語の作詩法の変遷を扱った．好評のためか，後者は1909年まで継続されている．

1901/02年にはゲルマン語に代わり，ジュネーヴではじめてリトアニア語を教えた．サンスクリット，ギリシア・ラテン比較文法，フランス語作詩法については従前通りである．

1902/03 年にはゲルマン語に代わりヨーロッパの言語地理学を開講した．ギリシア・ラテン比較文法ではギリシア語方言学に触れている．

1903/04 にはサンスクリット，ゲルマン語（ゴート語と中高ドイツ語），ギリシア・ラテン，フランス語作詩法に加え，同僚ルダール（Émile Redard, 1848–1913）に代わって北欧語学文学の授業を担当し，ニーベルンゲンの詩を扱った．ゴート語の授業には 10 年ぶりにセシュエが顔を出している．

1904/05 年にはサンスクリット，ギリシア・ラテン，ゲルマン語（古高ドイツ語），フランス語作詩法に加えて，前年講義したニーベルンゲンとの絡みで古ノルド語を開講し，エッダを読むことを予定したが，履修者はなかった．

1905/06 年には健康上の理由から休暇を取得した．年末から夫人とともにナポリとローマでゆったりと過ごし，気分がよくなったとメイエに書き送っている．

リフレッシュして迎えた 1906/07 年，サンスクリット，ギリシア・ラテン比較文法，フランス語作詩法に加えて，ゲルマン語関係では新たにゲルマン語歴史・比較文法を講じはじめた．

一般言語学講義

そこに，一般言語学講座の教授ヴェルテメールが健康上の理由から退職を申し出た．彼は 2 年後，78 歳で没する．学部当局はヴェルテメールの後任選びに入ったが，1906 年 12 月 8 日，このポストをソシュールに任せる決定を下した．ソシュールはサンスクリット・印欧語比較言語学の教授と一般言語学の教授を兼任することになったのである．

これにより，ソシュールは突如として週 2 回開講の通年科目「一般言語学」を隔年で担当する義務を負うことになった．彼がこれを渋ったことも理解できる．前任のヴェルテメールに対しては，学生だった 1875 年以来嫌悪の感情を抱いており（18 頁），ジュネーヴに戻った後もまったく人間的なつながりを持たなかったから，講義内容について相談することもできない．結局，充分に内容を検討する間もないまま，**第 1 回「講義」**が 1907 年 1 月 16 日に開講する．

同講義の正式な履修者はシャヴァンヌ（Henri Chavannes），リドランジェ（Albert Riedlinger, 1883–1978），ドイツからのヴィットマン（Marie Wittman），ロ

シアからのアレクサンドロフ（A. Alexandroff），スコットランドからのフォード（George Turner Ford）の5人だが，この講義に触発されて翌年サンスクリットを履修することになるカイユ（Louis Caille）もいわば「もぐり」で聴講していた．**第1回「講義」**の内容はリドランジェとカイユのノートによって知られている．

　言語変化の不可避性，音声学の基礎，内破・外破に基づく音節理論に触れた後，青年文法学派の基本テーゼである音声の規則的変化と類推的変化を具体例によって紹介し，その応用として印欧祖語再建の手順を例示する．ソシュールが生涯を捧げた印欧語比較言語学の方法論が説かれたと言ってよい．

　1907/08年，平穏にサンスクリット，ギリシア・ラテン比較文法，ゲルマン語（古高ドイツ語），フランス語作詩法を講じた後，1908/09年にはこれら（ただしゲルマン語はゴート語と古英語，古高・中高ドイツ語，一説に古サクソン語）に加えて**第2回「講義」**がめぐって来る．

　その受講者は11名とされたが，Joseph（2012a: 727）によれば，それは北部シャフハウゼン出身のアムスラー（Werner Amsler），ドイツ出身のバルト（Elizabeth Barth），ブシャルディ（F. Bouchardy），ビュルデ（Marguerite Burdet），ビュルトン（Albert Burton），シャルレ（Eugène Charlet），コンスタンタン（Émile Constantin），ダウシュカ（C. Daouchka），ゴティエ（Léopold Gautier），ジュヌヴィエーヴ・オルトラマール（Geneviève Oltramare），パトワ（Ch. Patois），ペロー（Ch. G. Perrot），ルガール（P. F. Regard），リシャール（Louis Richard），リドランジェ，イタリア出身のソゴーラ某(Sogola)の16名．下線を施した5人のノートが残り，リドランジェのものがもっとも詳しい．

　言語の実際の表れとその意味内容の間には必然的な関係がないと説いたのち，ある1時点における言語の側面を扱う共時態と，複数時点での側面の差異を扱う通時態という，言語研究の2種を峻別し，印欧語によってこれを例示した．

　共時態の優位性を説く怪しげな「解説」を目にすることは多いが，これはソシュールの「講義」を蔑ろにする犯罪的な謬見である．

　恒例のサンスクリット，ギリシア・ラテン比較文法，ゲルマン語（ゴート語と古サクソン語）を講じた1909/10年に続き，1910/11年にはサンスクリットとゲルマン語（ドイツ語と英語の歴史文法），そして**第3回「講義」**を担当した．

受講者は 12 名とされたが，Joseph（2012a: 567）に従えば 14 名．近隣諸国か
らの留学生を含み，全員の名前は明らかでない．[56] ノートを残したコンスタンタ
ン，デガリエ（Georges Dégallier），ジョゼフ（Francis Joseph），セシュエ婦人
（Marguerite Sechehaye, née Burdet）が知られるのみである．もっとも詳しいデガ
リエのノートがよく利用されている．

　言語学史の概観にはじまった前半は世界の言語の多様性，語族，文字，音声
的特徴，その中でのヨーロッパについての概説に費やされ，その後，ラングと
パロール，言語記号の恣意性と線状性，静態言語学における連辞関係と連合（範
列）関係等，今日ソシュールの学説として人口に膾炙（かいしゃ）している諸概念が少々未
整理のまま説かれる．終わり近くになって，言語記号を構成する聴覚映像と概
念がシニフィアン，シニフィエと呼び替えられた．

　1911/12 年冬学期にはいつものようにサンスクリット，ギリシア・ラテン，ゲ
ルマン語（古英語）を開き，夏学期には古英語に代わり古高ドイツ語を講じは
じめたが，のどの調子が悪く声が出ない状態となったため，学期がはじまって
間もなく授業を中断した．そしてソシュールが教壇に戻ることはなかった．

ジュネーヴでの研究

　1891 年にジュネーヴに戻った背景には，パリでの忙しい日々を離れて，のん
びりとまとまった研究に打ち込みたいという思いがあった．だとすれば執筆の
ペースが落ちるのは当然だが，その落ち方は極端である．そして 1892 年末ごろ
からは私信さえも滞りがちになる．念願かなってサンスクリットを担当するこ
とにはなったが，学生のレベルは高等研究院とは雲泥の差であり，受講者も 2
〜3 人，ひどいときはトイェッティの 1 人だけ，彼が卒業してからは受講者がな
い科目もあった．さらに言語研究者が切磋琢磨する学会も学術誌もないという
状況では，果たして自分の選択が正しかったのか思い悩むなと言っても無理な
話である．沈んだ気持ちに陥ったことは想像に難くない．

　単行本の形でまとまった研究はついに発表されなかったが，そんな中，唯一

---

[56] 当時在学中のカルツェーフスキー（Сергей Иосифович Карцевский, 1884–1955）が受講な
いし聴講したと考えられる．彼は後にプラハ言語学サークルの創設メンバーとなる．

ある程度まとまりを成したのはリトアニア語の，特にアクセントの研究である．

　まず，1889 年にパリ言語学会で行った研究発表の報告が 1894 年になってよう
やく MSL 8 に載った（Saussure 1894a）．同年には子音語幹名詞の複数主格と単数
属格についての研究が，ブルークマンとシュトライトベルクが新たに創刊した
『印欧語研究』誌（Indogermanische Forschungen: IF）第 4 巻に寄稿されている
（Saussure 1894b）．この年，ジュネーヴで第 10 回国際オリエンタリスト会議が開
催され，ソシュールは同僚・友人のポール・オルトラマールとともにその大会
事務局を担当した．9 月 8 日 1 時半からのセッションでは，リトアニア語の，今
日でいう circumflex 音節に置かれたアクセントが，後続する acute 音節に移動す
るという，彼が発見した「ソシュールの法則」（143 頁）について研究発表も行
った．その要旨は Congrès international des Orientalistes（1897: 89）に見える．シ
ュトライトベルクに促され，この法則は改めて IF 6 掲載の論文にまとめられて
いる（Saussure 1896）．詳しくは**第Ⅲ章**を参照されたい．

　その間，ライプツィヒの後輩であるヒルトが，ソシュールの先行業績に触れ
ずに「ソシュールの法則」と同内容を発表し（Hirt 1895），やや遅れてこれを知
ったソシュールは自分の発見が奪われるのではないかとかなり肝を冷やしたら
しい．しかし，彼のプライオリティーはすでに学界に認知されていた．鼻音ソ
ナントの二の舞にならず，ほっとしたことであろう．

　リトアニア語のアクセントについての研究が一段落した後は，執筆意欲はま
すます減退し，何かきっかけがない限り，ものを書かなくなってしまった．

　94 年 6 月 7 日にはホィットニーが没した．生前に私淑し，またわずかながら
交流もあったソシュールのもとには追悼文の依頼が舞い込んだ．ソシュールは
この依頼を真摯に受け止め，70 頁余りを起草したものの，筆が進むうちに故人
を讃え，その死を悼むという主旨とずれてしまったため，結局成稿には至らな
かった．これは彼自身もだいぶ心残りだったようだ．

　ソシュールの筆が進まないことを心配するシュトライトベルクは，折に触れ
て後押しを続ける．95 年にシュミットが『ソナント理論批判』を出すと，その
書評を勧められ，Saussure（1897）を IF に寄せる．

　フランスの有名な考古学者シャントル（Ernest Chantre, 1843–1924）が 1893 年

- 74 -

から翌年にかけて小アジアの遺跡を調査した．帰国後に報告書をまとめるに際し，ソシュールは協力を求められて Saussure（1898: 165–191）を作成した．

　結局，ジュネーヴに戻ってから世紀の替わり目までの 10 年間にソシュールが行った研究発表はオリエンタリスト会議の 1 件，公にした論文は，恐らく彼の筆になる同会議での発表要旨を含めても 6 本に過ぎず，そのペースはパリ時代とは比べるべくもない．ほぼ 1/7 に激減している．

　しかし，彼は無為に時を過ごしていたわけではない．1894 年 1 月 4 日付のメイエ宛の書簡において，諸言語の様々な現象を統一的にとらえるためのプラットフォームを得ようと年来苦心していること，この話題について著書を作成するつもりであること，これにも関連して，当時パリに寄稿を迫られていた論文（すなわち Saussure 1894a）において用語の選択[57]に問題を抱えて，なかなか脱稿できないでいることを吐露している．このとき作成準備を進めていたと思われる著書の草稿こそ，1996 年にソシュール邸の温室（7 頁掲載の写真右手前の建物）から発見された一般言語学の草稿（Saussure 2002）と考えられよう．川本（2012）はその草稿の作成年代を 91〜95 年頃と推定している．

　その後はフランスからスイスに至るフランス語地域の方言と地名の調査を盛んに行った．その成果は 1901 年，1903 年，1904 年の 3 回にわたってジュネーヴ歴史・考古学会で報告され，またジュラ紀やジュラシックパークの名のもとになったスイス西端の山脈 Jura の名が，古いケルト名に由来していることを突き止めている．これらの概要は Saussure（1922: 604–607）に見える．しかしながら，方言調査中にスパイ嫌疑をかけれらるという珍事件もあり，この研究を続ける気がそがれてしまったのだろう（富盛 1978: 32–36 ; 1985: 49）．ほかに地名辞典への寄稿が 1 件ある．

　代わって 1903 年ごろからは特にゲルマン文献学に傾倒する．ジュネーヴに帰ってから封印していたゲルマン語（ゴート語，古高・中高ドイツ語，古サクソ

---

[57] リトアニア語のアクセント音節に生じる音調（ないし声調）を的確に表す呼称を模索していたと考えられる．現在の慣用では，短母音＋ラリンガル（= Mémoire の A と ǫ）に由来する長音節のアクセント（下降調）を acute，ほかの由来を持つ長音節のアクセント（上昇調）を circumflex と称するが，それは記される符号の単なる古典的名称に過ぎない．結局ソシュールが選んだ呼称はそれぞれ F. rude "hard" と doux (f. douce) "soft" であった．他の呼称を含め**第Ⅲ章**を参照．

- 75 -

ン語，古英語，古ノルド語）を97年からまた教えはじめ，1903年に代講でニーベルンゲンの詩を講義したことがきっかけとなったと思われる．結局ソシュールはサンスクリット，ギリシア，ラテン，そしてリトアニア語とともにゲルマン語とそれで綴られた神話・伝説が大好きだったのである．中でも彼が好んだ研究対象はジークフリート伝説に端を発し，サガへとつながる壮大なゲルマン伝説ニーベルンゲンと，アーサー王伝説の一部ととらえられるトリスタンであった．その後熱中するアナグラム研究とあわせ，彼がこれらについて書き残したメモ・草稿は何と4600頁もあり，それは残された資料の半分以上を占めるという（小松 2011: 26）．この時期こそソシュールが実はもっとも筆を振るった時期であったとは驚くほかはない．シュトライトベルクの勧めに応じて書いた「回想」（1903）もこの時期に属す．

1906年から1909年にかけてはいわゆるアナグラム研究に勤しんだ時期である．古典語等の詩には秘められたメッセージが組み込まれているとの信念から彼が行った研究は，メイエにも理解されなかった．詩人へのインタヴューもソシュールの期待に反し，ついに自分の見たものが幻だったと知ったと思しい．このような，およそ厳密とは言い難い，文学的な，雲をつかむような話と，**第1回**から**第2回「講義」**，また以下で紹介する Saussure（1909）のような厳密かつ先端的な研究が，同じ時期に，同じ人物から生み出されているのである．まさにソシュールの二面性が明確に現れた数年間であったと言えよう．

20世紀になってからソシュールが発表した学術論文はたった3本．いずれも縁ある言語学者の記念論文集へ寄稿を求められて作成したものである．大麦等で作った湿布を意味する Gk. ὠμήλυσις の語源を再検討した Saussure（1905）は古典語教授としてジュネーヴ大学に長く奉職したニコル（Jules Nicole, 1842–1921）に捧げられ，60歳の誕生日に恩人アヴェに捧げられた Saussure（1909）では Lat. agricola "farmer" のような -a に終わる男性名詞の由来を根本的に検討した．

後者は特に興味深く，現在の用語と表記法を用いれば，この -a < *-ā < *-eh$_2$ に後続したはずの単数主格語尾 -s が，ラリンガルに後続した場合に脱落したと，すなわち agricola 等の男性名詞は，ラテン語で同じ曲用タイプに属す女性名詞とは似て非なるものであると見事に看破している．さらに，**第II章**に詳しく述べ

るように，ラリンガルが k となって現れる場合をスターティヴァント（Edgar Howard Sturtevant, 1875–1952）とマルティネ（André Martinet, 1908–1999）がその世紀中葉に指摘することになるが，例の選び方からすれば，ソシュールはこの現象についても気づいていたようにも見える．注目されることは少ないが，ラリンガル理論の発達において再度注目されねばならない先駆的業績である．

彼の絶筆はコペンハーゲンの巨匠トムセン（Vilhelm Thomsen, 1842–1927）の70歳を祝う記念論文集に寄稿した Saussure（1912）である．Lat. caecus "blind", blaesus "stammering", claudus "limping", calvus "bald", mancus "maimed", ancus "with crooked arms", paetus "cross-eyed", laevus "left", aeger "ill" のような語の中に見られる a は長母音と交替する Eur. a（< *ə = A）ではありえず，*Mémoire* で示した印欧祖語の原初的な母音組織からは説明できない．このような a は通常の「e–o–ゼロ」という母音交替の範疇外でのみ用いられる特別な母音であり，目が見えない，ことばが不自由，手や足に障害のある，髪がない等々，何か完全な状態にないことを暗示することをつきとめている．

ソシュールがパリで行った最後の研究発表と，最後に残した3篇のうち2篇が *Mémoire* を補完するものであったことは誠に興味深い．やはり *Mémoire* こそ彼のライフワークであったと言い得るであろう．

ジュネーヴでの私生活と死

ソシュールが1891年夏にジュネーヴに帰る頃，父アンリは昵懇の素封家フェーシュ（Jules Faesch, 1833–1895）と相談を重ねていた．ソシュールをフェーシュの娘マリー（Marie, 1867–1950）と結婚させようとしていたのである．幸い2人は数年前の親類の結婚式で知り合って以来のなじみの仲であり，ソシュールの休職中にもよく顔を合わせていた．2人とも異存なかったと見えて話はとんとん拍子に運び，翌92年3月16日に2人は晴れて夫婦と相成る．結婚式はその翌日に執り行われた．

新居となったのは，マラニーのプルタレス邸内に立つ家の1つであった．ソシュールはここから電車とトラムを乗り継ぎ，片道1時間ほどかけて大学へ通った．それから間もなく92年12月には長男ジャック（Jacques, 1892–1969；後に

外交官）が，翌々年 8 月には次男レーモン（Raymond, 1894–1971；後に医師）が誕生している．

　当時ジュネーヴ大学から教授に支払われた俸給は年額 2000 フランであったという．96 年に教授に昇進するまでのソシュールが受けた俸給は当然それより少なかった．他方，生活には年にほぼ 8000 フランを要した．ソシュールのサラリーは肉屋への支払い分程度にしかならなかった由．これは奥方の残した家計簿から確認される．不足分は実家から出ていたという（Joseph 212: 389f.）．大学からの俸給が通常の生活を支えられないほど低額であったはずはない．だとすれば，我々にはなかなか想像しにくいが，彼らは庶民とかけ離れた優雅な暮らしを送っていたことになる．

　しかし，そんな収支が合わない生活も数年で終わりを迎える．1895 年 3 月にマリーの父ジュール・フェーシュが没し，莫大な遺産がもたらされたためである．その後はマリーの家計簿の記載も大雑把になっているという．経済的には安定したものの，同年 8 月に授かったもう 1 人の男児をコレラにより 11 月に失ってしまう．この痛ましい出来事の後，ソシュール夫婦が新たな子を授かることはなかった．

ヴュフラン城遠景
https://upload.wikimedia.org/wikipedia/commons/d/d2/Vufflens-le-chateau.jpg より

レマン湖北岸，ローザンヌ中心部から西に 10km 弱，ジュネーヴからは北東に 40km ほど離れた静かな農園地帯に，おとぎ話に出てくるような美しいヴュフラン城（Château de Vufflens；前頁に写真）がそびえる．フェーシュ家に属したこの城も今や主を失ってしまった．マリーの弟アルベール（Albert, 1868–1914）は合衆国にあったため，マリーとアルベールのいずれがこの城を受け継ぐのかは決まらなかったが（その後 1914 年にマリーが相続する），ソシュールはここがすっかり気に入ってしまう．独身時代はジュネーヴの邸宅に住み，休暇はジャントーの別荘ないしマラニーのプルタレス邸に過ごすことを常としたが，そのとき以来，学期中はマラニー，休暇はヴュフラン城で過ごすことが恒例となった．

1905 年に父アンリを，翌年に母ルイーズを相次いで失ったが，さらに翌年には彼の生誕 50 周年の祝賀会がジュネーヴで開催され，パリとジュネーヴでの同僚，教え子，そして友人が一堂に会して，記念論文集を授与されるという晴れがましい機会もあった．ただし，公式の出版年は翌年である（La Société de linguistique de Paris 1908）．だが，その頃にはソシュールも動脈硬化を患い（Joseph 2012a: 561），徐々に彼の健康も危ういものとなっていく．

第 3 回「講義」が終わった翌 1912 年，夏学期がはじまった直後の恐らく 3 月か 4 月に異変が起こる．のどに変調をきたし声が出なくなったのである．やむなく同学期は授業を中止し，喧騒を離れたお気に入りのヴュフラン城で療養に努めることとなった．だが，夏に向かうにつれて健康状態はさらに悪化し，寝たきりの状態に至ったため，9 月 9 日，書面でさらに 1912/13 年度の授業を中止する許可を求めている．代役はバイイとセシュエが務めた．

ソシュールは恐らく後のジタン（Gitanes）にあたるフランス産の紙巻きたばこ愛好者であり（Joseph 2012a: 737），その影響もあってか，パリ時代からソシュールの声はハスキーであったと伝えられている．彼が喉頭がんを発症したという推測が根強く行われてきたのはそのためであろう．

他方，Joseph（2012a: 732）は，動脈硬化が心臓冠動脈に及んでいれば声を出すことに痛みが伴い，頸動脈ないし椎骨動脈に及んでいれば脳への血流が減って，どちらの場合でもことばを発することが苦痛となることから，動脈硬化が遠因である可能性にも触れる．

幸いなことに，その後小康を得て，11 月 16 日の教授会には出席することがで
きたのだが，そこで急変した現実を知ることになる．当時はスイスでも社会主
義運動が盛んになりつつあり，大学でも民主化を求める声が大きくなっていた．
特権階級たる貴族の教員は当然攻撃の対象である．これに同調する地元の新聞
『ジュネーヴ人』(*Le Genevois*) は，12 月 5 日，ソシュールをやり玉に挙げた記
事を掲載する．「(貴族の) ド・ソシュール先生とやらは 2600 フランという高給
をもらって，1 人か 2 人の学生にサンスクリットを教えて，誠によいご身分であ
る」(こんな先生にはさっさとやめていただこう) といった調子である．これに
異を唱えた『ジュネーヴ新聞』は，翌々日，「ソシュール先生は，ジュネーヴに
戻っていただけなかったら，コレージュ・ド・フランスに招かれただろうとい
う，世界的に有名な印欧語比較言語学の先生である．こんな偉い方を愚弄する
とは何たることか！ ジュネーヴにいていただいてありがとうございますとお
礼を申し上げるべきである」という趣旨の記事を載せた．その後も両紙の応酬
とソシュールほかへの揶揄は続いた (Joseph 2012a: 615ff.).

　1912 年 12 月 22 日に実施された大学法改革についての国民投票の結果，改革
案は見送られたが，この間になされた心無い個人攻撃に，ソシュールは大いに
心を痛めたことであろう．

　だが，その後も無理をせずにヴュフラン城での療養を続けた結果，幸いにも
体調はかなりよくなったという．引きこもり生活も退屈になってきたのだろう．
年が替わってからは友人をヴュフラン城に招待する手紙を書いたり，温かい南
フランスでの保養を計画したり，さすがに真冬の友人からの招待には断りの返
事をしたためたものの，かなり前向きになっていた．印欧語関係の学術誌に目
を通し，また満州語を自修し，あれこれ手記も残している．無論，自分の死期
が近いなどとは微塵も意識した様子はない．体調が回復したら，秋からは校務
に復帰するつもりだったはずである．

　そして運命の 1913 年 2 月 22 日，学期合間の休暇となり，ジュネーヴの学校
に通う子供たちと親類数名を伴ってマリー夫人がヴュフラン城に到着した．久
しぶりに家族がそろった．そんな楽しい日になって，ソシュールの容体が急変
し，その夜に彼はいきなり帰らぬ人となったのである．

- 80 -

終りに，その後に行われた主な追悼の動きをまとめておく．

1913　2月24日，『ジュネーヴ新聞』に死亡記事

　　　2月25日，ブレアルの追悼文（パリ *Le Temp* 紙）

　　　2月26日，葬儀　ジャントー墓地に埋葬，アヴェの弔電が紹介される

　　　2月28日，セシュエの追悼講演

　　　10月27日，バイイの追悼講演．師の教えを書籍化する計画を発表

　　　メイエの追悼文（*BSL* 18）

1915　マリー夫人編の追悼文集

　　　シュトライトベルクの追悼文（*Indogermanisches Jahrbuch* 2）

1916　バイイ，セシュエ編 *Cours de linguistique générale* 刊行

　蛇足ながら，スイスの法律によって死後125年間死因は公表されないことになっているらしい．そのため，ソシュールの直接の死因は今のところ明らかにされていない．急報に駆けつけた同僚で友人のクリュー（Francis De Crue, 1854–1928）は死因は気管支炎だと大学関係者に書き送ったが，バイイからメイエを経て伝わり，アヴェが日記に記した死因は悪性のインフルエンザである．上述のように遠因として喉頭がん，さらにはまさかのアルコール中毒も疑われている（Joseph 2012a: 737）ほか，小松（1989: 137）は心臓病が原因だとする説を出している．こちらの寿命が尽きぬことを期待しつつ，真相が明らかにされる2038年を静かに待ちたい．

ソシュール（左，6歳）と弟オラス　　　学生時代

家族とともに

第Ⅱ章. *Mémoire*（覚え書）とラリンガル理論

Mémoire の位置

Mémoire ないし『覚え書』と略称するのは，ソシュールが 21 歳で出したはじめての著書『印欧語における初源的母音組織に関する覚え書』(*Mémoire sur le système primitif des voyelles dans les langues indo-européennes* = Saussure 1879) である．右にその初版扉を載せた．36 頁以下に触れたような経緯から，この本が実際に出版されたのは 1878 年 12 月であった．

Mémoire が言語学史の上で極めて重要な位置を占める著作であることは論を俟たない．それは主として下記 4 点の難問解決の過程において，同書が超時代的な，大きな進展を一気に成し遂げたからである．

1．印欧祖語（Proto-Indo-European: PIE）の母音組織
2．印欧祖語の母音交替（G. Ablaut）のしくみ
3．印欧祖語に想定される音韻（ラリンガルないし喉音 laryngeal, G. Laryngal）
4．印欧祖語における 2 音節語基の想定とその母音交替（G. Schwebeablaut）

刊行からすでに 1 世紀半近い時間が経過しているが，同書ないしそのデータを入手することは容易である．古書以外にも，各種リプリント版，あるいは The internet archive (https://archive.org/) 上で pdf データを入手できるほか，図表や複雑な合字の表示に問題なしとはしないが，下記のウェブページでも目にすることができ，特に印刷が不鮮明な箇所の確認等に重宝する．

http://ctlf.ens-lyon.fr/t_voirtexte.asp?num=14&fic=5213_fr_Saussure_T01&aut=Saussure,%20Ferdinand%20de&txt=1&hd=1

しかしながら，いきなり *Mémoire* を紐解いても，仮に一定の前提知識があったところで，その内容と価値を理解することは困難である．これを理解し，また現代の言語学におけるその位置を把握するためには，上記 4 点の研究史とと

もに，人間関係を含めてソシュールを取り巻く様々な事情を把握している必要があるからである．

グリムの権威化

　印欧祖語の母音組織と母音交替の研究史のはじめに触れるべきなのはデンマークのラスムス・ラスクと，童話で有名なグリム兄弟の兄ヤーコプ・グリムである．

　語形変化や派生に伴って母音が変化する現象が言語研究者に注目されるようになったのは，グリムが有名な『ドイツ文法』(*Deutsche Grammatik*) 第 I 巻（第 2 版，1822: 9f.）において，近隣の音の影響によって母音が変化する**ウムラウト**(Umlaut) と，近隣の音の影響によらない母音の変化である**アップラウト**(Ablaut) の 2 種を区別してからのことである．

　しかし，そのプライオリティーは実はラスクにある．ラスクは『アイスランド語（古ノルド語）文法』(*Vejledning til det Islandske eller gamle Nordiske Sprog* = Rask 1811) においてこれら 2 種の母音の変化に気づき，実質的にその改訂新版とも言えるスウェーデン語版 *Anvisning* (1818a) 及びそこからの英訳（1843）においてこれをより明瞭に提示し，さらに『古ノルド語（アイスランド語）の起源に関する研究』(*Undersøgelse om det gamle Norsiske eller Islandske Sprogs Oprindelse* = Rask 1818b) を世に送って，ゲルマン語の印欧語内における位置と印欧諸語の関係を明らかにし，その中で子音の振る舞い，母音の振る舞いをかなり正確に把握することに成功した．細部は神山（2006: 52–63）にて確認されたい．

　書評（Grimm 1812: 245f. = 1884: 518）においてラスクのウムラウトについての見解を誤りだと主張していたグリムも，ついに自身の誤りに気付いてラスクの音論に関する見解を全面的に取り入れるに至った．そして，1819 年に出したばかりの『ドイツ文法』第 I 巻に急遽新版を用意したのであった．ここに記載された有名な「グリムの法則」（14 頁注 9）もラスクに負っている．

　グリムはさらに i – a – u が印欧祖語の本来的な母音であるとみなし（Grimm 1822: 571 = 1870, 1967: 487），サンスクリットと同じくゴート語が短母音組織 i – a – u を示すことを主な根拠にして，多くのヨーロッパ諸語に見られる e と o

第Ⅱ章　*Mémoire*（覚え書）とラリンガル理論

を後代の発達であると断言した（Grimm 1822 : 594 = 1870, 1967: 506f.）.

　グリムが下した判断は下記の対応表によって簡略に示すことができるだろう.
サンスクリットとヨーロッパ諸語の対応が一致しない箇所（網掛け部）で，彼
はサンスクリットの反映が祖語の状況を保存しているとみなした.

サンスクリット	i	a			u
ヨーロッパ諸語	i	e	a	o	u
印欧祖語	i		a		u

　当時，印欧祖語の母音組織の解明はもちろん五里霧中の状態であった. 他に
有力な代案が積極的に提示されなかったためであろう. 印欧語本来の母音が i −
a − u の 3 つであるとするグリムのあてずっぽうの見解は，あろうことか，権威
を獲得するに至り，その後半世紀にわたって信奉され続けることになってしま
うのである.

ボップの逡巡

　印欧語比較言語学の事実上の創始者と言われるフランツ・ボップは『ギリシ
ア，ラテン，ペルシア，ゲルマン語との比較におけるサンスクリットの動詞活
用組織について』（*Über das Conjugationssystem der Sanskritsprache in Vergleichung mit
jenem der griechischen, lateinischen, persischen und germanischen Sprache*, 1816）において
印欧語の動詞形態の生成過程に切り込み，**第Ⅰ章**にも触れた『比較文法』（= Bopp
1833–1852）において印欧諸語の音韻と文法の対応関係を研究した. しかし，祖
語の母音組織に関してはこれらにほとんど見るべきところはない.

　とはいえ，実はボップは母音に関してかなり注意を払っていた. ロンドン滞
在中の 1820 年，『東洋文学年報』（*Annals of Oriental Literature*）誌において，ヨー
ロッパ諸語の e と o を表すためにもサンスクリットは a の文字を用いたので
はないかという推測を記している（Bopp 1820: 7 = 1889: 18）.

　彼がサンスクリットと祖語を別個の言語と認識している点を考慮すると，結
局ボップは上掲箇所で印欧祖語に i − e − a − o − u の 5 母音組織を想定したこ

- 85 -

とになるであろう.

　もし当時の学界においてボップの提案した i－e－a－o－u の 5 母音組織が受け入れられていたなら，その後70 年代まで続く不毛な議論は避けられたはずであり，あるいは印欧語比較言語学の進展も早まっていたかもしれない．しかし現実にはボップの提言には結局何の反響もなかった．ボップ自身がベルリン時代に音論に関して消極的態度を取っていたこととともに，論文の掲載された『東洋文学年報』が不人気のために 3 号で廃刊となり，この論文の存在が同時代の研究者にはほとんど知られなかったためである．同論文は1889 年に『国際一般言語学誌』(*IZAS : Internationale Zeitschrift für allgemeine Sprachwissenschaft*) 第 4 巻に再掲載され，ボップの死後 20 余年を経てようやく一般の目に触れるに至ったのである.

　ボップは上記のごとく，1820 年以来，祖語にラテン語やギリシア語と同じ i－e－a－o－u の 5 母音組織を想定していたと思われるが，必ずしも確信に至っていたわけではない．彼は，グリムの『ドイツ文法』(I² (1822)，II (1826)) の書評 2 編 (Bopp 1827a; 1827b = 1836) においても特に自説を主張せず，当時グリムに欠けていたサンスクリットの母音交替と，ギリシア，ラテン等との対応についての基礎知識を提示し，グリムと学界全体に対し暗に再考を促すに留めた．その整理の方法を見ると，その後 70 年代終わりになってようやく明らかにされる基本的アップラウト「e－o－ゼロ」や，祖語の e と o がインド語で a に転じた現象について，彼がすでに心得ているかのように見えないこともない．不幸なことに，彼のこの温厚な態度がある種災いして，グリムの i－a－u の想定に過分な権威を与えてしまったのかもしれない.

　その後ベンファイも同じような意見を持ち，ほぼ直観的だが，彼はギリシア語の母音組織が本来の組織を受け継いでいるとの説を提示した (Benfey 1837: 911 = 1890, 1975: II, 10).

　ボップの場合と同じく，当時無名だったベンファイのアイデアも特に注目されず，i－a－u が本来的な母音であるとするグリムの説は，ヨーロッパ諸語に見られる i－e－a－o－u への発達という点で問題を露呈しながらも，それが成立した 1822 年から 1870 年代末まで金科玉条のごとく扱われることとなった.

第Ⅱ章　*Mémoire*（覚え書）とラリンガル理論

Spaltung

　約言するに，1822 年当時グリムはサンスクリットのわずかな知識とゴート語を参考にしつつ，恐らく直感的に初源的母音組織 i－a－u を想定したのだが，まだ学界全体がこの点を究明するには幼稚な段階にあり，大方諸兄の叱正を受けなかったことからグリムの想定が権威化してしまったのであった．

　そこでボップの弟子であるポットの時代以来，原初的な i－a－u からヨーロッパ諸語の i－e－a－o－u がどのようにして得られるのか，特に a から e と o がどのようにして分かれ出るかが考察の対象となった．換言すれば，a の「分裂」（G. Spaltung）が想定されたわけである．

　しかし，例えば Pott（1833: 2）を見ると，そこに記されるその「分裂」の説明は，はっきり言って支離滅裂である．当時甘美な響きを帯びていた「有機的」，「無機的」ということばが巧みに用いられ，言語変化にはこれら両面があるのだから一筋縄でいかないのは当然なのだと，読者を煙に巻いているようにしか見えない（神山 2006: 64f.）．

シュライヒャーの試み

　膠着状態を脱しようと奇才シュライヒャーはインド文法の母音交替である「弱韻－guṇa－vṛddhi」を応用して印欧祖語の母音組織と母音交替を解明しようと試みた．

　下表のような原初的母音組織から出発し，表中の母音から実際に文証される言語に見られるその他のあらゆる母音が導かれると考えた．例えば *ai, *au が融合すれば ē や ō が得られ，長短に特に拘泥しなければ（彼は拘泥しなかった），この組織からヨーロッパ語の i－e－a－o－u が導かれるはずである．

PIE		基礎母音 (Grundvokal)	第一昇階 (erste Steigerung)	第二昇階 (zweite Steigerung)
1.	a 系列	a	a + a = aa (ā)	a + aa = āa (ā)
2.	i 系列	i	a + i = ai	a + ai = āi
3.	u 系列	u	a + u = au	a + au = āu

（Schleicher 1861: 9）

- 87 -

上はサンスクリット文法から着想を得た初源組織であるから，ここからサンスクリットの母音組織がきれいに導かれるのは当然である．ここで PIE *ai, *au はそれぞれ Skr. ē, ō に転じるが，基本的に祖語の組織がそのまま維持されることになる．ただし，シュライヒャーは後に「印欧語のシュワー」や「第 2 のシュワー」と呼ばれることになる母音要素を意識していたのであろう．a 系列には基礎母音の左側にさらに弱化（G. Schwächung）の場合が加えてある．

Skr.	弱化	基礎母音	第一昇階	第二昇階
1. a 系列	i, u, ī, ū	a	ā	ā
2. i 系列		i	ē	āi
3. u 系列		u	ō	āu

(op. cit. 15)

　ところが，同じ組織から例えばギリシア語とラテン語の母音組織を導こうとして，次のような怪しげな表を載せている．

Gk.	弱化	基礎母音	第一昇階	第二昇階
1. a 系列	ι, υ	ε, o, α	o, ᾱ, η	ω
2. i 系列		ι	ει (αι)	οι
3. u 系列		υ	ευ (αυ)	ου (ᾱυ)

(op. cit. 48)

Lat.	弱化	基礎母音	第一昇階	第二昇階
1. a 系列	i, u	e, o, a	o, ē, ā	ō
2. i 系列		i	ei ī ē, ai ae	oi oe ū
3. u 系列		u	eu au ō	ou ū

(op. cit. 63)

　たとえ上の表が正しいとしてみたところで，それからすれば，例えばサンスクリットの a（及び弱化の場合は i, ī, u, ū）はギリシア語とラテン語の e, a, o（及び i, u）のどれかに，サンスクリットの ā はヨーロッパの ē, ā, ō, o のどれかにあたることになる．このような説明がまるで説得力を持たないことは当然である．印欧祖語の子音組織を見事につかんだ聡明なシュライヒャーがこの矛盾に気付かなかったはずはないと思いたいが，何ら妙案を案出できなかったためか，1867 年に 46 歳で早世するまで，再び祖語の母音組織を扱うことはなかった．

Spaltung 再び

　シュライヒャーの試みが失敗するのを目のあたりにして，彼の同時代人は再びグリムに戻ってしまった．そして，インド・イラン語の a がどのような場合にヨーロッパ諸語の e, a, o に分かれるのかという不毛な議論が繰り返されることになった．

　エーベルやマイヤー（Leo Meyer, 1830–1910）はそれぞれ隣接音とアクセントの影響で本来の母音 a が音色を変えたのではないかと考えた（Ebel 1856a, b ; Meyer 1861）．アクセントに着目した点は注目されるが，この時点ではやはり埒が明かなかった．

　ライプツィヒに君臨したクルツィウスはサンスクリットとヨーロッパ語における母音の現れを丹念に調べ，詳細なデータを得た（Curtius 1864）．

クルツィウスの分類	Skr.	Gk.	Lat.	該当語
1	a	a	a	106 語
2	a	e	e	102 語
3	a	o	o	56 語
4a	a	a	e	21 語
4b	a	a	o	18 語
4c	a	e	a	18 語
4d	a	o	a	11 語
4e	a	e	o	19 語
4f	a	o	e	10 語
5	a	e / a / o	e / a / o	6 語

　これらのうち最も該当語数の多いのは 1～3 グループである．クルツィウスはこれらを基本的な現れと仮定することにより，ヨーロッパ諸語のいわば祖語の段階において a のかなりの部分が e に転じ（op. cit. p. 18f.），その推移が完了してからだいぶ時を経て，ヨーロッパの個々の語派の歴史の中で，残りの a の一部が o に変わったと考えた（p. 20）．これは当時としては斬新な視点だったが, a がどのような場合に e や o に変わったのかはやはり謎として残ることになり，結局，彼自身は事態解明に至ることはできなかった．この課題は彼の弟子たちへと受け継がれることになる．

　ウィーンのシェーラー（Wilhelm Scherer, 1841–1886）は印欧祖語の a の音声

実現にゆれがあった可能性を指摘し，a から分かれ出た e と o が時制を表示するために用いられたと考えた（Scherer 1868: 7–31）．同種のアイデアの萌芽はパウリ（Pauli 1863 :50ff.）にも，さらに遡ればラスクやグリムにも見える．確かにその後明らかにされるように，実際多くの場合に動詞の現在形には e が用いられ（e.g. Gk. λείπ-ω "(I) leave", Goth. leiƕ-a "(I) lend" < IE *leikʷ-ō），他方，完了形やそこに起因するゲルマン語の過去形には o (> Gmc. a) が用いられる（e.g. Gk. λέ-λοιπ-α "(I) have left", Goth. láiƕ "(I) lent" < IE *loikʷ-m̥）．そのため，シェーラー等の指摘はある意味で正しいが，この段階では 1 つの典型的な表れが見えたにに過ぎない．

母音の縮減と「鼻音ソナント」

　次の世代の主人公はライプツィヒにおけるクルツィウスの弟子たちである．

　まずはきっかけとなったのはツィマーの『ゲルマン語における名詞接尾辞 a と â』（Die Nominalsuffixe a und â in den germanischen Sprachen）と題する研究書である．彼はここで Skr. ukṣā "ox"（属格 ukṣnas），Goth. aúhsa（属格 aúhsins），E. ox(en) のような，今日で言う -en- 語幹名詞の接尾辞が本来 -a- であると考え，これがゲルマン語では -an- に拡大（G. Erweiterung）されたとする見解を示した．

　このタイプの曲用はゲルマン語において多用されるに至り，グリムの命名による「弱変化」名詞群を構成することになるのだが，クルツィウスの弟子オストホッフは，接尾辞が拡大されたというツィマーの判断に異論を持ち，ここで使われているのは同一の接尾辞 -an-（今日で言えば -en-）であると主張した（Osthoff 1876）．

　オストホッフは，この接尾辞を有する名詞の曲用には，本来のアクセント位置によって決定される強弱 2 つの語幹が用いられたと考えた．彼はその様を次のような表記を用いて説明する．

　　　　強語幹 *uksán- (e.g. nom. sg. *uksā́n(-s), acc. sg. *uksán-am)
　　　　弱語幹 *uksɑn- (e.g. gen. sg. *uksɑn-ás)

　そして ɑ はアクセント前の位置では弱まり（e.g. gen. sg. *uksɑn-ás > Goth.

aúhsins），さらには脱落する（e.g. Skr. ukṣnas）と考え（Osthoff 1876: 32ff.），さらに，接尾辞 -tar-（今日の -ter-）を持つ親族名称や，-ant-（今日の -ent-）を持つ分詞などに見られる交替も同様の現象であるとした（Osthoff 1876: 42ff.）．下記はその例の一部である．

	強語幹	弱語幹
"mother"	Skr. mā-tár-am（単対）	mā-tr-é（単与）
	Gk. μη-τέρ-α（単対）	μη-τρ-í（単与）
"striking"	Skr. tud-ánt-am（単対）	tud-at-é（単与）
"way"	Skr. pánth-ās（単主）	path-í（単所）

　オストホッフがこの論文を発表したのと同じ 1876 年，同じクルツィウス門下の後輩ブルークマンが次の一歩を踏み出した．

　ブルークマンが着目したのは上記の Skr. pánth-ās と path-í あるいは Skr. mātár-am，Lat. mātr-em と Gk. μητέρ-α，あるいはまた Lat. centum, Gk. ἑκατόν, Skr. śatám「100」のような例に見られる鼻音の出没である．イタリック部分に注視すると，サンスクリットとギリシア語では何らかの条件下で「母音＋鼻音」が a と交替しているように見える．ここで，もしその a を鼻音のなれの果てと見れば，「母音＋鼻音」と a の交替は「母音＋鼻音」と「鼻音」の交替と見ることができる．すなわち，語根であろうが接尾辞や語尾であろうが，鼻音を含む形態素がゼロ階梯を取り，母音が後続しないと，これらの鼻音は音節核となり（今日では Saussure（1879 : 6）に従い m̥, n̥ と記される），これらはインド・イラン語とギリシア語で a に完全母音化すると考えたわけである．音声学的にこの予想が無理のないものであることは既述（24 頁以下）のとおりであり，さらには「盈<ruby>えい</ruby>階梯」（full grade, G. Vollstufe, F. degré plein）と「ゼロ階梯」（zero grade, G. Nullstufe, F. degré réduit/zéro）の差異が認識されたということになろう．

　そして，母音が縮減したゼロ階梯において成節（syllabic）の子音が発生するという発想は鼻音のみならず流音（r, l）にまで拡張され，[58] いわば子音と母音の

---

[58] 成節流音についてはインド文法学に基づき，おぼろげながらベンファイ（Benfey 1837: 919 = 1890–92: II 19f.）やウィーンのミクロシッチ（Franz von Miklošič, 1813–1891）がすでに想

- 91 -

中間に位置するこれらの音は**ソナント**（G. Sonant）と呼ばれることになった．今日の音声学用語で言えば鳴(子)音（resonant）である（22 頁以下参照）．

ブルークマンの指摘以来，子音の m, n としても現れるが，インド・イラン語で母音 a としても現れるこの音韻，ないしこれらの交替現象はやや不適当に「鼻音ソナント」（Lat. nāsālis sonans）と呼び慣わされることになった．

師のクルツィウスやベルリンのシュミットは終生この想定を理解しなかったが（40 頁以下），実はその発想はすでに Rask（1818 : 52 = 1932 : 66f.）にも見える．ラスクは以下のような例を挙げてギリシア語における「母音＋鼻音」と a との交替に注意を喚起している（イタリックは神山）: Gk. πάθος "pathos" : πένθος "sorrow"; δασύς "dense" : Lat. de*n*sus; Gk. ἑκατόν "100" : Lat. ce*n*tum; Gk. ὄνομα "name" : Lat. nōme*n*; Gk. δέκα "10" : Lat. dece*m*; Gk. ἑπτά "7" : Lat. septe*m*; Gk. μᾱτέρα (= μητέρα) "mother" (acc.sg.) : Lat. mātre*m*. 惜しいことに，この着想が埋もれたまま 60 年程が経過していたのであった．さらに，学童時代のソシュールが τετάχαται によって同じ現象に気づいたことは既述の通りである（10 頁以下参照）．

複数の a の想定

同年，ブルークマンは，師であるクルツィウスの説を乗り越えるもう 1 つのヒントをつかんだ（Brugman 1876b: 367ff.; 1879a : 2）．クルツィウスは印欧祖語の母音組織に i – a – u を想定するグリム以来の古典的見解の支持者であり，祖語の a がヨーロッパ諸語で e と o に分かれると考えていた．だが，ブルークマンは，もともと印欧祖語に a が 2 種あったと考えた．彼はヨーロッパ諸語で e となる祖語の母音を a₁ と表記し，さらに Skr. pā́dam, Av. pā́δəm, Gk. πόδα (acc.) "foot" や Skr. áśmānam, OP asmānam (acc.) "stone, heaven", Gk. ἄκμονα (acc.) "anvil" 等の比定から，インド・イラン語で ā [59] で現れ，ヨーロッパ諸語で o と

定していた（1850, 1852: 34ff.）．セメレーニ（Szemerényi 1990: 38f.）によればフランスのインド・イラン学者ビュルヌーフ（Eugène Burnouf, 1801–52）が早くも 1823 年にその発想に達しているらしい．神山（2001）参照．

[59] この時以来，印欧祖語の *o はインド・イラン語で長母音化するという**ブルークマンの法則**が知られるようになった．ブルークマン自身は後にこれを廃したが，インド・イラン語の専門家は今日でもこの法則が生きていると考える場合が多い．小文の筆者はこの法則は類推によって生じた形態論的な法則であって，通時音韻論的な規則ではないという立場

なる祖語のもう 1 つの母音を a_2 と記した.

すぐこれに続いたのが，まだ 20 歳前のソシュールである．34 頁以下に記したように「印欧語の様々な a の区別に関する試論」（Essai d'une distinction des différents *a* indo-européens = Saussure 1878f）は 1877 年の恐らく初夏にライプツィヒで作成された．この論文はパリ言語学会に送られて 7 月 21 日の例会で発表（代読）され，さらに翌年刊行の *MSL* 3 に掲載された．ソシュールはその発表前に原稿のコピーをブルークマンに手渡している．表題に見られる a はグリム的な理解における祖語の a を指す.

ブルークマンはそれまで想定されていた印欧祖語の a に 2 種類の別があることを指摘したのだが，ソシュールは同論文において，祖語の a に**3 種**の区別を行う必要があること，そしてこれを基にすると，ブルークマンによって明らかにされたばかりの盈階梯とゼロ階梯の交替に加えて，さらに 2 種類のアップラウトないし母音交替現象が存在することを指摘する.

ソシュールは，まず Brugman（1876b）を基本的に支持しつつ，Gk. γέ-γον-α "I was born"（完了）と γεν-έσθαι "to be born"（アオリスト不定法），あるいは Lat. *teg*-ō "I cover" と *tog*-a "cover (noun), toga" のように，ギリシア語やラテン語に見られる e と o の交替を印欧祖語に遡る現象と見て，祖語には Gk., Lat. e と o に対応し，また互いに交替する a（= Brugman 1876b, Saussure 1879 の a_1）と a_2 という 2 種類の a を想定すべきだと考える（Saussure 1878 : 361f.）.

ブルークマンが a_1 と表記した音を，ソシュールがわざわざ裸の a と表記したのには恐らく意味がある．すなわち，ソシュールは a（= 後の表記 e）を基本的な母音と考え，a_2（= 後の表記 o）を二次的な母音と見ている．ブルークマンはこれに納得できなかったようだが，e を基本的な母音とみなすソシュールのアイデアは今日まで受け継がれている.

表記に a を用いているのは,祖語の a からヨーロッパ諸語の e と o が分かれ出るという，グリム以来支配的だった見解に表面上沿うためである．ソシュールの a（= ブルークマンの a_1）と a_2 は，のちに合衆国にわたるコリッツ（Hermann Collitz, 1855–1935）の提言によって，その後次第に e と o のように明

を採る（神山 2006: 109–111）.

示的に表記することが一般化していく（Collitz 1878: 303）．すなわち，印欧祖語の基本的な母音を a とする，すなわちサンスクリットを重んじるグリム以来の説が，むしろヨーロッパ諸語を重んじて，印欧祖語に e と o が存在したとする現在まで受け継がれる説へと移行していく時期にあたっていた．そして旧説を廃してその新説を作り上げたのが，ほかならぬブルークマンとソシュールである．

　ここまでの議論を簡略な表にまとめると以下のようになるだろう．当時ブルークマンとソシュールが用いた暫定的な表記は今日一般的になったものに置き換えておく．

サンスクリット	i		a		u
ヨーロッパ諸語	i	e	a	o	u
印欧祖語	i	e	a	o	u

　ソシュールはさらに ἄγνῡμι "I break" とその受動の意味を持つ完了形 ἔᾱγα "I am broken" や，彼が同源語と見た νόσφι "aside, far (from)" と νῶτον "back" などから，長母音 ā 及び ō と交替する祖語の A なる単位を想定する（*ibid.*）．これこそが，ソシュールが見た第 3 の a である．

　ソシュールがこの時想定した祖語の A は，母音として現れるとき，今日 ə と記される音，すなわち後に重鎮のフィック（August Fick, 1833–1916）が名付ける**「印欧語のシュワー」**（schwa indogermānicum）に等しい．すなわち長母音を基礎とする母音交替のメカニズムを明らかにするとともに，Skr. p*i*tar-, Gk. πατήρ, Lat. p*a*ter "father" に見られるようなインド・イラン語の i とヨーロッパ語の a とを結びつける画期的な想定を最初に行ったのは，実は若きソシュールであった．[60]

　この段階までに明らかになった印欧祖語の母音組織と，母音交替の概要を今日の表記法によってまとめると下記のようになる．

---

[60] ただし炯眼な Benfey（1837: 909f. = 1890: II 8f.）がこれらの対応関係に気づいている．

第Ⅱ章　*Mémoire*（覚え書）とラリンガル理論

サンスクリット	i		a		u	i
ヨーロッパ諸語	i	e	a	o	u	a
印欧祖語	i	e	a	o	u	ə

母音交替　　e : o : ゼロ

ē/ā : ə

ō　: ə

Mémoire

　そして Saussure（1878f）が活字になったのと同じ年の 12 月，前作で得た着想をさらに膨らませた *Mémoire* が登場する．

　Mémoire において，ソシュールは「試論」で自身が到達した「a_1 (= e) – a_2 (= o) – ゼロ」の交替という視点から，76 年にオストホッフとブルークマンによって検討されたソナント，すなわち流音 r, l と鼻音 m, n の振る舞いを整理し，従来これらとは別個に，母音あるいは半母音として扱われてきた i, u（y, w）もソナントの一種として扱うことが可能であることを確認する（p. 6–50）.[61] 当時ソナントと言えば流音と鼻音のみを指したから，誤解を避けるために彼はこのような広義のソナントを «coefficient sonantique» という別な用語で呼んだ（p. 8）．従来この用語は正しく理解されない場合が多く，その関係もあって定訳はないが，実際には特に難しい概念ではなく，狭義の母音とともに母音部の一部として働くソナント的な音範疇というような意味合いを持つ概念に過ぎない．小文の筆者はこれを「**ソナント的付加音**」と呼ぶ．

　続いて，$*a_1 = *e$ と交替しない，すなわち $*a_2 = *o$（$*o_2$ とも表記される）とは異なる o の存在を指摘し，これを仮に $*o̦$ と表記する（p. 71）．これは A と同様に母音と子音にまたがるソナントの一種として扱われることになる．

　以上を踏まえ，ソシュールは印欧祖語の初源的な母音組織と母音交替について次のような想定を提示した．

---

[61] 今日，比較言語学において成節性を表示する際に一般的に用いられている符号（ ̥ ）は，ここでソシュールが採用した表記である（p. 6）.

ソシュールと歴史言語学

Le phonème a_1 est la voyelle radicale de toutes les racines. Il peut être seul à former le vocalisme de la racine ou bien être suivi d'une seconde sonante que nous avons appelée coefficient sonantique (p. 8).

Dans de certaines conditions qui ne sont pas connues, a_1 est remplacé par a_2 ; dans d'autres, mieux connues, il est expulsé.

a_1 étant expulsé, la racine demeurera sans voyelle dans le cas où elle ne contient point de coefficient sonantique. Dans le cas contraire, le coefficient sonantique se montre à nu, soit à l'état autophthongue (p. 8), et fournit une voyelle à la racine.

Les phonèmes A et o̦ sont des coefficients sonantiques. Ils ne pourront apparaître à nu que dans l'état réduit de la racine. A l'état normal de la racine, il faut qu'ils soient précédés de a_1, et c'est des combinaisons a_1 + A, a_1 + o̦, que naissent les longues Ā, -ō̦. La permutation a_1 : a_2 s'effectue devant A et o̦ comme ailleurs.

(Saussure 1879 : 135)

　　音素 a_1 はあらゆる語根の基本的な母音である．これは単独で語根の母音部を形成する場合もあるし，あるいはまたこれにソナント（「ソナント的付加音」と呼ぶ（p. 8））が続く場合もある．

　　ある不明の条件のもとに a_1 は a_2 と交替する．より知られた条件ではこの母音は消失する．

　　a_1 が消失すると，語根にソナント的付加音が含まれない場合，語根は母音部を失う．これが含まれている場合には，ソナント的付加音は単独で，いわば音節核を担うことになり，語根の母音部となる．

　　音素 A 及び o̦ はソナント的付加音である．これらが単独で生じるのは語根が低減階梯を取る場合のみである．語根が正常階梯の場合，これらの前には必ず a_1 があり，a_1 + A, a_1 + o̦ という結合から長音の Ā, ō̦ が生じる．他の場合と同様に A 及び o̦ の前では a_1 : a_2 の交替が行われる．

この想定による初源的な母音交替は同所に加えられた表に明示されている．原著で表の後に加えられた注釈の内容も併せて表中に記す．[62]

---

[62] 表中では流音ソナントとして r のみが記載され，l についての言及はないが，これは特にソシュールの誤りではない．当時はまだ印欧祖語の流音は本来的に r の l つであり，これが後代に各語派で r と l の 2 つに分かれたと考えられていた．フォルトゥナートフの先駆的研究とこれを自著に取り入れたベヒテルにより，印欧祖語に 2 つの流音を想定することが一般化するのは後のことである．Cf. Фортунатов (1881, 1900), Bechtel (1892).

- 96 -

印欧祖語における語根母音							
盈階梯	a_1	a_1i	a_1u	a_1n	a_1m	a_1r	$a_1A > \bar{A}_1 > \bar{e}, \bar{a}$	$a_1\underset{.}{o} > \bar{\underset{.}{o}}_1 > \bar{o}$
	a_2	a_2i	a_2u	a_2n	a_2m	a_2r	$a_2A > \bar{A}_2 > \bar{o}$	$a_2\underset{.}{o} > \bar{\underset{.}{o}}_2 > \bar{o}$
ゼロ階梯	-	-i	-u	-ṇ	-ṃ	-ṛ	-A	-ǫ

　結果的に言えば，Saussure（1878f; 1879）に記された想定全体は，ソナントの概念を拡張することによって，今日で言う盈階梯 *e, *o とゼロ階梯，印欧語のシュワー（*ə）ばかりでなく，さらに二重母音と長母音までも統一的に把握することが可能な，極めて斬新な試案であった．その意味でソシュールは 20 歳そこそこで充分な，いや，むしろ非常に画期的な成果を上げたと言える．

　若干の補正を加えて整理すると，オストホッフとブルークマンが先鞭をつけ，ソシュールが到達した見解はほぼ下記のようにまとめられるであろう．

I　印欧祖語には $a_1 = e$ 及び $a_2 = o$ の 2 つの母音があった（Brugman 1876b?, Saussure 1878, etc.）[63]

II　これらのうち基本的な母音は e であり，これは一定の条件において o と交替する（Brugman 1876b?, Saussure 1878）

III　印欧祖語の母音は一定の条件においてゼロと交替する（Osthoff 1876?, Brugman 1876a）

IV　印欧祖語の音節核は「母音」あるいは「母音＋ソナント」から成る（Brugman 1876a?, Saussure 1879）

V　音節核の母音がゼロに交替すると，隣接するソナントは単独で音節核となる（Osthoff 1876?, Brugman 1876a）

VI　機能的に見て i と u は本来的な母音ではなく，流音や鼻音と同じくソナントの一種（＝「ソナント的付加音」）である（Saussure 1879）

VII　これら以外にも未知のソナント的付加音が存在する（Saussure 1878?, 1879）

---

[63] 以下，当該の想定のプライオリティーを明示する．不完全な形であれ，着想を暗示したとみなしうる文献には末尾に "?" を付す．

ソシュールと歴史言語学

Ⅷ　母音とこれらのソナント的付加音との結合から長母音が生じる（Saussure 1878?, 1879）

Ⅸ　単独で音節核となった場合，これらのソナント的付加音は原則的にヨーロッパ語で a，インド・イラン語で i として現れる（Saussure 1878）.

網をかけたⅧの想定は直後に補正を受けることになる（105 頁参照）.

硬口蓋化法則と母音組織

さて，ブルークマンとソシュールによる a ないし a_1 (= e) 及び a_2 (= o) の 2 母音の設定は別な側面から支持を得ることになった．それがいわゆる「**硬口蓋化法則**」（G. Palatalgesetz）である.

その骨子は例えば下記の 2 語を用いて説明することができる.

Lat.	Gk.	Skr.	Schleicher [64]	Brugmann [65]	
quod	(ποῦ) "where"	kat	*kat (i.e. *k^{w}ad)	*k^{w}od	"what"
que	τε	ca	*ka (i.e. *k^{w}a)	*k^{w}e	"and"

左欄から順にラテン語，ギリシア語，サンスクリットの形態，グリム式の旧来の母音組織を維持したシュライヒャー（1861–2）による再建形，新たな母音組織を用いた後のブルークマン（1904）による再建形，英語による語釈を記した.

---

[64] 括弧内には修正を加えた．シュライヒャーまでは印欧祖語の舌背音ないし口蓋閉鎖音（gutturals）についての理解が未熟であり，祖語の *k が Skr. k, c, ś; Gk. π, τ, κ; Lat. c, qu 等に転じるとする漠然とした理解がなされていたが，Ascoli (1870), Fick (1873), Hübschmann (1877) などによりシュライヒャー流の理解は廃され，舌背音が少なくとも 2 種類あったことが判明していた．2 種類説を採る場合，その一方はいわゆるサタム語群で歯擦音化し，ケントゥム語群で k で反映する PIE *k であり，他方はサタム語群で k，ケントゥム語群で円唇性を帯びた k^w を示す PIE *k^w (labio-velar) である．印欧語全域で k として現れる例がわずかに存在すると見られることを重んじて 3 種類説を採る場合，この中立的な音に対応する祖語の音は PIE *k で表記し，サタム語群で歯擦音化し，ケントゥム語群で k で反映する音の祖音は PIE *k̂ ないし *k (palato-velar) で表記する．諸言語の対応関係が一目瞭然の 3 種類説が優れているかのように見えるかもしれないが，3 種類の舌背音を持つ言語が果たして存在するのか，中立的な *k の頻度が低いのはなぜか，という類型論的な疑問が伴うことも念頭に置かねばならず，19 世紀末以来，ドイツ等で 3 種類説が盲目的に信奉されている現状はあまり健全ではない．筆者は音声環境を加味した 2 種類説を有望と見る.

[65] 彼の記す q^u は k^w に統一する.

- 98 -

ラテン語の qu は祖語の円唇化した軟口蓋音 *kʷ，あるいはこれに合一した音連続 *kw の反映と考えられる．ギリシア語は *kʷ を π, τ, κ の何れか，後続母音と折り合いのよい音で反映する癖を持ち，*w（> ϝ）を最終的にすべての位置で失うから，音連続 *kw > Pre-Gk. *k ならばギリシア語で κ で現れるはずである．すなわち，ラテン語とギリシア語からすればこれらの語の祖形は *kʷ にはじまっていたと考えられることになる．対応のサンスクリット形もこの推理に必ずしも矛盾しないのだが，PIE *kʷ がある場合には Skr. k（例 kat）で，また他の場合には Skr. c[66]（例 ca）で対応する点が当時はまだ難問であった．

結局この難問を解くには，*kʷ に続く母音がいずれも PIE *a（> インド・イラン a, ヨーロッパ e, a, o）であるとする従来の見解を乗り越える必要があった．サンスクリットが最も古形を維持しているという偏見を捨て，むしろヨーロッパ諸語が母音の古い状態を保っているとみなせば，Lat. quod, Skr. kat[67] からは *kʷad ではなく *kʷod が，Lat. que, Gk. τε, Skr. ca からは *kʷa ではなく *kʷe がそれぞれ再建されることとなろう．

こうして印欧祖語の母音として e と o を想定することによって，PIE *kʷ の Skr. k, c への分裂の問題に解決が与えられることになった．すなわち，後続する前舌母音である e との折り合いをよくするために PIE *kʷ > Skr. k が c に**硬口蓋化**（palatalization）[68] し，その後にインド・イラン語において *e, *a, *o の区別が失われて a に合一したとみなすことが可能となったのである．この過程は下記のように整理できる（ほぼ祖形を保つラテン語形を併記する）．

PIE	(Lat.)	A		B		C	Skr.
*kʷod	(quod)	>	*kod			>	kat
*kʷe	(que)	>	*ke	>	*ce	>	ca

A：サタム語群における唇軟口蓋音の脱円唇化 *kʷ > *k
B：インド・イラン語における軟口蓋音（＋前舌母音）の硬口蓋化 *k > c
C：インド・イラン語における母音の合一 *e, *a, *o > a

---

[66] 一般には [tʃ] の発音が行われるが，本来は硬口蓋閉鎖音 [c] である．Cf. Mayrhofer (1953: 16). ここに見られるように多くの言語で硬口蓋化は付随的に**歯擦音化**（assibilation）を伴う．
[67] 末尾の t < *d はサンスクリットの絶対語末における連声の制限による．
[68] 慣用的だが誤った呼称「口蓋化」を採らない理由は神山（2012: 24, 40）等を参照．

本来的な *a がヨーロッパ語において e と o に分かれたのでなく，本来的な *e と *o がインド・イラン語で a に合一したとみなすことによって，サンスクリット中心の見解を採った場合には見えなかった *e と *o の機能的な交替（すなわち上記**想定Ⅱ**）についてもすぐに理解が進展することは容易に想像される．ギリシア語を例にすると，例えば現在形 λείπ-ω "I leave" と完了形 λέ-λοιπ-α "I have left"，あるいは λέγ-ω "I speak" と λόγ-o-ς "speech" を見比べれば，語根母音が e から o へと入れ替わっていることは一目瞭然である．つまり，形態素の構成を見ると，いずれの組においても前者が「語根＋語尾」というきわめてシンプルな構造である一方，後者ではこれに他の要素が加わっている．すなわち，完了形の場合には語根重複音節とも呼ばれる要素「語根初頭子音＋e」が，名詞の場合には語根と真の意味での単数主格語尾 -s の間に語幹形成母音あるいは幹母音(thematic vowel)とも呼ばれる -e/o- が，それぞれ加わった有標の項目である．

　上記によって印欧祖語に本来的に存在した母音は *e であり，これが一定の条件において *o に交替することが了解されたと考えられる．これがアップラウトの基本的な現れであり，この成果は基本的に今日まで受け継がれている．

　ソシュールの想定のうち，彼のプライオリティーに言及されない場合はあるものの，*Mémoire* の出版後，彼の**想定Ⅰ，Ⅱ，Ⅲ，Ⅳ，Ⅴ，Ⅵ，Ⅸ**は印欧語学界に急速に受け入れられたと考えられる．

　残った**想定Ⅶ**と**Ⅷ**もすばらしいアイデアであり，これらからすれば，印欧祖語には本来長母音がなく，短母音 *e あるいは *o と未知の「ソナント的付加音」との結合から後代に長母音が生じたことになる．これによって長母音とシュワーとの交替を，すでに得られている「e－o－ゼロ」の交替に還元できるため，想定される母音交替の図式を大幅に簡素化することができる．

ソシュールの瑕疵とメラーの補正

　しかしながら，先を越されてはならじと大慌てで作成しただけに（36 頁以下参照），*Mémoire* に示されたソシュール説には生乾きの部分が残ってしまった．

　まず，比較的よく知られているように，ソシュールが想定する *a_1A すなわち *eA の結果が ē あるいは ā という 2 つの反映を持つ点に大きな難があった．彼

がこの点を考慮しなかったのは実に不思議だが，どうやら彼は短音の a ばかり
か長音の ā も印欧語における後代の発達であるとの固定観念に縛られていた
ようである．もしかしたらギリシア標準語の基礎となったアッティカ方言にお
いて ā と η の区別がとても微妙であることなども彼の判断を鈍らせた一因か
もしれない．

　さて，キール大学の**メラー**はライプツィヒ大学出身者としてはめずらしこと
に，ソシュール説の熱心な信奉者となった．彼は *Mémoire* を子細に検討して上
の瑕疵に気づき，*Mémoire* 出版直後の 1879 年，他書の書評に急遽加えた補足部
分において，その補正案を示した（Möller 1879: 150ff.）．すなわちソシュールが
仮定したソナント的付加音 *A *ọ に新たに *E を付け加えて，ソシュールの想
定 *eA > ā/ē を *eA > ā と *eE > ē の 2 つに分けたのである．

　母音部が *e から *o に替わった場合（**o 階梯**：*o*-grade, G. Abtönung, *o*-Stufe, F.
degré *o*）と母音部が失われたゼロ階梯の場合（すなわち上記の**想定IX**）を含め
て，以下に典型的な例を掲げる．メラーの補正によって，各種長母音の生成過
程が明確になることは一瞥にて明らかである．

母音の階梯	盈階梯		ゼロ階梯 [69]
	e	o	
Lat.	*fē*-cī "I have made"	ab-*dō*-men "hidden part, belly"	*fa*-ciō "I make"
Gk.	ἔ-*θη*-κα "I put" (aor.)	θω-μός "heap"	θε-τός "placed" (verb.adj.)
Skr.	á-*dhā*-m "I put" (aor.)	*dhā́*-tar- "founder"	hi-tá- "put" (p.p.)
PIE	*dheE- > *dhē-	*dhoE-> *dhō-	*dhE- > *dhə-

---

[69] ギリシア語において *ə は ε α o 計3種の反映を示す．動詞人称形態に現れる**正常階梯**(本
来的に e を持ったはずの盈階梯)の母音の質に影響を受けたと考えられる (Lindemann 1982).

Lat.	stā-re "to stand"	prae-stō-lor "to wait"	sta-tus "stood" (p.p.)
Gk.	ĭ-στᾱ-μι "I stand"	στώ-μιξ "wooden beam"	στα-τός "stood" (verb.adj.)
Skr.	á-sthā-m "I stood" (aor.)	sthā-na- "position"	sthi-tá- "stood" (p.p.)
PIE	*steA- > *stā-	*stoA- > *stō-	*stA- > *stə-

Lat.	(dō < *dō-ō) "I give"	dō-num "gift"	da-tus "given" (p.p.)
Gk.	δί-δω-μι "I give"	δῶ-ρον "gift"	δο-τός "given" (verb.adj.)
Skr.	dá-dā-mi "I give"	dā́-na- "gift"	(di-tá-) "given" (p.p.)
PIE	*deǫ- > *dō-	*doǫ- > *dō-	*dǫ- > *də-

　ソシュールが処理に困った点はもう 1 点ある．それは *e と交替しない *o の存在であった．例えば Lat. oculus "an eye", Gk. ὄσσε (*okʷ-y-) [70] "two eyes" のように名詞が o を示すのは普通のことだが，ὄψομαι (*okʷ-s-) "I will see"（中動相）のような同じ語根に属すと思われる動詞の人称形態にも o が現れ，e を示す形がまったく文証されない．ソシュールはこれらを，自身が想定する基本的な母音交替「e－o－ゼロ」の中に位置づけることができず，結果的にその処理は中途半端にならざるを得なかった．後にブルークマンも同じ問題に突き当たり，一度は *å なる母音を祖語に想定したのだが（Brugmann 1897: 153ff.），この想定は後に廃されるに至っている．

---

[70] Cf. Att. ὄττε. ここに現れる σσ や ττ は語根末の *kʷ- に接尾辞 -y- が加わって得られた硬口蓋化子音の表記と考えられる．Cf. e.g. 高津（1960: 37），松本（2014: 195ff.），神山（2016: 14ff.）.

第Ⅱ章　*Mémoire*（覚え書）とラリンガル理論

　さらに言えば，Skr. áj-āmi, Gk. ἄγ-ω, Lat. ag-ō "I drive" 等に見られる語頭の a の扱いにも難があった．加えた語釈 "drive" は誤解を招くかもしれないが，その原義は家畜を追い立てることである．ソシュールはその語根を *Ag- と再建したが，この再建形に不備があることは明らかである．基本的な母音交替「e－o－ゼロ」の観点からは e を含むと期待される動詞人称形態には上のように a が現れるものの，犂をつないだ家畜を進ませて畑に掘った溝，すなわち畦の呼称 Gk. ὄγ-μος に見られるように，対応する名詞には期待通りの o が現れる．結局ソシュールはこの語の人称形態の語根を，ゼロ階梯を持つ分詞の場合と同じ *Ag- すなわち *əg- と見たわけだが，もっとも基本的な e の盈階梯（正常階梯 normal grade, G. Grundstufe, F. degré normal）が現れず，また母音交替の点でも不可解であって，この語についてのソシュールの処理は根本的に見直す必要があった．

　メラーはこれらの問題を検討し，すぐにコロンブスの卵とも形容すべき解決法に到達した．単純に未知のソナント的付加音と母音との位置を逆にした場合を考えたのである．

　母音とこれに続く何らかの音韻が同じ音節内にある場合，後続の音韻が先行母音の質に何らかの影響を与えることは充分に予想されることである．さらに，後続の音韻が何らかの理由で無音化した場合，この音韻を発するために要した時間を先行母音が補う現象，すなわち**代償延長**（compensatory lengthening, G. Ersatzdehnung, F. allongement compensatoire）も極めて頻繁に生じる．

　1 例を挙げれば，ギリシア語の英語 be にあたる動詞の直説法現在 1 人称単数能動相の形 εἰμί "I am" もそのような母音に続く音の脱落と，それに伴う代償延長を経ている．すなわち，この形態は語根の *es-（今日の表記法で記せば，さらに *h₁es- にさかのぼる）に語尾 *-m-i が加わって形成されており，*es-mi の s が恐らく [h] の段階を経て脱落し，これを補うために先行母音が長母音となった．[e:] はギリシア語で ει と綴られ，アクセントが語尾に置かれたため εἰμί という形になっている．

　類例は枚挙に暇がないが，例えば現代英語の night が [naɪt] と発音されるに至る過程にも代償延長が働いている．すなわち，OE niht [niçt] を引き継いだ ME night は [niçt] と発音されたが，gh と綴られた [ç] の音が 14 世紀以降徐々に無

- 103 -

音化した.[71] これを補うため，先行の [i] が [iː] に代償延長され，さらにそれに続く大母音推移 (the Great Vowel Shift) の作用によって最終的に [aɪ] に至った.

代償延長は様々な言語の歴史に見られる一般的なものである．そのため，「母音＋未知のソナント的付加音」が音色を変えた長母音として現れるというソシュールの想定も一般音声学的な条件に何ら抵触するものではない.

さて，ここで問題の未知のソナント的付加音が母音に先行する場合を考えると，その付加音が，それに先行する母音に与えるのと同じ音色を後続母音に与えることは想像に難くない．そして，先行する付加音が何らかの原因で無音化しても，母音部分が代償延長の作用を受けることはない．すなわち，ある母音が未知のソナント的付加音に接する場合，両者の前後関係にかかわりなく結果として同じ母音が生じ，その付加音が母音に後続していた場合には長母音が，付加音が母音に先行していた場合には短母音が生じると考えられる.

これにより，下記のような想定が可能となる．簡略のため，例は母音の振る舞いが比較的素直なギリシア語のみとした.

盈階梯		ゼロ階梯 [72]
e	o	
*Ee > *e	*Eo > *o	*E > *ə
*Eed- > ἔδ-ω "I eat (bite)"	*Eod- > ὀδύνη "pain (being bitten)"	*Ed- > ὀδούς "tooth"
*Ae > *a	*Ao > *o	*A > *ə
*Aeg- > ἄγω "I drive"	*Aog- > ὄγμος "furrow"	*Ag- > ἀκτός "driven" (ver.adj.)
*ọe > *o	*ọo > *o	*ọ > *ə
*ọekʷ-s- > ὄψομαι "I will see" (mid.)	*ọokʷ-s- > ὄψις "view"	*ọkʷ-t- > ὀπτός "visible" (verb.adj.)

---

[71] PIE *k > Gmc. *x に由来する母音の後の OE h と ME gh は前舌母音の前で [ç]，それ以外の場合 [x] と発音された．中英語後期に至り，[ç] は無音化，[x] は無音化するか [f] として保存された．詳しくは中尾（1985: 367）等を参照されたい.

[72] 語頭において *ə が母音としての反映を残すのはギリシア語とアルメニア語のみであり，他の印欧語ではこの位置の *ə は無音化する．また，ὀδούς < *ədont-s の語頭母音は正常階梯の母音ではなく，後続音節の母音に倣ったものと見られる.

- 104 -

第Ⅱ章 *Mémoire*（覚え書）とラリンガル理論

　ソシュールは *Mémoire* を脱稿してから，印欧祖語の母音組織と母音交替の研究を中断してサンスクリットの絶対構文を扱った博士論文の作成に専心したため，メラーによる上記 2 点の補正に関して何ら反応していない．とはいえ，メラーによる上記 2 点の補正は当を得たものであったと思われる．

　結局，メラーによる 2 点の補正によってソシュールの想定は完璧なものとなった．これにより**想定Ⅷ**（98 頁）は以下のように大きく訂正されることとなる：

~~Ⅷ　母音とこれらのソナント的付加音との結合から長母音が生じる（Saussure 1878?, 1879）~~

Ⅷ　母音とこれらのソナント的付加音との結合から様々な母音が生じる（Saussure 1878?, 1879；Möller 1879）
Ⅷ–1　e とこれらのソナント的付加音との結合から長母音 ē ā ō が生じる
Ⅷ–2　o とこれらのソナント的付加音との結合から長母音 ō が生じる
Ⅷ–3　これらのソナント的付加音と e との結合から e a o が生じる
Ⅷ–4　これらのソナント的付加音と o との結合から o が生じる

　その他，*Mémoire* に対する批判として，*A (= *ə) がヨーロッパ諸語で a として現れる点のみを重視し，インド・イラン語での反映である i を考慮しなかったとの批判もある（e.g. 高津 1939: 56f.）．しかし，この批判は誤りであり，実際 *Mémoire* 178 頁にこの点についての記載がある．とはいえ，確かに同所における歯切れは悪いが，それは，どうやら A の位置に現れる Eur. a と Indo-Iran. i を一種の挿入母音と捉える可能性を残したためではないかとも考えられる．もしこれがあたっているならば，本章の筆者の視点と一脈通じることになるが，煩瑣を避けるためここでは触れない．神山（2006: 256ff.）を適宜参照されたい．

　実は，それ以外にも，母音交替に関与しない a がまだ残っているのだが，それについては晩年のソシュールが答えのヒントを残して世を去った（77, 114 頁）．詳しくは神山（2006: 209f., 245ff.）に譲る．

- 105 -

未知の音韻の名称と記号

ソシュール説に対するメラーの貢献はもう1点ある．ソシュールが想定した未知の「ソナント的付加音」に簡便な名称を与えたことである．

19世紀末にはセム語と印欧語との近親関係を疑う著作が続々と登場していた．ソシュール説とこの潮流の接点を見たメラーは Möller（1880）に付節「o の発生」（Excurs: die entstehung des *o*, p. 492ff.）を付け加え，その脚注において未知のソナント的付加音 E, A とセム語の喉音（gutturale）との類似性を指摘した．[73] その後，彼は印欧語とセム語との近親関係について独自の研究を重ねた後，恐らく1911年からこれらに対して G. Laryngale という呼称を用い出す（Möller 1911: vi）．メラーがこの語で意図したのは，口腔後部，すなわち軟口蓋から咽頭を経て喉頭に至る部位で調音される子音全般であり，[74] わが国ではドイツ語名をもとに「**ラリンガル**」（正確にはラリュンガール），あるいは漠然と「喉音」と呼ばれるに至っている．英語名 laryngeal をもとにラリンジャルと呼ばれることもあるが，本書ではこれを採らない．

その名称が一般化して以降，ソシュールの発案にかかる，未知の「ソナント的付加音」すなわちラリンガルを利用した印欧語の母音研究と，それらラリンガルの音韻的研究は「ラリンガル理論」ないし「喉音理論」（laryngeal theory, G. Laryngaltheorie, F. théorie des laryngales）と呼ばれて今日に至っている．

ラリンガルの表記も変遷を経た．ソシュールは A に小型大文字（small capital）を用い，他方のラリンガルには通常の母音字と区別すべく下にくさびを加えた ǫ とした．メラーもこれに準じ，その後はこれを簡略に大文字で表記する習慣

---

[73] 詳しくは神山（2006: 116f.）を参照されたい．

[74] 今日の音声学では，もはや guttural も laryngeal も子音の調音位置を示すためにはほとんど用いられないが，音声学が発達途上にあった当時，口腔後部で調音される音が漠然と guttural「喉音」と呼ばれた．したがって，メラーが口腔後部で調音される音であると推理した E, A, ǫ のカヴァータームとして，本来ならば G. Gutturale が選ばれてしかるべきである．しかし，この語は印欧語比較言語学において様々な口蓋閉鎖音を表すカヴァータームとしてすでに用いられており（98頁注64参照），混乱を避けるべくメラーは別な用語を模索したと考えられる．ほぼ30年にわたる研鑽と逡巡の末にメラーは G. Laryngale を採用したが，これは喉頭（larynx, G. Kehlkopf）で調音される音を表し，厳密に言えば該当するのは声門音 [ʔ, h, ɦ] と声の元となる喉頭原音（laryngeal noise）のみであるから，音声学的にはメラーの選んだ用語は適当でない可能性が高い．

も生じたが，これを含む語根がゼロ階梯を取るときに印欧語のシュワー *ə が現れることにヒントを得たメイエの弟子**キュニー**（Albert Louis Marie Cuny, 1869–1947）の発案した表記法が，20世紀前半から中葉にかけて，かなり一般的に用いられるに至った．キュニーはシュワーの記号に非成節（unsyllabic）の音声符号（ ̣ ）を付し，さらに，それらが基本的な母音 e と共起したときに得られる母音の質 e a o を基準にして，前舌から後舌の順に下付き番号を付した（Cuny 1912）．バンヴェニストやクリウォヴィッチ，クヴルール，スターティヴァントに高津（1939; 1954），そして風間も少なくとも1964年まではこのキュニー式表記を用いている．非成節の符号を省略する簡略な表記もまま行われた．

　キュニーの表記法はある種巧妙に案出されているが，ラリンガルを，その位置に現れる母音 *ə と同一視している点に難がある．すなわち，後述するような経緯から，ラリンガルの子音としての性質が徐々に明らかとなり，子音文字を用いた記載法がより好ましいと考えられるに至ったのである．そのため，予想された音声実現に近いと思われた口腔後部の摩擦音を漠然と暗示する H [75]や咽頭摩擦音を表す ħ にキュニーと同じ下付き番号を付加した表記が現れ，音価を明示しない，漠然とした H を用いた表記が，20世紀中葉から終わり近くまで，ほぼ一般的に用いられるに至った．

　この習慣を保持することには何の障害もなかったはずだが，世紀の替わり目頃からは，小文字の h を記すことが多くなってきた．特にメリットも感じないが，異を唱える根拠もないので本書でも諾々とこの最新の表記法を採用する．

Saussure	Möller	疑似 Möller 式	Cuny	疑似 Pedersen 式	Kuiper	疑似 Kuiper 式
A {	E	E	$ə_1$	H_1	$ħ_1$	h_1
	A	A	$ə_2$	H_2	$ħ_2$	h_2
ǫ	ǫ	O	$ə_3$	H_3	$ħ_3$	h_3

---

[75] この記載法を採用したのは Pedersen（1938）であるが，ペーザーセンは o の音色は語根の母音が o 階梯を取ることによって得られると考えた．すなわち，彼は同書において H_1 と H_2 のみを認め，H_3 の想定は不要とした．上表でこれに基づく表記法を「疑似 Pedersen 式」と称した所以である．彼はそれ以前の Pedersen（1909: I 177ff.）において，目立たぬ形でソシュールの A に同意し， g̑ と表記した．

ソシュールと歴史言語学

2 音節語基と Schwebeablaut

Mémoire が解決したもう 1 つの問題について付言しておきたい. 正常階梯が 2 つある，つまり基本的な母音 *e が語根内の 2 か所に想定される語根が存在することを指摘し，それまで説明に窮していた様々な形態が，ラリンガルの介在を仮定すれば，通常の母音交替によって素直に導かれることを示したのである.

ソシュール (op.cit. 239ff.) が着目したのはサンスクリットで語根末に不思議な -i- を加える語とその同源語群である. 下記の簡便な例で確認いただきたい:

Skr. jáni-man- "birth"   jñā-tí- "relative"   jā-ta- "born"

サンスクリットが PIE *g を j ([ɟ] > [ʤ]) で反映すること，また PIE *e と *o を a で反映することを考慮すると，上の 3 つの形態が Lat. genus (< *gen-os) や Gk. γένος "race" 等と源を同じくしていることは容易に想像できる. しかし，当時は問題の -i- の出所はおろか，これらの語源的関係も不明であった.

この問題を解決すべくソシュールが *Mémoire* 239 頁以下で採った方法は，大胆にも語根末にラリンガルを置き，2 種類の正常階梯を措定することであった. 現代風の表記を施せば，上記 3 形態の語根部は以下のように提示できる:

*genh$_1$-   *gneh$_1$-   *gn̥h$_1$-

正常階梯 *genh$_1$- は子音の前で *genə- となり，*ə > Skr. i によって Skr. jani- が導かれるほか，他方の正常階梯 *gneh$_1$- > *gnē- から Skr. jñā-[76] が，またラリンガル消失直前の状態を H で記せば，ゼロ階梯 *gn̥h$_1$- > Pre-Skr. *jaH- から代償延長によって Skr. jā- がそれぞれ得られ，他方では *genh$_1$-os- から Lat. genus, Gk. γένος や *gonh$_1$-o- から Skr. jana-, Gk. γόνος "offspring" さえも導かれる. ソシュールが行った動詞第 9 類に基づく推理の理路は風間 (1978a: 218ff.) にて確認されたい.

彼が指摘した 2 つの正常階梯を持つ語根は **2 音節語基** (disyllabic heavy base) と呼び慣わされるが，どの階梯であれ音節は常に 1 つであり，その呼称はあまり適当でない. この語根が示す母音交替は G. **Schwebeablaut** [ˈʃveːbəˌʔaplaʊt] と呼ばれるが，代案に「シーソー母音交替」(*seesaw* Ablaut) などいかがだろう.

---

[76] 硬口蓋音 j に同化して，隣接する n は規則的に硬口蓋音 ñ [ɲ] となる.

- 108 -

ドイツでの反応

　ソシュール＝メラーによるラリンガル理論に対するドイツでの反応は冷たいものであった.

　43 頁以下に記したように，ソシュールがライバル視し，また互いに実力を認めあう，友好的な関係にあったはずのブルークマンは不可解な行動を取った.

　40 頁以下に記したような経緯により，師クルツィウスが *Curtius Studien* を 1878 年 1 月に廃刊としたため，研究発表の場を失ったブルークマンはオストホッフとともに独自の研究誌 *MU* を創刊し，また青年文法学派を旗揚げして，新しい世代の，より厳密な研究の振興を目指した. そこにはライプツィヒを中心に錚々たる面々が集った. ソシュールもメラーも同窓，かつまさに同じ志を持つ研究者である. 彼らも無論この新たな集団に歓迎されてしかるべきである.

　ところが，以下に見られるように，ブルークマンは *Mémoire* を一度は好意的に評価したが，その後はこれを無視するような態度をとる. またこれを的確に補正したメラーには言及さえしない.

　まず，*Mémoire* が発表される以前に，ブルークマンは *MU* の第 1 巻（1878）において次のように記した.

> Diese formen erinnern an aind. *çitá-* neben *çâtá-*, *ditá-* neben *dâtá-* gr. δᾰτέομαι neben δῆμο-ς, sowie an *sthitá- στᾰτό- stăto-*, *pitá̕ πᾰτήρ păter*. Wie sie zu erklären sind, ob als speciell lateinische neubildungen nach dem muster von älteren formen wie *stătus* oder anders, lasse ich unentschieden. (Brugman 1878 : 34)

> これらの形態を見ていると OInd. *çitá-* と *çâtá-*, *ditá-* と *dâtá-*, Gk. δᾰτέομαι と δῆμο-ς といった併用形，さらに Skr. *sthitá-* : Gk. στᾰτό- : Lat. *stăto-* や Skr. *pitá̕* : Gk. πᾰτήρ- : Lat. *păter* に思いが至る. これらをいかに説明すべきなのか，Lat. *stătus* のようにより古い形態に倣って新たに作られたラテン語独特の形のように扱ったらよいのか否か，判断がつかない.

　彼は長母音と短母音の交替を解く答えを求めていた. そして *Mémoire* が出た半年後，ソシュールの出した答えに大筋で賛意を表する. 44 頁以下に記したように，目立たない文学新聞に，Bgm. という不完全な署名を付して好意的な書評を載せたのである.

- 109 -

Verdienstlich bleiben des Verf[asser]'s Ausführungen unter allen Umständen, ja Ref[erent] steht nicht an, den letzten Abschnitt des Buches dem Wichtigsten beizuzählen, was über die ursprüngliche Gestalt der indog[ermanischen] Wurzeln bis jetzt geschrieben worden ist; denn es werden hier zum ersten Mal eine Reihe von bedeutsamen Fragen gestellt, an denen man bisher vorüberging und die nicht länger mehr bei Seite gelassen werden können. （Brugman 1879a: 773–774）

あらゆる場合において著者（= Saussure）の手並みは見事であり，さらに評者は，本書（= *Mémoire*）の末尾部分を，印欧祖語の語根の原初的な形について今日までになされた研究において最も重要であると認めることにやぶさかでない．ここではじめて，これまで扱われてこなかった，そして，もはや放置することができない一連の意味ある問題が提起されたからである．

　もはや絶賛と言って差し支えなかろう．ただし，上記の長母音とシュワーの交替にはこの時点ですでに納得したが，ラリンガルの痕跡がまったく見られないことを根拠として，これらをラリンガルを介して正常な母音交替に還元する見解を受け入れることにはまだ抵抗を見せた．無理からぬことかもしれない．

　ところが，ブルークマンは公には掌を返した態度を見せる．*MU* 3（1880）では本質的でない箇所において *Mémoire* に何度も言及しながら，長母音と交替する Indo-Iran. i と Eur. a をつなぐソシュールのアイデアには一切言及しない．従来通り，これらを祖語の a の反映と考え，これが恐らくアクセントの関係で弱化する過程で Indo-Iran. i が生じるとみなす（Brugman 1880: 97ff.）．その後 *MU* 4（1881）と 5（1890）等々にも長母音とシュワーとの交替に言及した箇所は見あたらないが，Brugmann（1897; 1904）において突然これを採用する．

　他方，46 頁以下に記したように，そもそも Saussure（1878f）を理解できなかったオストホッフは，当然 *Mémoire* も理解できず，これを謬見と公言する．*MU* 4 において恐らく渋々長母音とシュワーとの交替は取り入れたものの，ソシュールの A についてはその音声実現にこだわり，また混乱を見せつつ想定ⅦとⅧを強引に退ける（Osthoff 1881a: XIIf.; 1881b: 342）．内心ソシュールを青年文法学派に迎え入れたいブルークマンの意向など気づかず，オストホッフはソシュールを旧世代のクルツィウスやシュミットよりも憎悪すべき敵と考えたようだ．

すなわち，ブルークマンは成立したばかりの青年文法学派の和を乱したくなかったためか，ソシュールを理解できず，また彼を嫌うオストホッフに遠慮ないし迎合して，Brugman（1879a）以降，表向きは *Mémoire* を無視してしまったのである．無論，これは学者としてしかるべき態度ではない．この態度がオストホッフの，さらにヒュップシュマンの，さらにのちにはベヒテルの暴走を招き，ドイツにおけるソシュールの評価を地に落とすことになる．

ヒュップシュマンは *Mémoire* に真正面から対抗して『印欧祖語の母音組織』（*Das indogermanische Vocalsystem*, 1885）を著し，徹底的にソシュール批判を繰り広げた．彼の立場は同書冒頭のことばによく現れている．

Nachdem durch Brugmann's [77] Arbeiten in Curtius Studien IX eine neue Auffassung der indogermanischen Vocalverhältnisse angeregt worden war, hat bald darauf F. de Saussure in seinem Mémoire sur le système primitif des voyelles dans les langues indo-européennes den Versuch gemacht, nicht nur die einzelnen indogermanischen Vocale sondern auch ihre Beziehungen zu einander zu erschliessen. Und so kühn der Versuch war : das System de Saussure's ist so scharfsinnig erdacht, so fest begründet und so sorgfältig aufgebaut worden, dass keine der gegen dasselbe bisher gerichteten einzelnen Bemerkungen es zu erschüttern vermocht hat. Auch ist es, meines Wissens, bis jetzt kaum ernstlich angegriffen worden. Und doch ist eine Stelle in diesem System, an der ein Angriff einsetzen könnte, eine Stelle, die bei der Wichtigkeit der von de Saussure behandelten Fragen eingehender Untersuchung wohl werth ist und endlich auch bedarf.　(Hübschmann 1885 : 1f.)

Brugman（1876a, b）によって印欧語の母音問題についての新たな見解が提唱された後，程なく Saussure（1879）が個々の印欧語の母音のみならず，それら相互の関係をも解き明かさんとする試みを行った．これは大変果敢な試みである．ソシュールの組織は実に巧妙に案出され，根拠付けもしっかりしていて，議論の組み立ても実に慎重である．そのためこれまで同書に対していくつかの論評が行われたが，そのいずれもこれを揺さぶることはできなかった．また，私の知る限り，今日に至るまでこれを本気で攻撃する試みは行われていないと思う．だが，この組織には攻撃可能と思われる点がある．ソシュールの扱った問題は重要だが，この点は詳細に検討する価値があると思われ，また結局はそうせねばならない．

---

[77] 彼は 1883 年に自身の姓の綴りを替えた．以下，訳文では執筆当時の姓を記す．

ソシュールと歴史言語学

　すなわち，ブルークマンに刺激されて生まれたソシュールの研究は確かに一面鑑みられるべきであり，またこれまであまり批判されてこなかったが，それは致命的な欠点が露見しなかったためだ，というのである．彼によれば，その致命的な欠点とやらは以下のような対応に見られる（p. 2ff.）.[78]

　Skr. ájāmi, Av. azaiti, Gk. ἄγω, Lat. agō, ON aka, OIr. ato-m-aig, Arm. acem.

　これらの形態は，メラーの補正によって *h₂eg- という語根にさかのぼるから，104 頁の表にも記されるように，極めて普通の母音交替「e－o－ゼロ」に還元される．したがって，これらは何らヒュップシュマンが言うような致命的な欠点などではない．むしろソシュール＝メラー理論の有効性を証明する好例である．

　ところが，ソシュール理論とメラーの補正を理解しないヒュップシュマンは ē, ā, ō, e, a, o の 6 つの母音を基本とする系列と，その各々に対し

　　　1）高階梯（Hochstufe），
　　　2）中階梯（Mittelstufe），
　　　3）副次強勢のある低階梯（nebenbetonige Tiefstufe），
　　　4）無強勢の低階梯（unbetonte Tiefstufe）

の 4 段階を設定することがソシュール理論を凌駕すると誤解してしまった．どうやら彼は，2 の「中」とされる段階が基礎にあって，これがある種アクセント的に強まると 1 の「高」へと変化し，逆に弱まると 3 へと弱まり，ついには 4 で無音化してしまう，というようなメカニズムで母音交替が行われるとかなりナイーヴに考えたらしい．

　これは，せっかく苦労して成し遂げた複雑な因数分解を元のとおりに展開せよと迫るに等しい馬鹿げた提案であり，無論ソシュール理論に対する何ら建設的かつ深刻な批判ではありえない．だが，当時音に聞こえたライプツィヒの青年文法学派の威力であろうか，ソシュールを理解できないヒュップシュマンがぶち上げた見当違いのソシュール批判は，誠に不運なことに，その後の学会の趨勢に対し決定的な影響を与えてしまった．その結果，ヒュップシュマンがまったく批判していないソシュールの**想定Ⅶ**と**Ⅷ**に対しても，学界全体が否定的

---

[78] 表記法を現代風に改めた箇所がある．

な評価に傾くことになったと考えられる.

さらにとどめの一発を放ったのは**ベヒテル**（Friedrich（通称 Fritz）Bechtel, 1855–1924）の『シュライヒャー以降の印欧語音論の主要問題』（*Die Hauptprobleme der indogermanischen Lautlehre seit Schleicher*, 1892）であった.

ベヒテルは同時代の中でもかなり保守的な姿勢を示し，印欧祖語の音韻研究に新境地を開拓した青年文法学派への畏敬の念を見せつつ，慎重に研究史を追いながらも，子音と母音にまたがるソナントの存在，特に成節ソナントの想定をどうしても認めることができない（e.g. p. 127ff.）.換言すれば，これは本書 97 頁以下に記した**想定Ⅰ**，**Ⅱ**，**Ⅲ**，**Ⅳ**，**Ⅵ**は受け入れるが，**Ⅴ**は受け入れないというバランスを欠いた立場である.クルツィウス亡き後，このような説にこだわり続けたのは言わずと知れたシュミットである（e.g. Schmidt 1895: 71 *et al.*）.ベヒテルは新旧両陣営には配慮を見せるが，ソシュールの**想定Ⅶ**，**Ⅷ**，**Ⅸ**は真剣に検討することなく切って捨てる.ə の想定に関しては事実上学界の承認がすでに得られており，ベヒテルもこれに異論を唱えることはないが，どうやら彼は ə と**Ⅸ**とが同一の想定であること，また**Ⅸ**を認めるなら，その前提である**Ⅴ**を認めない立場は自己撞着的であることが見えなかったらしい.

ソシュールとメラーの理論は，こうしてドイツで葬り去られたのである.

ソシュール自身による補足

その後，ドイツとの縁を絶ったソシュールは自身の発案したラリンガル理論に直接かかわることはなかったが，3 点においてそれを補足する機会があった.

1891 年夏にパリを去る直前の 6 月 6 日，ソシュールはパリ言語学会例会において「無声帯気音の由来について」（Contribution à l'histoire des aspirées sourdes）と題するパリで最後の研究発表を行った.サンスクリットには ph th kh のような無声帯気音が現れるが，その出現頻度と他言語との対応の関係から，これらは印欧祖語にさかのぼる独立した音韻だとは考えにくい.ソシュールは，無声子音にラリンガルが後続した場合から無声帯気音が生じたことを Skr. pṛthus "wide" によって例示した.すなわち，この語は，今日の表記法を用いれば，ラリンガル h_2 を含む PIE *pleth$_2$-u- に由来する.同様に Skr. tí-ṣṭhā-mi "I stand" も

ゼロ階梯 *sth₂- (> sth-) からの類推によって正常階梯 *steh₂- > *stā- の子音部分に気音を加えた形であるとする．ラリンガルの子音性に加え，今日では常識となったラリンガルの気音化を指摘した，先駆的な研究である．

Saussure（1909）についてはすでに 76 頁以下にその概要を記した．少し補足しておくと，ラテン語の -a に終わる女性名詞と男性名詞は由来が異なり，男性名詞の場合 -eh₂ のようにラリンガルで終わる語幹に本来は単数主格語尾 -s が後続した．この要素がラテン語では agricola "farmer" や scrība "scribe" 等，多くの場合に脱落し，見かけ上女性名詞と区別がつかなくなるが，audax "brave" やmordax "sharp" のように *-h₂s が -ks = -x に転じたと見られる場合もある．Gk.θώρᾱξ "armour" や μύρμηξ "ant" にも同様の -ks が見える．ラリンガルと摩擦音s が接合した場合にラリンガルが閉鎖音 k となって現れる現象（硬化；121 頁以下）についての最初の示唆を与えた論文として明記されるべきであろう．

彼の絶筆 Saussure（1912）については同様に 77 頁に概要を記したので同所もあわせて参照されたい．ソシュールはここで i u のみならず m n r l に終わる広義の二重母音（diphthongoid）を持つ語を中心に Lat. caecus "blind" 等かなり多くの語彙を抽出して，何か不完全な状態を暗示する単語群，言い換えれば侮蔑語に，「e－o－ゼロ」という母音交替にかかわらない，孤立した a が生じることを指摘した．このような孤立した a の存在はほかにも幼児語や擬音語，あるいは身体部位，地理的概念や家畜・農産物等の分野を中心にかなり知られるに至っている：*ab(e)l- "apple"，*atta-，*tata- "dad"，*bhabhā- "broad bean"，*bhardhā-"beard"，*bhars- "barley"，*gal- "to call"，*ghāi- "to yawn"，*g(a)lag- "milk"，*ghans-"goose"，*kad- "to fall"，*kaito- "forest"，*kakka- "to defecate"，*kamp- "to bend"，*kan- "to sing"，*kap- "to grasp"，*kapro- "he-goat"，*kaput- "head"，*laku- "lake"，*mā- "mom"，*mad- "moist"，*man- "hand" *marko- "horse"，*nas- "nose"，*sal- "salt"，*saus- "dry"，*tauro- "bull"，*wāb- "to cry"，*wak- "cow"，*yag- "to worship"，etc. これらを未知の非印欧語からの外来語と見るのか，あるいは印欧語内の自然発生的なものと見るのか，また後者の場合にはこれらが母音交替にかかわらない理由は何なのか，ソシュールの死後 1 世紀を経ても，まだまだ全貌が明らかになっているとは言えない．後の我々に課題を残して去ったと言えるかもしれない．

ラリンガル理論の受容

　ソシュールとメラーによるラリンガル理論はドイツでは無残に葬り去られた. ソシュールはこの状況を «moutonnièreté des Allemands» （47 頁参照）と呪いもした. しかし，捨てる神あれば拾う神あり. 彼らの論考が公にされてから 1 世代を経て，ようやくソシュールとメラーの説は有力な支持者を見いだした. ソシュールの孫弟子キュニーである.

　キュニーはメイエに指導を受けて印欧語比較言語学を修めたが，セム語やいわゆるハム語にまで視野を広げた. Möller（1906; 1909）の書評をボルドー大学の『古代研究』（*Revue des études anciennes*）誌に掲載し（Cuny 1909b; 1910），さらに Möller（1911）に接する間に，メラーによるソシュールの「ソナント的付加音」の補正（Möller 1879）を発掘したキュニーはそのほぼすべてを追認することになった（Cuny 1912）.

　キュニーとメラーの相違点は表記法と音声実現の点だけだと言える. メラーがラリンガル *E, *A, *ǫ を純然たる子音と見たのに対し，キュニーは音声的に大らかであって，彼が表記法を改めた *ə1, *ə2, *ə3 を子音にも母音にも臨機応変に姿を変える単位と考える. ラリンガルの音声実現については後述する.

　しかし，キュニーが繰り返し賛意を表明したものの，ソシュールとメラーの説はその後しばらく賛同者を増やすことはなかった. 風向きが変わったのはヒッタイト語の解読以降のことである. ボアズキョイ（Boğazköy）遺跡から膨大な粘土板文書が発掘され，1914 年フロズニー（Bedřich (Friedrich) Hrozný, 1879–1952）はヒッタイト語粘土板文書研究の要請を受けてトルコに入る. そして，わずか 1 年の間に解読に成功し，ヒッタイト語が印欧語であるとの見解に到達した. その成果が徐々に現れるにつれて，印欧語比較言語学は様々な点で方向転換を迫られることになった.

　そして，その方向転換の流れの中で，ソシュールとメラーによるラリンガル理論に注目を集め，彼らの名声を取り戻したのはメイエ門下の**クリウォヴィッチ**（Jerzy Kuryłowicz, 1895–1978）であった. 彼は「印欧語の ə とヒッタイト語の ḫ」（*ə indoeuropéen et ḫ hittite*, 1927）なる衝撃的な論文において，ヒッタイト語の ḫ がソシュールの *A に相当すると指摘したのである.

彼は 1935 年に『印欧語研究』（*Études indo-européennes*）という 1 書にそれまでの成果をまとめている．同書 28 頁以下に記された総括に従えば，音論に関わる領域において彼がなした提言は下記の 6 点である．記載法を現在のものに置き換えると誤解を招く恐れがあるため，まずは原著のまま提示する．

1) 短母音＋子音的な ϑ (= $\varthetạ$) より長母音が生じる：

$e\varthetạ_1 > \bar{e}$, $e\varthetạ_2 > \bar{a}$, $e\varthetạ_3 > \bar{o}$; $o\varthetạ_1 > \bar{o}$, $o\varthetạ_2 > \bar{o}$ (?), $o\varthetạ_3 > \bar{o}$;

2) 母音間の $\varthetạ$ は無音化し，長母音あるいは二重母音が生じる；

3) 子音間の $\varthetạ$ はギリシア語以外で無音化する；

4) 子音と母音の間の $\varthetạ$ は無音化する；

　　ただし，「無声閉鎖音＋$\varthetạ$」はインド・イラン語において無声帯気音となる：
Skr. sthitá- *vs.* Gk. στατός "stood" (p.p.) < *st$\varthetạ_3$;
無声閉鎖音＋$\varthetạ_3$ は有声閉鎖音となる：Skr. pibati < *pi-p$\varthetạ_3$eti "he drinks" ;
母音的な ϑ は第 2 のシュワーを伴う $\varthetạ_e$ に起因する；

5) 母音ではじまる語はかつて語頭に $\varthetạ$ を持っていた：

$\varthetạ_1e > e$, $\varthetạ_2e > a$, $\varthetạ_3e > o$;

　　子音の前に位置した語頭の $\varthetạ$ はギリシア語とアルメニア語で前置母音を生み，その他の語派では無音化する：

Gk. 'οδούς ('οδοντ-) "tooth" < *$\varthetạ_1$d-ont-, Arm. atamn < *$\varthetạ_1$d-n̥t-mn̥ , cf. Skr. dán
(dánt-) < *$\varthetạ_1$d-ont-, Lat. dens (dent-) < *$\varthetạ_1$d-n̥t- ;

6) $\varthetạ_2$ はヒッタイト語に $\d{h}$ として残る：

*$\varthetạ_2$enti "against, in front" > Hitt. ḫanti, cf. Lat. ante ;
a の響きを隣接母音に与えつつもヒッタイト語に残らなかった $\varthetạ_2$ の変種を
$\varthetạ_4$ とする．

上のうち，クリウォヴィッチによる発見，ないし独自の見解が現れているのは網掛け部分である．各々については，競合する見解とあわせて後述する．

クリウォヴィッチの研究と重なるように，またもメイエの高弟**バンヴェニス
ト**（Émile Benveniste, 1902–1976）の『印欧語における名詞形成の起源』（*Origines
de la formation des noms en indo-européen*, 1935）が出た．

同年に出たクリウォヴィッチの『研究』は参照されていないために，*ə₄ を考
慮しないなどわずかな異同が見られ，また印欧祖語の語根がすべて「子音＋*e
＋子音」であるとする仮定（p. 170）によって語根の分析方法が異なるが，148 頁
以下に記された *ə についての見解はクリウォヴィッチのそれとほとんど変わ
らない．唯一相違するのは *ə の音声実現についてであって，クリウォヴィッチ
がメラーやパリ時代のソシュールのように純粋な子音を想定しているのに対し，
バンヴェニストは A tout point de vue, *ə* se comporte comme une sonante, avec forme
vocalique ou consonantique「あらゆる点から見て，ə はソナントと同様に振る舞い，
母音にもなれば子音にもなる」(p. 149) と述べて，キュニーと同様にこれが母音
と子音にまたがる音と考えている．

また，後にゲント大学に奉職し，ヒッタイト語とトカラ語の研究に功績を残
す**クヴルール**（Walter Couvreur, 1914–1996）もリューフェン（ルーヴァン）大学
時代にヒッタイト語とラリンガルの問題について精緻な研究を残している
（Couvreur 1935; 1937; 1943）．彼の結論は大筋で Kuryłowicz（1935）のそれと変
わらないが，*ə の音声実現については Cuny（1912）と同じ立場を採る．

クリウォヴィッチ，バンヴェニスト，クヴルール以降，ラリンガル理論は印
欧語研究者に急速に認知されるようになった．ただし，ペーザーセンの反応に
見られるとおり学界の反応はなお頑なであった．Pedersen（1900）はラリンガル
設定に反対したが，Pedersen（1909: 177ff.）ではソシュールの *A を *g として
認めた．また，ヒッタイト語の印欧語への帰属が認知されると，『ラテン語の第
5 曲用』（*La cinquième déclinaison latine*, 1926: 48）において，ソシュールが 1891 年
にパリ言語学会で発表した見解，すなわち *A が先行閉鎖音の気音として現れる
ケースを追認する．Kuryłowocz（1927）によってソシュールの *A とヒッタイト
語の ḫ が結び付けられるとこれに注目し（Pedersen 1928: 156f.），Kuryłowocz
（1935），Benveniste（1935），Couvreur（1935; 1937）が公にされるに及んで，『ヒ
ッタイト語と印欧諸語』（*Hittitisch und die anderen indoeuropäischen Sprachen*, 1938）

- 117 -

においてようやく世の趨勢に従った．だが，彼はラリンガルの数が 3 つとなることに難色を示し，結局 2 種のみを認めた．すべての o を o 階梯に帰し，o 色のラリンガルとも言える *h₃ の想定を排除したのであった．これはメラーが 1880 年の段階で一時的に表明した見解に等しい．ソシュール自身も *Mémoire* に先立つ Saussure（1878f）の段階では同じように考えていたように見える．

　同じ頃，ラリンガル理論は大西洋を越えた．古典語専攻だった**スターティヴァント**は，ヒッタイト語が印欧語であると判明するや，方向を転じてアナトリア語学に専心することになった．1930 年まで彼はラリンガル理論に否定的であったが，Kuryłowicz（1927）以降翻意し，この説の熱心な支持者に転じた．畏友**サピア**（Edward Sapir, 1884–1939）がメラーを支持したことも影響している．スターティヴァントはその後，ラリンガルの痕跡を次々と研究し，1942 年に至ってそれまでの成果を『インド・ヒッタイト語のラリンガル』（*The Indo-Hittite Laryngeals*）にまとめた．同書にはソシュール以来の，そしてサピアと自身の見解が整理され，当時まで知られていたヒッタイト語の資料が網羅されているが，結局彼の採った視点は，すでに時代遅れであった第 2 のシュワーを認める点を含め，大筋においてクリウォヴィッチと変わらない．ただし，クリウォヴィッチが *ə を *₂e の具現と見たのに対し，スターティヴァントがこれを *ₕH (= *ₑə) と見る点は異なる．この点については後述する．

　戦後合衆国にあった**マルティネ**も盛んにラリンガル理論を擁護した．彼が特に主張したのは h₃ の円唇性の問題と，従来「拡張子」（enlargement, F. élargissement）という母音交替を示さない特殊な接尾辞とされた *-w- と *-k- をラリンガルの残滓と見る視点であった（Maritinet 1953; 1955a; 1956; 1986）: e.g. Lat. gnōvī "I have known" < *gnō- (< *gneh₃) + *-ai (< *h₂e-i) ; Gk. δέδωκα "I have given" < *dō- (< *deh₃) + *-a (< *h₂e)．詳しくは後述する．

　その後，オスロの第 8 回国際言語学者会議（1957）でラリンガル理論が取り上げられ，翌々年テキサス・オースティンで開催された Evidence for laryngeals と題する会議とその会議録（Winter 1965）を通じてラリンガル理論は，頑なななドイツの学界をも取り込み，急速に浸透する．今日では様々な概説書あるいは教科書等においてラリンガル理論がほぼ無批判に採用されるに至っている．

第Ⅱ章　*Mémoire*（覚え書）とラリンガル理論

ラリンガル＝ソナント説

　今日ラリンガルと呼び慣わされる音韻が印欧祖語に存在したことに疑義が呈されることはほぼないと言ってよい．それは，かつてその生みの親であるソシュールとメラーの理論を無残に葬り去り，さらに，その後もラリンガル理論の進展に寄与することのなかったドイツにおいても同様である．ラリンガル理論なくして，印欧祖語の複雑な母音交替現象をはじめとして，後掲のような今日ラリンガルの残滓と見られる諸現象に説得性のある説明を与えることなど，もはや不可能と言える．だが，ラリンガルとシュワーとの関係については 20 世紀中葉から研究が頓挫したままである．

　この問題に対するアプローチは概して 2 種あった．その一方はラリンガルとシュワーを同一音素の異なる具現とみなす立場からのものである．このアプローチは「**ラリンガル＝ソナント説**」と略称できよう．ラリンガルの生みの親ソシュールも Saussure（1878f; 1879）の段階ではこれと同様の立場を採っていたが，ラリンガルが母音と子音の 2 面性を持っており，場合によってどちらにもなるとの考えを明言したのはキュニーが最初である（Cuny 1912）．その後，このような理解が半ば一般化し，バンヴェニストをはじめとして，以降のほとんどの研究者が暗にこの立場を支持している．

　ラリンガル＝ソナント説に従った説明法は一見有効に思われるが，次項以下に記すようにラリンガルの音価に噪音が想定されることを考慮すると，噪音たるラリンガルが母音化するというのは所詮無理な発想である．ソシュールが言うように，ラリンガルは確かにソナントに類する働きをするようにも見えるが，鳴音ないし半母音でない以上，それが音節核を担い，さらに母音に転じるプロセスを想定することは一般音声学的に到底受け入れられない．

　この点への配慮からか，現在ではラリンガルがソナントの一種であると明言することはあまりない．例えばマイルホーファー（Manfred Mayrhofer, 1926–2011），レイマン（Winfred Philipp Lehmann, 1916–2007），マイヤー・ブリュッガー（Michael Meier-Brügger, 1948–）等は *ə が印欧祖語の音韻ではなく，ラリンガルの痕跡とみなす．これはある意味で正しいが，*ə が出現するメカニズムの解明を放棄していることになるだろう．

- 119 -

ラリンガルの残滓

ソシュールとメラーがはじめにラリンガルを想定したのは母音交替の問題を解くためであった．これにより，既述（100 頁以下）のように，早くも 1879 年の段階で，基本的な母音交替である「e－o－ゼロ」と 3 種のラリンガルの組み合わせにより，長短を含め，知られている母音交替現象の原則としてすべてが導かれることが示された．これらのラリンガルのうち，$*h_1$ は隣接母音の音色を変える作用を欠くが，$*h_2$ は隣接母音に a の音色を，$*h_3$ は隣接母音に o の音色をそれぞれ与えると，また，「母音＋ラリンガル」からは母音が後続しないとき代償延長によって結果的に長母音が得られると仮定された．

さらに，その後の研究により，ラリンガルの現れが母音の質以外にも見られることが徐々に明らかとなった．

まず，Saussure（1891）が指摘したように，ラリンガルは無声閉鎖音に後続した場合，サンスクリットにおいてそれに付随する気音となって現れることがある（113–4 頁）．この現象はラリンガルの**気音化**と称することができる．上記のように，この現象は後に Kuryłowicz（1935）によって追認されたが，彼が例として挙げた分詞形 Skr. sthitá- "stood" (p.p.) は少々問題を孕んでいるため，他説と合わせて後述する（130–1 頁）．報告されている該当例のほとんどが $*h_2$ を含むことにもまた注視しなければならない．

そしてヒッタイト語の ḫ(ḫ) と転写される音が，多くの場合に $*h_2$ に相当することが確認された．この音を含む楔形文字の子音部はアッカド語の証拠からすると軟口蓋摩擦音 [x] を表したと考えられているが，重ね書きした場合を含めてヒッタイト語における発音は確定し難い（e.g. Hoffner & Melchert 2008: 38）．

続いて Kuryłowicz（1935）によってはじめて指摘されたように，ラリンガルには先行子音を**有声化**する作用が認められる．同所で彼が挙げた例 Skr. píbati "he drinks" は，ápāt < $*h_1e$-peh_3- "he drank" (aor.), Gk. Aeol. πώνω < $*peh_3$-n- "I drink", Lat. pōtō < $*peh_3$-t- "I drink (liquor)" 等にも見られる語根 $*peh_3$- "to drink" のゼロ階梯 $*ph_3$- を含むと考えられる．つまり，重複音節＋ゼロ階梯語根＋語幹形成母音＋語尾 (3.sg.) によって現在形を形成すれば $*pi$-ph_3-e-ti が得られるが，こ

こから Skr. píbati が得られるのだから，*ph₃- がサンスクリットで b- として現れている．だとすればここで *h₃ は先行する p を有声音 b に変える有声噪音であったに違いない．Lat. bibō "I drink" もこの推論を裏付ける．語根重複を伴う *pi-ph₃- から得られる *pi-b- が，類推によって語頭の重複音節初頭音も p から b に置き換えられたことによって bib- となったとみなされるからである．ここからの類推で不定法の bibere 等も得られる．[79]

　さて，意外に思われるかもしれないが，かのサピアもラリンガル理論に重要な貢献をなしている．彼自身がこれに触れたのは 1938 年の論文だけのようだが，イェイル大学で同僚となったスターティヴァントとの交流の中で，ラリンガルの気音化と有声化について追認するとともに，ラリンガルが連続したと考えられる場合に k が現れるという自身のアイデアを伝えたという．このアイデアはすでに Saussure（1909）においても示唆されていたが，サピアはこれを承知していなかったらしい．

　Sturtevant（1942: 19, 87ff.）にはサピアのアイデアとそれに該当する様々な例が記されているが，Gk. δέδωκα "I have given" (pf.) がこの現象の例示には好適であろう．つまり，δίδωμι < *di-dō-mi "I give", Skr. dádāti < *de-dō-ti "he gives", Lith. dúoti < *dō-tei "to give", OCS dastь[80] < *dō-d-ti "he gives" 等々に確認されるようにその語根は *dō- であり，これらにはいずれも語根母音 *e を持つ正常階梯が

---

[79] ラテン語の短い [i] はその後裔たる俗ラテン語ないし初期のロマンス語で狭い [e] となり，フランス語では開音節で長音化して [eː]，次いで二重母音化して [ei]，さらに前舌母音の連続が嫌われた結果，前要素が後舌母音に異化して [oi] となり，OF boivre に達する．語中でももともと母音の間に位置した Lat. b が [β] を経て [v] となるのはフランス語では定則であるが，F. boire では該当音が失われてしまった．OF [oi] は前要素の音節副音化と後要素の開音音化によって [wɑ] に達し，現在の発音に至る．失われた v の痕跡は新たに作られた名詞 OF bevrage を借用した E. beverage に残る．F. breuvage はメタテーゼを経て得られた新形である．Meyer-Lübke（1911: 77），Bourciez（1912⁵: 70ff., 212ff.），神山（1995: 168f., 179）また注 13 を参照．

[80] 語根重複形 *dō-d-ti > *Proto-Slav. *dadti > *datti より，*tt > st と *i > ь を経て得られる．末尾の母音は通例 ъ（「硬いイェル」hard jer, R. ep），すなわちほかの母音よりも短い u ないし o に類する後舌母音として標準化されることが多いが，語源的に見ればこれは明らかに ь（「軟らかいイェル」soft jer, R. ерь），すなわち同様にほかよりも短い前舌母音 i ないし e である．硬いイェルと軟らかいイェルの混乱は，写字生の母語たる早期の南スラヴ諸方言において両者の区別が早期のうちに失われたためである．他方，後のロシア語等に発達する同時期の東スラヴ語においてはこれらの区別は厳密に保たれる：OR dastь（дасть）．

- 121 -

期待されることから，さらに *deh₃- にさかのぼると判断される.

　他方，それに続く語尾要素について検討すると，まず，古期ヒッタイト語の
いわゆる ḫi 活用動詞の語尾 1.sg. -ḫe の由来がヒントとなる．この語尾は，ク
リウォヴィッチがヒッタイト語に ḫ として保存されると見た h₂ を含む *-h₂e
に，ラテン語で "hīc et nunc"（ここで今）とも呼ばれる，現在を明示する副詞的
な接辞的要素 *-i が付着した *-h₂e-i にさかのぼると見られる（e.g. 大城・吉田
1990: 49f.）．ヒッタイト語の ḫi 活用動詞の語尾は後の他印欧語の完了語尾と起
源を同じくすると考えられ，ラテン語の完了 1.sg. dedī < *de-d-ī "I have given" の
語尾 -ī は正に *-h₂e-i にさかのぼる反面，これに相当する Gk. δέδωκα のような
ギリシア語の完了語尾 -α は現在を明示する -i を欠く *-h₂e に由来すると考
えられる.

　以上より，Gk. δέδωκα は語頭に重複音節を加えた *de-deh₃-h₂e に由来すると
見られるが，素直にここから得られるのは *de-dō-a (*δέδωα?) であって k の要
素が導かれない．この k の扱いはラリンガル理論が登場する以前から難問であ
って，何らかの接辞要素と見られて「拡張子」と呼ばれたものの，その正体は
知られていなかった．サピアは，炯眼にも，ここでラリンガルの結合 *h₃h₂ が k
を生み出すと見た．Martinet（1955a; 1956; 1986: 154ff.; 2003: 178ff.）により，こ
の現象はラリンガルの「**硬化**」（hardening, F. durcissement）と呼ばれている.

　ラリンガルが重なると硬化が生じて閉鎖音 k が現れるというサピアの観察
は鋭い．ただし，*de-deh₃-h₂e の *h₃ と *h₂ が隣接母音をそれぞれ o と a に
変化させ，その後に *h₃ と *h₂ が合一して硬化すると考えざるを得ないが，そ
の場合，硬化が生じる前の段階における音節の切れ目は，合一して硬化する
*h₃h₂ の前に置かれることになると考えられるから，語根部分は開音節となり語
根母音の代償延長が生じる条件が失われる．すなわち，*de-deh₃-h₂e > *de-do-
h₃h₂a > *dedoka (*δέδοκα?) が得られ，δέδωκα が正しく得られない．結局，現在
形 δίδωμι からの類推によって δέδωκα の長母音を説明するか，ラリンガル消失
に伴い代償延長と硬化の両者が起こると仮定するしかなさそうである.

　さらにマルティネは s の前でもラリンガルの硬化が見られることを指摘した.

- 122 -

好適な例となるのは Lat. vīxit (= vīksit) "he has lived" (pf.) であろう．この形態の形成については，例えば最新のラテン・ロマンス語語源辞典 Vaan（2008: 686）が，無理も甚だしい類推を想定する，極めて信憑性の乏しい説のみを記載するなど，いまだ学界の議論はオープンな状態にある．だが，ラリンガルの硬化を想定すれば，この形態の形成を見事に説明できるのである．

　正常階梯の語根 *g^weih₃- から出発すれば，これに他言語ではアオリストの形成に多用される接尾辞 -s- と語幹形成母音の -e-，さらに 3 人称単数の語尾 -t- と hīc et nunc の -i を順次加えて *g^weih₃seti が得られる．ここで h₃s の h₃ が k に硬化したとすれば，定則に従って *g^w と *ei はそれぞれラテン語において v [w] と ī となり，hīc et nunc の -i はラテン語で規則的に失われ，また最終閉音節にの e はやはり規則的に i に狭音化するから，*g^weih₃seti は極めて機械的に Lat. *vīksit = vīxit に到達することになる．ゼロ階梯の語根 *g^wih₃- から出発したとしても，現在形 vīvō 等からの類推によって語根の長母音が与えられれば同じ形態に到達できる．あるいは代償延長と硬化の両者が生じたとみなすのが得策かもしれない．類例として Lat. senēx "old (man)" < *senāks < *sen-eh₂-s（cf. 属格 senis < *senes（類推形）< *sen-h₂-es）に現れる k も同様に導かれる．[81]

Martinet（1953）はラリンガルの痕跡について，さらにもう 1 点の興味深い指摘を残している．h₃ が h₂ にはない円唇性を伴うことを確認した彼は，この円唇性が母音間等で独立した分節音として痕跡を残せば，そこに現れるのは [w] のはずだと考えた．この現象を仮に**円唇性の残存**と呼んでおく．

　上にも例示に用いた正常階梯 *g^weih₃- "to live" に語幹形成母音と語尾 (3.sg.) を加えて現在形を作れば *g^weih₃-e-t-i となる．その音節構成は *g^wei-h₃e-ti と区切られるはずであり，*h₃ の作用で後続母音の音色が o に変わり，次いで *h₃ が失われる．ここでマルティネの予想の通り，その円唇性が [w] として痕跡を残せば *g^weiwoti が得られるが，語根が *h₃ 以外に終わる絶対的多数の動詞群からの類推によって，すぐに *g^weiweti に置き換えられるはずであり，この後者

---

[81] とはいえ，E. quick（OE cwicu "alive"）さえも *g^wih₃- が硬化を経た *g^wik- から導かれるとする Martinet（1986: 156; 2003: 181）の説は，グリムの法則の後にラリンガルの硬化を想定することになるため，素直に受け入れることはできない．

ソシュールと歴史言語学

の形態から非常に規則的に Lat. vīvit "he lives" が得られる．すなわち，円唇性の残存を想定することにより，Lat. vīvō の諸形態の形成に従来仮定された不可解な拡張子 *-w- の付加を不要とするのである．

　円唇性の残存による *-w- の発生という想定はとても魅力的に見えるが，残念ながら必ずしも難なしとしない．*gʷeiweti からは Lat. vīvit 以外にも例えば OCS živetь が規則的に導かれるものの，サンスクリットに同じ形が引き継がれたとすれば PIE *ei > Ind. *ai > ē と硬口蓋化によって *jēvati に到達してしまい，実際に現れる jī́vati が得られない．そのため，Skr. jī́vati の第 1 音節はゼロ階梯の *gʷih₃- からラリンガルの無音化と代償延長を経た発達を予想せざるを得ないが，予想される音節の切れ目 *gʷi-h₃e-ti からは第 1 音節の代償延長を伴わない *jivati しか得られず，結局のところ，子音の前の *gʷih₃- > Skr. jī- と母音の前の *gʷih₃- > *gʷiw- > Skr. jiv- との混交，ないしは従来のように拡張子 *-w- の付加を想定せざるを得ない．あるいはまた，母音間の *h₃ は先行母音の延長を引き起こしつつ，その円唇性を *-w- の形で残すとみなすほうがよいのかもしれない．

　同様の難はゼロ階梯の語根 *gʷih₃- に語幹形成母音 *-o- と主格語尾 *-s を加えて作られたと見られる形容詞の Lat. vīvus "alive", Skr. jīvás, OCS živъ (< *gʷī-), Lith. gývas 等々にもあてはまる．

　さらにラテン語の完了形に半ば規則的に表れる -v- (-u-) もラリンガル *h₃ の円唇性の残存と見ることができる．そのきっかけを提供したのは Lat. gnōvī "I have known" のような *h₃ に終わる語根を持つ動詞であろう．すなわち *gnō- (< *gneh₃) に，上にも触れた完了語尾 *-ai (< *h₂e-i) が付着して，結果的に *h₃ の円唇性が [w] として母音間に残ったと考えられる．しかし，上に述べた場合と同様に語根母音の長さの由来に疑問が残るほか，Gk. δέδωκα では硬化して k となる *h₃h₂ が Lat. gnōvī では [w] を残す点の説明が新たな課題となる．後者の一応の解決のためには，ギリシア語とラテン語で諸推移の生じた相対年代を別に設定すること，ないしは複雑な類推過程を想定することが必要となる．

　さらに付言すれば，PIE *gnō- < *gneh₃- と *dō- < *deh₃- に由来する OCS zna-ti "to know" と da-ti "to give" に，接頭辞 po- と反復性を暗示する接尾辞 -a- を加えて形成した，いわゆる「多回体」の派生動詞 po-zna-v-a-ti "to recognize" や

po-da-*v*-a-ti "to proffer" に加えられる語源不詳の -v- も同様に *h₃ の円唇性の残存と見られよう．上と同様に先行母音の長さの由来が問題となるものの，ここで起源不明の拡張子 *-w- を加える動機づけが見いだせないためである．すなわち，今のロシア語の不完了体動詞 признава́ть "to acknowledge (repeatedly)" や продава́ть "to sell (repeatedly)" の *в* [v] は *h₃ に由来すると言える．

以上のようなラリンガルの残滓と見られる諸現象のうち，ラリンガルの硬化と円唇性の残存については，各種概説書で言及されることが極端に少ない．ドイツないしドイツの学界と密接な関係にある諸国の研究者がこれらにかかわっていないためだと邪推するが，このようなインバランスを幾分か補うべく，上ではこれらについてやや詳しく記した．かつてソシュールを理不尽に葬り去った青年文法学派を反面教師として，ドイツと周辺諸国の若い世代の印欧語研究者には，ドイツと周辺に発したわけではない研究にも応分の注意と敬意を払っていただきたいものだと切に願う．

ラリンガルの音価推定

さて，既述のようにラリンガル＝ソナント説には見込みがないため，ラリンガルと母音 *ə との関係を解き明かすためには，上記のようなラリンガルの残滓を参考にしてラリンガルの本来の音価を推定し，どのような経緯から *ə が生じるのかを検討する以外に道はない．

最初ソシュール（1878f; 1879）はラリンガルをソナントの一種と考え，シュワーと同一視したと言ってよいが，メラー（1879）はこれを調音位置が口腔奥の子音と考えて後にラリンガルの名を与え，後にソシュールも暗に h の類を想定した（1891）．この立場は「**ラリンガル＝子音説**」と呼べる．ラリンガルが純粋に子音であったとしても，これによって隣接母音の質が影響を受け，またこれが消失する際に先行母音が代償延長されて長母音が生み出されると想定することは充分に可能である．

だが，これらの音価推定は容易でない．以下では簡略のため諸家の表記法の差を捨象して，一律に *h₁ *h₂ *h₃ を記すことにしたい．

- 125 -

まず，1879 年にこれらを子音と看破したメラーは，セム語との比較を基に翌年から果敢に音価推定に挑んだ．だが，彼の見解は二転三転し，想定するラリンガルの数さえも揺れた．

　スウィート（Henry Sweet, 1845–1912）は *h₂ を glottal *r*, or voiced glottal trill すなわち口蓋垂ふるえ音 [ʀ] と考えた．そして *h₁ はこれに硬口蓋化を，*h₃ は円唇化を加えたものとみなす（1880 = 1913: 146f.）．だが，*h₂ が中立的で，*h₁ と *h₃ がその亜種とみなした点，根拠なくふるえ音を予想した点，気音としても現れる *h₂ を有声音であると断じた点などは明らかに不適当である．

　だが，世紀が替わってヒッタイトのデータが加味されてからは，クリウォヴィッチが整理するように，*h₂ と *h₃ が隣接母音にそれぞれ a と o の音色を与え，*h₁ はいわば無色のラリンガルであること，*h₂ が痕跡に気音を残すこと，*h₃ が先行無声音を有声化すること，そしてこれらがヒッタイト語に ḫ(ḫ) として痕跡を残す場合と残さない場合があることなどを根拠にして，ラリンガルの音価推定も徐々に進展した．実際，メラーの最終案（1917）は，後にクヴルールとサピアが得た結果とかなり似ている（併記 IPA は筆者による）．

	Hitt. ḫ(ḫ)	Möller [82]	Couvreur [83]	Sapir [84]
*h₁		A [ʔ]	ʼ [ʔ]	ʼ [ʔ]
*h₂ +	Ḫ [ħ]		ḥ [ħ]	x [x ~ χ ~ ħ]
*h₂ −	Ạ [ʕ]			̣ [ʕ]
*h₃		ɣ [ʕ]	ʽ [ʕ]	ɣ [ɣ ~ ʁ ~ ʕ]

　上ではヒッタイト語の ḫ(ḫ) の処理により想定されるラリンガルの数が異なる．これを重視しないクヴルールは初期のメラーと同じく 3 つ，サピアはクリウォヴィッチ（1935）に従って *h₂ にのみ Hitt. ḫ を生み出す変種を想定して計 4 つを立てる：e.g. Hitt. ḫanti, Skr. anti, Gk. αντί, Lat. ante (*h₂ent- "front") *vs.* Hitt.

---

[82] Möller（1917: 5f.）．彼の想定するセム・印欧祖語にはさらに h [h] が存在した．

[83] *h₂ と *h₃ について彼の記す laryngaal（Couvreur 1935: 30; 1937: 264）を pharyngaal と解した．

[84] Sapir（1938: 269）の記す velar を velar, uvular あるいは pharyngeal と解した．

appa, Skr. apa, Gk. απο, Lat. ab (*$h_2$ep- "off"). Hitt. ḫ が生じる場合は無声音，これが生じない場合は有声音が想定されている．

　声の有無を捨象すれば，彼らの見解は下記の点で大まかな一致を見せる．

*h_1　　声門音

*h_2

　　　　　}口蓋垂あるいは咽頭摩擦音

*h_3

　しかし，当時において *h_2 と *h_3 の差異を明らかにすることは難問であり，前者が先行閉鎖音に気音を付け加え，後者がこれを有声化する場合があることを手懸かりにして，*h_2 を無声音，*h_3 を有声音とする案が暫時有力であった．現在でもドイツではこれに類する見解が支配的である．

　だが，これらが隣接母音に与える音色が異なる点は説明に窮することになる．この点を解決したのはマルティネ（1953）であった．*h_2 と *h_3 が対応の無声音と有声音であったなら，隣接する母音に与える音色がそれぞれ a と o のように異なるはずがない．彼は Lat. gnōvī "I have known" < *gnō- (< *gneh_3) + *-ai (< *-h_2e-i) や Lat. vīvọ, OCS živọ "I live" < *g^{w}eih_3- + -ō (< *-eh_3) 等における Lat. -v- すなわち *-w- に *h_3 の調音的な特徴が残されていると考えた．だとすれば *h_3 は [w] の要素を併せ持つ音，すなわち円唇化音（labialized）だと考えられるだろう．印欧祖語において円唇化が弁別的特徴であった可能性は，印欧祖語に想定される舌背音ないし口蓋閉鎖音に円唇化した閉鎖音系列が存在することからも伺える（98 頁注 64 参照）．彼はこうして *h_3 が *h_2 に円唇化を加えた音に等しいという考えに到達した．

　調音位置が口蓋垂にせよ咽頭にせよ，*h_2 に隣接する母音が後舌開母音 [ɑ] に類する響きを得ることは容易に予想され，他方これに円唇化を加えた *H_3 は隣接母音に対応の円唇母音 [ɒ]，あるいは円唇性が強まれば [ɔ] や [o] の響きを与えるはずであるから，この想定により *h_2 の a 色，*h_3 の o 色がともによく説明される．

　以上を加味すると，ラリンガルの音価は概して下記のように推定されよう．

- 127 -

*h₁   声門音

*h₂   口蓋垂／咽頭 摩擦音

*h₃   円唇 口蓋垂／咽頭 摩擦音

　クリウォヴィッチ (1935) は Hitt. ḫ(ḫ) として現れる変種を持つのは *h₂ のみ
としたが，その判断には疑問が残る.

　例えば Hitt. ḫastai, Skr. asthi, Gk. ὀστέον, Lat. os (< *oss < *ost) からクリウォヴ
ィッチは 1935 年に *h₂ost- (> *ost-) "bone" を再建したが，語根が o 階梯を取る
という，また語頭のラリンガルが *h₂ であるという必然的な理由は見いだせな
い. 単純に可能性としては *h₃est- あるいは *h₃ost-, あるいはさらに *h₁ost- を
想定することさえ可能であって，語根の正常階梯がもっとも有望と見る立場か
ら，この語の祖形をむしろ *h₃est- > *ost- "bone" にさかのぼらせる見解も現れて
いる.[85] 実はこれはクリウォヴィッチ自身が 1927 年に表明していた見解に等し
い. すなわち *h₂ のみならず *h₃ にも Hitt. ḫ(ḫ) として現れる変種を想定しな
ければならない.

　また Hitt. meḫur "time" の語源については様々な説があるが（cf. Kloekhorst
2008: 567f.），Skr. māti "he measures", Lat. mētior "I measure", Gk. μῆτις "wisdom",
OCS měra "measure" 等と同源と見て，よく知られた印欧祖語の語根 *meh₁- "to
measure" に帰属させるのが形態と意味の両面から最も素直である. クルークホ
ルストは同所で語根 *meih₂- を想定して，ここから Hitt. meḫur を導くアイデア
をもっとも有望と見るが，この語根は意味もはっきりせず他語派での文証も貧
弱ないし皆無のため彼に同意することは難しい. 結局，*h₁ にも Hitt. ḫ(ḫ) とし
て現れる異音を想定しておくのが無難であると考える.

　以上に基づきラリンガルの音価を推定すると，かつてメラーやサピアが *h₂
について考えたように，*h₂ と *h₃ は Hitt. ḫ(ḫ) を示す場合に調音位置の深い無
声摩擦音，さもなき場合には対応の有声音として実現したとみなすのが妥当で
あろう. 声門音が予想される *h₁ についても無声摩擦音と有声摩擦音を仮定す

---

[85] 例えば Melchert（1987: 21），Kortlandt（2001: 1），Kloekhorst（2008: 325）. これに続く要
素については異論があるが省略する. 他方，Watkins（2000²; 2011³）のように Kuryłowicz（1935）
に従う文献も散見される.

第Ⅱ章　*Mémoire*（覚え書）とラリンガル理論

ることはできるが，無声の声門摩擦音 [h] とその有声の片割れ [ɦ] を弁別する
言語が存在するとは考えにくい．例えば英語でも日本語でも /h/ は語頭では [h]
として，語中では [ɦ] として現れることが多く，普通の話者は両者の調音的差
異に気づかない．サンスクリットには ḥ [h] と h [ɦ] があり，各々別な文字で記
されるが，前者は絶対語末に，後者はそれ以外の位置に現れ，英語や日本語の
場合と同じく，これらは同じ音素の異なる具現と見られる．有声声門摩擦音の
想定が無理だとすれば，前後の母音に特定の音色を与えず，また後代に無声摩
擦音の反映を残さない声門音 *h$_1$ の候補には声門閉鎖音 [ʔ] しかありえない．
　以上をまとめれば，ラリンガルの音価は暫定的に下記のように推定される．

　　　　Hitt. ḫ(ḫ)

$$*h_1 \begin{cases} + & \text{無声 声門摩擦音 [h]} \\ - & \text{声門閉鎖音 [ʔ]} \end{cases}$$

$$*h_2 \begin{cases} + & \text{無声 口蓋垂摩擦音 [χ] / 無声 咽頭摩擦音 [ħ]} \\ - & \text{有声 口蓋垂摩擦音 [ʁ] / 有声 咽頭摩擦音 [ʕ]} \end{cases}$$

$$*h_3 \begin{cases} + & \text{円唇 無声 口蓋垂摩擦音 [χʷ] / 円唇 無声 咽頭摩擦音 [ħʷ]} \\ - & \text{円唇 有声 口蓋垂摩擦音 [ʁʷ] / 円唇 有声 咽頭摩擦音 [ʕʷ]} \end{cases}$$

　上で得られた音価は，隣接母音に与える音色，ヒッタイト語に残る ḫ(ḫ)，気
音化，有声化，そして硬化と円唇性の残存の各点においてラリンガルの残滓を
生み出すのに概ね適当であると考えられる．唯一特に注釈を加えるべきかと思
われるのは硬化の細部であろう．口蓋垂ないし咽頭摩擦音たる *h$_2$ ないし *h$_3$
が何らかの原因で無声閉鎖音に硬化した場合，生じると期待されるのは口蓋垂
閉鎖音 [q] ないし [qʷ] である．咽頭閉鎖音は必ずしも調音不可能ではないが，
今のところ地球上の言語に確認されておらず，したがって地球上のあらゆる言
語の音声を記述するために整備され続けている IPA にも記号を欠く．試みに咽
頭閉鎖音を発しても，その響きは口蓋垂閉鎖音に酷似しており両者の聴覚での
区別は困難を極める．したがって，上で想定した音価の *h$_2$ と *h$_3$ が硬化すれ
ば，それぞれ [q] と [qʷ] が生じると期待されるが，これらは印欧語の音素目録

- 129 -

に含まれない音であるから，それぞれ *\/k/ と *\/kʷ/ の異音と解釈されたことは
想像に難くない．さらに，*h₃ から硬化によって生まれる *kʷ には円唇母音 o
が先行するから，*kʷ の円唇性は余剰となって失われることが期待される．[86] し
たがって，*h₂ と *h₃ が硬化すると *k が現れるという想定に無理はない．

ラリンガル＝子音説の行き詰まり

印欧祖語に従来想定された摩擦音が *s の１つ（ならびに有声噪音に接した場
合に生じる有声の異音 *z）だけであったことを思うと，[87] 上に記したラリンガ
ルに想定される摩擦音が５つもあることはバランスを欠いているかのような印
象を抱かせる．しかし，隣接母音の音色，ヒッタイト語の ḫ(ẖ)，気音化，有声
化，硬化と円唇性の残存のすべてをラリンガルの残滓と見る限り，想定すべき
ラリンガルの数は上記のように６とならざるを得ず，また想定されるその音価
も妥当なものと考える．

上記のような音価を前提として，ラリンガルが占めた位置に母音 *ə が現れ
る音声学的なプロセスを検討した研究者は少なく，今日に至るまで信頼に足る
見解は提出されていない．

キュニー以降，このプロセス解明を半ば放棄したラリンガル＝ソナント説が
横行する中で果敢にもクリウォヴィッチはシュワー *ə が第２のシュワー ₑ を
伴う *əₑ すなわち *Hₑ に起因すると唱えた（1935）．

クリウォヴィッチは独自の語の構成分析からラリンガルの後ろに正常階梯の
母音 *e を予想し，その弱化から *əₑ（すなわち *Hₑ）から母音 *ə が生まれた
と考える．このような複雑な経緯を想定した主たる理由は Skr. sthitáḥ "stood"

---

[86] この現象は例えば *kʷ を持つ疑問詞に典型的である．隣接母音が円唇母音である場合に
子音の余剰な円唇性が失われやすいことは例えば Lat. cūr < *kʷōr "why", OE hū < *hʷō "how"
に確認される．結果的に今の英語の疑問詞のうち，how は *kʷ の後裔たる wh を含まない．
Palmer（1954: 226f.），Martinet（1986: 149f.; 2003: 173）等を参照．

[87] ただし，*s が負う機能があまりにも多い点は疑問を抱かせる．すなわち，指示代名詞の
語根となるほか，名詞類では単数主格，単数属格，複数主格の語尾として，ないし複数を
表示する付加要素として，動詞では２人称単数の語尾となるほか，過去（アオリスト），未
来を表示し，また特に意味を変化させることなくしばしば語頭に加えられる（s mobile ない
し movable）．これほど多くの機能が１つの音に集中していることは異常なことと言ってよ
い．印欧祖語に *s として再建される音が様々な由来を持っている可能性は大いにあろう．

(p.p.) 等における t に続く気音 h と母音 i の説明にあり，彼は *Hₑ の *H から気音が，第 2 のシュワー ₑ から Skr. i が得られると説く．だが，Kuiper（1942: 183f）も指摘するように sthitáḥ ではこの説明が有効だとしても，*peh₂- "protect" から同様の過程を経て形成される *ph₂eter- から Skr. pitā "father" を導くことができない．この種の批判に屈してか，後年クリウォヴィッチは自身の *Hₑ > *ə 説を廃してしまう（1956: 167ff.）．

　スターティヴァント（1941b; 1942）は母音 *e の付加を考えず，ラリンガルの前に第 2 のシュワーを持つ *ᵇH すなわち *ₑH が *ə になると考えた．

　だが，神山（2006: 113f.）に記したように，第 2 のシュワーは後代に各語派で独自に加えられた挿入母音と考えられるため，印欧祖語の音韻とは認められない．そのため，これに依拠したクリウォヴィッチの説もスターティヴァントの説も根本的に誤りであると判断される．

　その後，バロウ（Thomas Burrow, 1909–1986）は *ə の起源を形態論に求める提案を行い，sthitáḥ は *sth₂-itos の，Lat. status や Gk. στατός は *sth₂-atos のそれぞれ反映と見て，斜字体の i, a を各語派において独自に加えられた挿入母音とみなす（1950, 1955, 1979）．だが，これに同意することは難しく，彼以降，ラリンガルを子音だと認めた上での *ə 発生のメカニズム研究は頓挫している．

正常階梯とゼロ階梯の出現

　音価推定の結果からすればラリンガル＝子音説は明らかに正しいが，この前提に立ちつつ *ə の発生を説明する試みが続けられていないのは奇妙なことである．これが達成できなければ，ソシュール＝メラーの想定自体が誤りだったということにもなりかねない．

　だが，Martinet（1986; 2003）に示唆を得た以下の私案によれば，印欧祖語の母音組織が誕生する過程全体を視野に収めることことにより，ラリンガル＝子音説を採りつつも *ə を含めた母音の発生を統一的に導くことができる．ソシュール＝メラーの想定を擁護する 1 つの視点として，章末にその骨子を披露することをお許しいただきたいと思う．紙幅の都合上，細部については神山（2006; 2009）に譲る．

まず着目すべきは印欧祖語の語根の形状である．サンスクリットの語根が常に1音節であることはすでに古代インドの文法家によって知られていた．これを土台にして，ボップは印欧語の語根が同じ性質を示すと指摘している（Bopp 1820: 8ff.）．その後，シュライヒャー（1861: 287f.），メイエ（1937[8]: 173ff.）が検討し，またバンヴェニスト（1935: 170f.）は独自の分析法を提示するが，今日では印欧祖語の語根が本来 Ce(R)C ないし C(R)eC（∵C: consonant; R: resonant）という簡素な構造を取ることが広く知られている．

印欧祖語の文法的発達を手短かつ説得的に記すことは難しいが，上記のような簡素な構造をした語根部分が印欧最古の，原始的「語」であり，伝達の必要性からこれに数や格，あるいは時制，相，人称のような様々な文法的な情報を加える要素が次々と付け加わることによって，我々に知られた様々な複数音節の「語」が生み出されたとみなすのがもっとも都合がよい．例えばそのような原始的な語 *deuk は，名詞的な文脈では「指導者」を，動詞的な文脈では「導く」という行為を表したと考えられる．例えば，これに恐らく出所を表す *-es [88] が付着した *deuk-es という2音節の形態が誕生した途端，印欧祖語の音声面に大きな変化が生じると予想される．複数音節が形態論的に1語を成すことを音声・韻律的に表示する一般的手段，すなわちアクセントが誕生すると期待されるのである．

概してアクセントとは1つの形態論的単位＝語を形成する複数音節のうちの1つを何らかの方法で卓立させて，それらの音節が韻律的に1つの単位を構成していることを明示する手段であり，一般にその卓立の手段に強さを用いるストレスアクセントと，高さを用いるピッチアクセントの別がある．印欧語の古いアクセントはピッチによるものだったという想像が長年にわたって囁かれてきたが，そのナイーヴな想像の根拠となったのはギリシア語が高低アクセントを示すことと，ヴェーダ文献に記されるサンスクリットのアクセントが高さを表示するとされている点である．しかしながら，それらの起源的な関係の全体を

---

[88] この *-es は，はじめから接辞あるいは語尾だったのではなく，独立の語である *h₁es "to be" に由来するようにも見える．これにより能格ないし活格が生じ，後の主格と属格の基礎となる．Martinet（1986: 186ff.; 2003: 217ff.），神山（2006: 201ff.）を参照されたい．

解き明かすことは極端に難しい課題であって，それらを基礎として印欧祖語の
アクセント再建を試みることは断念しなければならない．むしろヴェルナーの
法則（注14）から推察されるゲルマン語の古いアクセント位置に基づいて印欧
祖語の初期のアクセントを推し量る方法が有望である．その場合，無アクセン
ト母音が弱化して，条件が整えば脱落してしまう点からして，結局，印欧祖語
に複音節語が誕生した当時に自然発生したのはストレスだと考えるべきである．
ストレスによるアクセントを示す言語として英語の場合を考えると，例えば E.
mountain が [ˈmaʊntən] を経て，さらには [ˈmaʊntn̩] となるように，初期の印欧
祖語においてもストレス位置を外れた基本的な母音 *e が *[ə] に**弱化**し，この
*[ə] も周囲の音声環境によっては**脱落**してしまうと期待される．本来の母音 *e
を保持する「正常階梯」と，これを失う「ゼロ階梯」の差異は，このような極
めて一般的な音発達から誕生したと考えることができる．

　*deuk から派生した *deuk-es の場合だと，後の語尾に対応する付加部分にア
クセントが置かれれば，語根部分の母音 *e が弱化した *d[ə]uk-es > *dukes が
Lat. ducis "leader"（属格）となり，ここに生じた斜格の語幹を一般化すること に
よって後に主格 *duc-s > dux が得られたと考えられる．他方，語根部分にアク
セントを持ち，その母音を保った *deuk- は Lat. dūc-ō "I lead" を生み出すとと
もに，ゲルマン語においては *d > *t と *k > *h [x] の子音推移を経て *teuh- と
なり，Goth. tiuhan "to lead", OE tēon (< *teuhan)，さらに第2次子音推移を経て
OHG ziohan (> G. ziehen) に至る．語根部のアクセントと母音を失った形は分詞
形の Lat. duc-t-us，あるいはヴェルナーの法則（注14）による有声化を経た Gmc.
*tug- [ɣ] を含む OE togan, OHG gizogen (> G. gezogen) 等々に至る．

音節保存の傾向と o 階梯の出現

　無アクセント母音が弱化して最終的に脱落するという想定によりゼロ階梯が
容易に得られるが，あらゆる語の無アクセント母音が全部脱落してしまったら，
恐らく発音困難な子音の連続を多々含む形態が出現してしまう．そのため，無
アクセント母音の *[ə] への弱化はあまねく行われたが，弱化した母音 *[ə] の
その後の扱いは，問題の形態素の音声環境によって様々であったと考えねばな

らない．そこで様々な音声環境における母音の振る舞いを統一的に扱うべく，下記のような作業仮説を設定する：

　　　初期の印欧祖語には本来の形態素の音節を保存する傾向があった．

　このような「**音節保存の傾向**」が暫時存在したとすれば，無アクセント音節に生じた *[ə] が完全に縮減して脱落するのは，問題の音節にソナント，すなわち自鳴音の r, l, m, n や半母音 y (i), w (u) が含まれていた場合のみとなる．ソナントに隣接した弱母音が極度の弱化の結果として脱落したとしても，隣接ソナントが音節核の役割を受け継ぐことができ，結果的に旧来の音節が保存されるからである．

　だが，問題の無アクセント母音が噪音（閉鎖音と摩擦音）に挟まれている場合，その音節核は完全に弱化して脱落するわけにはいかない．例えば *ped "foot" に上記の *-es を加えた *ped-es が語尾部分にアクセントを持ったとすると，語根母音は弱化して *pedés > *p[ə]dés となる．ここで *[ə] が脱落したら，*pdes という極めて発音が困難な結合が生じ，また音節保存に抵触する．そのためこのような場合に第1音節の母音は *[ə] の状態を維持しなければならない．[89]

　このように，音節保存の傾向に従えば，無アクセント音節一般に生じた *[ə] は，噪音のみに隣接する位置においては維持されることが期待されるが，マルティネ（1986: 139 ; 2003: 159）の着想に倣い，最初は本来の母音 *e の異音に過ぎなかった *[ə] が，噪音（ラリンガルを除く）に挟まれた位置で徐々に第2の母音音素としての地位を獲得し，新たな母音音素 *o となったと考えたい．思うに，これこそが積年の難問たる o 階梯の起源である．

　上からすれば *e と *o の交替はアクセントを含めた音声環境のみで説明されるが，この交替は形態論拡充のプロセスにおいて巧みに利用されたと考えられる．その結果 *o は動詞の完了形（e.g. Gk. λείπ(-ω) "I leave" → (λέ-)λοιπ(-α) "I

---

[89] *[ə] が脱落した *pd- > bd- の例が若干存在する：Skr. upa-bd-á- "trampling", Av. upa-bd-a- "foot of a hill", fra-bd-a- "forefoot", a-bd-a- "off limit", Gk. ἔπι-βδ-α, ἐπί-βδ-α "day after a festival". だが，これらでは -bd- の前後に母音があるために発音は可能であり，また後代に発達した接頭辞の存在により新たな形成とみなしうる．

have left") や派生名詞（e.g. Gk. λέγ(-ω) "speak" → λόγ-o(-ς) "speech"）に一般的に用いられるに至った．印欧祖語の最初期には母音が *e の１つしかなく，また音節構造 Ce(R)C / C(R)eC の制限上，弁別的な音節（あるいは潜在的な語）の数が不足気味の状態であったから，新たな母音 *o が出現すると，これが早速形態的な区別のために利用されたのは無理からぬことだと考える．

ラリンガルの合一と消失：*a と長母音の出現

　母音あるいは音節核となる音韻が増加すれば，弁別的な音節の数も増加する．すると，子音組織には余裕が生まれると予想される．この時代の印欧祖語の場合，母音が増えるに従い，その子音組織の中でもっとも調音が似ており，したがってもっとも弁別的潜在能力が低いと思われる音韻，すなわちラリンガル *h₁, *h₂, *h₃ の差異が失われることは想像に難くない．隣接母音にその響きを付け加えてから合一する推移を経るならば，これらを含む形態相互の区別は相変わらず保持されたままであり，音韻対立の観点からすればこれはまったく無理のない推移である．

　声門音は口腔内の調音器官とは無関係に調音される．そのため声門音が予想される *h₁ が隣接母音の音色に何らかの影響を与えることはないが，口蓋垂音あるいは咽頭音が予想される *h₂ の場合には，舌が大きく後退するため隣接母音は後舌性を帯びやすい．円唇化した同様の音である *h₃ の場合には隣接母音に後舌性と円唇性が加わる．そのため, *h₁, *h₂, *h₃ の合一したラリンガルを *H と記せば，下記のような推移が想定されるが，これはラリンガル理論においてもはや常識の部類に入り，その信憑性を疑う根拠は見当たらない．

$$*eh_1 \quad > \quad *eH \qquad *h_1e \quad > \quad *He$$
$$*eh_2 \quad > \quad *aH \qquad *h_2e \quad > \quad *Ha$$
$$*eh_3 \quad > \quad *oH \qquad *h_3e \quad > \quad *Ho$$

　次に，合一したラリンガル *H が消失（あるいは非音韻化）する過程が予想される．一般に音韻の完全な消滅は頻繁なことではないが，代償延長を伴う音

脱落はかなり頻繁に見られる．さらに，それまで印欧祖語に長母音は存在しな
かったから，*eH > *ē 等の推移は音韻対立を一切阻害しない．また，本来すべ
ての語根は子音にはじまったから，*He, *Ha, *Ho から *H が失われても，同様
に音韻対立は維持されたままである．したがって，下記の推移も極めて無理の
ないものであり，実際現代のラリンガル理論でもすでに常識に属している．

*eH	>	*ē	*He	>	*e
*aH	>	*ā	*Ha	>	*a
*oH	>	*ō	*Ho	>	*o

　以上の過程により印欧祖語は新たな母音 *a と長母音 *ē, *ā, *ō を得た．これ
は印欧祖語の音韻史上画期的な出来事であるが，長母音が二次的な派生語を明
示するためにその後利用されるに至った反面，*a は文法的にはまったく利用さ
れなかった．当時の印欧祖語がすでに複雑な形態論を確立し，形態論を拡充す
る過程を終えようとしていた段階にあったからかもしれない．
　ただし，ヒッタイト語に *H の一部が残されているというクリウォヴィッチ
以来の見解に従うならば，以上の推移が印欧祖語が統一を保っていた時代にす
べて完了していたとは言えないことになる．すなわち，ラリンガルの合一過程
とそれに伴う *a と長母音の出現過程が印欧祖語時代に完了していたことは疑
いないと思われるが，それに続くラリンガルの消失（非音韻化）過程，すなわ
ち *eH > *ē 等，および *He > *e 等が完了したのは印欧祖語の統一が崩壊した
後であるとみなさざるを得ない．

*ə の出現

　無アクセント音節に生じた *[ə] は，ソナントに隣接する場合には脱落し，ラ
リンガル以外の噪音にはさまれた場合には *o に転じた．すると，その後 *[ə]
を保持したのはラリンガルを含む音節だけである．この最後に残った *[ə] はラ
リンガルが消失すると同時にそれ自体が弁別的機能を負うと期待されよう．こ
うして得られる新たな母音音素が *ə であると考えられる．

*[ə] がラリンガルに先行した場合には，以下のような推移が推定される．

$$
\left.\begin{array}{l}
\text{*[ə]h}_1 \\
\text{*[ə]h}_2 \\
\text{*[ə]h}_3
\end{array}\right\} \quad > \quad \text{*[ə]H} \quad > \quad \text{*ə}
$$

*eh$_1$, *eh$_2$, *eh$_3$ は強勢を失うと *[ə]h$_1$, *[ə]h$_2$, *[ə]h$_3$ となり，これらは *[ə]H に合一した後，*H の消失に伴い新たな母音音素 *ə を生じた．これにより *ē (< *eh$_1$), *ā (< *eh$_2$), *ō (< *eh$_3$) と *ə との交替に妥当な説明が与えられる．

とはいえ，こうして得られた *ə がギリシア語で 3 つの反映（ε, α, o）を持つことは確かに不思議である．だが Gk. τίθημι "I put" / θετός (p.p., cf. Lat. factus); ἵστᾱμι "I stand" (Dor.) / στατός (p.p., cf. Lat. status) ; δίδωμι "I give" / δοτός (p.p., cf. Lat. datus) 等において *ə の反映が異なるのは長母音からの類推によっているとみなすのがすでに定説である．

また，*[ə]h$_1$, *[ə]h$_2$, *[ə]h$_3$ > *[ə]H では 3 つの音連続の対立が失われてしまうため，その妥当性については慎重に判断しなければならない．だが，ギリシア語の 3 つの反映が上のように二次的であるならば，*[ə]h$_1$, *[ə]h$_2$, *[ə]h$_3$ の対立を保持した印欧語はない．だとすれば，これらが何れかの段階で合一したとみなすことに無理はなく，その合一はラリンガル消失期に行われたと考えるのは妥当であろう．

他方 *[ə]H > *ə の推移には音韻対立の観点からは何ら無理はない．この段階では *[ə] が生じるのは *[ə]H に限られており，また *H を含む他の連続 *eH, *aH, *oH との区別は母音部分によって行われるからである．

同様に，*[ə] がラリンガルに続いている場合には以下の推移が想定される．

$$
\left.\begin{array}{l}
\text{*h}_1\text{[ə]} \\
\text{*h}_2\text{[ə]} \\
\text{*h}_3\text{[ə]}
\end{array}\right\} \quad > \quad \text{*H[ə]} \quad > \quad \text{*ə}
$$

これが母音として現れるのはギリシア語とアルメニア語のみであり，他言語に母音の痕跡はない．例えば *h₁ed- "to eat" から派生した Lat. dēns (gen. dentis), Gk. ὀδούς (gen. ὀδόντος), Skr. danta-, Arm. *a*tamn (< *ədn̥t-mn̥) "tooth" を参照．

　このようなギリシア語の前置母音 (prothetic vowel) には ε, α, o の 3 種があり，かつて *h₁, *h₂, *h₃ との関連が疑われてきた．だが，すでにクリウォヴィッチ（1977: 184）やリンデマン（1982）等によってこの関連は否定されている．すなわち，ギリシア語の 3 種の前置母音は改新の結果であって，単一の *ə に遡ると考えられる．また，アルメニア語における同種の現象についても同様の扱いが可能だとすれば，[90] *h₁[ə], *h₂[ə], *h₃[ə] > *H[ə] に由来する *ə は両言語においてのみ保持され，その他の言語では一律に脱落したとみなされることになる．

　従来，ギリシア語とアルメニア語が示す前置母音は，これらの言語で行われた改新によるとみなされてきた．そのため例えば上記の語の祖形は *h₁d-ent- > *dent- と再建されてきたが，ここで明らかになった *ə 発生の経緯により，それは *h₁[ə]d-ent- > *ədent- に訂正されねばならない．

結論

　従来の研究においてはラリンガルとシュワーとの関係は微妙であり，両者はあたかも同一の音韻であるかのような印象を与えてきた．だが，音声学的常識から言って，噪音と母音とが同じ音韻単位に起因するなどとは到底考えられない．この不備に気づいた少数の研究者はそれぞれ異なる視点からラリンガルに隣接する位置に挿入母音を仮定したが，その根拠は薄弱であった．

　ここで採用したような，「音節保存」を作業仮説として音声実現と相対年代を重んじる方法を採れば，噪音たるラリンガルに隣接する位置にシュワーが発生するメカニズムが無理なく説明され，両者が別個の音韻であったこと，すなわち「印欧語のシュワー」が「ラリンガル」に由来するという通説が誤りであること，そしてソシュール＝メラーの仮説が印欧語の母音交替と付随する諸現象の説明のためになおも有効であることが確認されることになる．

　終りに印欧祖語の母音組織と母音交替が得られる過程をまとめて提示する．

---

[90] 例えば千種（2001: 42f.）を参照されたい．

- 138 -

第Ⅱ章　*Mémoire*（覚え書）とラリンガル理論

総括 1 ：母音組織の生成プロセス

		①	②	③		④	
	*e	=	=	=		=	*e
	*h₁e	=	=	=	*He	⇒	*e
	*h₂e	=	=	=	*Ha	⇒	*a
アクセント音節	*h₃e	=	=	=	*Ho	⇒	*o
	*eh₁	=	=	=	*eH	⇒	*ē
	*eh₂	=	=	=	*aH	⇒	*ā
	*eh₃	=	=	=	*oH	⇒	*ō

$$\text{無アクセント音節} \quad *\breve{e} \;\Rightarrow\; *[\partial] \;\Rightarrow\; \begin{cases} \text{ゼロ} & /+R \\ *[\partial]\,(\text{その他}) \end{cases} \Rightarrow \begin{cases} *o & /+T \\ *[\partial] & /+H \Rightarrow *\!\partial \end{cases}$$

（∵ R：ソナント；T：噪音；H：ラリンガル）

① **無アクセント母音の弱化**：最古の印欧祖語に存在した母音音素は *e のみであった；無アクセントの位置でこの母音は *[ə] に弱化した；

② **無アクセント母音の脱落**：*[ə] はソナントに隣接している場合に完全に縮減し，代わってソナントが音節核（成節ソナント）となった；

③ ***o と *a の発生**：噪音（ラリンガルを除く）にはさまれた *[ə] は音節保存の必要性から保持され，新たな母音音素 *o となった（その後，*e と *o の交替が語の派生等にも利用されるようになる）；恐らくこの過程の後，ラリンガル *h₁, *h₂, *h₃ は，隣接する母音 *e の音色をそれぞれ *e, *a, *o に変化させ，互いの弁別を失って単一のラリンガル *H に合一した；

④ **ラリンガル消失，長母音と *ə の発生**：ラリンガル *H が失われ，*He, *Ha, *Ho より *e, *a, *o が，*eH, *aH, *oH より代償延長によって長母音 *ē, *ā, *ō が誕生した（その後，長母音が語の派生等にも利用されるようになる）；ラリンガルに隣接する位置にのみ保持されていた *[ə] はラリンガルの消失とともに母音音素 *ə となった.

ソシュールと歴史言語学

総括 2：母音交替の発生

母音交替の種類	本来のアクセント あり	なし	本来の音声環境	関連する母音組織の生成プロセス
1	*e	ゼロ	R_ / _R	②
2	*e	*o	T_T	③
3a	*ē *ā *ō	*ə	_H	④
3b	*e *a *o	*ə	H_	

　母音交替 1 と 2 をあわせて基本的な母音交替「*e – *o – ゼロ」が得られる．（オストホッフとブルークマンの着想を基礎に，ソシュールが突き止めた母音交替）

　母音交替 3a より長母音とシュワーとの交替「*ē – *ə」，「*ā – *ə」，「*ō – *ə」が得られる．（ソシュールが指摘し，メラーに補正された母音交替）

　母音交替 3b によって生じる語頭の *ə はギリシア語とアルメニア語以外で無音化する．（従来気づかれなかった母音交替）

- 140 -

第Ⅲ章 リトアニア語アクセントの研究

0. はじめに

　ソシュールの歴史言語学の研究の中で最も著名なものは，ソシュールが弱冠 21 歳で発表した『**覚え書**』(1879) である．[91] これ以外に彼は多くの論文を発表しているが，その中でリトアニア語のアクセント研究はソシュールが最も情熱をかけて研究したテーマの 1 つである．ソシュールが何故リトアニア語のアクセントに関心をもつようになったのかは推測の域を出ないが，恐らく次のような理由があったのではないかと考えられる．その理由の 1 つは 19 世紀後半の青年文法学派全盛の時代に，リトアニア語に対する関心が高まったことである．メイエの有名な「我々の祖先がいかに話していたかを知りたい人は，行って，リトアニアの農夫がどう話しているかに耳を傾けるべきだ」[92] という言葉にあるように，当時リトアニア語は古代印欧語の生きた化石のように考えられていた．またソシュールは『**覚え書**』以来，形態論の中でのアクセントの役割に関心をもっていた．[93] そして恐らく，最もソシュールの関心を強く捉えた理由は，ソシュールは自ら仮定した未知の「ソナント的付加音」（本書 95 頁以下参照）の痕

---

[91] 第Ⅱ章参照.

[92] これは Ambrazas (1997a: 5) より引用した．メイエはまたこうも書いている：
リトアニア語最古の文献と雖（いえど）もキリスト紀元十六世紀のものであるというのに，リトアニア語の或る語詞の如きは，その印欧語原形に近い点では，二千年以上も前から知られているサンスクリットやギリシア語の対応語以上なのである．（Meillet 1928[2]: 31; 1943: 47）.

[93] これはソシュールの *Mémoire* からも窺うことができる．例えば，アクセントと語基の母音階梯との関係を述べている箇所（*ibid.* 228ff. = *Recueil* 213ff.）のうち下記を参照：
1° TOUS LES a_1 PLACÉS DANS LA PARTIE DU MOT QUI PRÉCÈDE LA SYLLABE ACCENTUÉE TOMBENT, à moins d'impossibilité matérielle; 2° AUCUNE AUTRE EXPULSION D'a_1 N'EST CAUSÉE PAR L'ACCENT.

$tá_1g + ya_1s + Ai$ produit $tá_1igia_1sAi$ (Skt. *tégīyase*).
$ya_1ug + tá_1i + a_1s$ » $yuktá_1ya_1s$ (Skt. *yuktáyas*).
$wa_1id + wa_1s + Ái$ » *widusÁi* (Skt. *vidúše*). (*ibid.* 236f. = *Recueil* 221)

この規則と関連して，ソシュールは古代インド語の動詞現在形について次のようなアクセントの規則を提示している：«Aucun présent indien en a n'a le ton sur le suffixe quand il y a un a dans la racine.» (*ibid.* 174 = *Recueil* 163).

　この規則は多くの古代インド語動詞に有効である．例えば，*-ska*[1] 接尾辞をもつ動詞語根における，$ṃ > a$ による，語根母音 a へのアクセント移動の例を参照：*gácchati, yácchati* (*ibid.* 234 = *Recueil* 219). *gáccha-ti* < *$g^wṃ$-sḱ-é/ó-*, *yáccha-ti* < *$yṃ$-sḱ-é/ó-*, cf. *gatá-* < *$g^wṃ$-tó-*, *gáṃtum* < *$g^wém$-tum*; *yatá-* < *$yṃ$-tó-*, *yáṃtum* < *yém-tum*. また，古代インド語動詞のアクセントについては，柳沢 (1989) を参照.

- 141 -

跡を，**フォルトゥナートフ**（Филипп Федорович Фортунатов, 1848–1914）によっ
て発見されたリトアニア語の音調と古代印欧語のある種の音対応の関係の中に
見いだしたからであろう（**2.2** 参照）.

　ソシュールのリトアニア語についての研究史を纏めると以下の様になる．ソ
シュールは留学先のライプツィヒ大学でレスキーンからリトアニア語を学んで
以来，リトアニア語に関心を持ち続けていた．1880 年には東プロシア地域で 2 週
間ほどリトアニア語のフィールド調査を行っている.[94] パリ時代の 1888–1889 年
には，高等研究院においてリトアニア語の講義を行っている．1889 年 6 月 8 日
にソシュールはリトアニア語の音調体系についての報告をパリ言語学会で発表
する．この報告は後に，短母音の章が付け加えられて，論文「リトアニア語の
アクセント法について」（À propos de l'accentuation lituanienne, *MSL* 8, 1894）とし
て発表された．以下この論文を《**第 1 論文**》と呼ぶことにする．1989 年 10 月と
12 月にはクルテネに宛てリトアニア語についての質問とその返礼の 2 通の書簡
を送っているし,[95] また同年の 11 月には，リトアニアの言語学者ヤウニュスに
宛てリトアニア語のアクセントについての質問の手紙を書いている.[96] ソシュー
ルは 1891 年からジュネーヴ大学に移るが，プティ（Daniel Petit, 1967–）の研究
(2010) によれば，ジュネーヴ時代の彼のリトアニア語アクセント研究は，1996 年
にジュネーヴの公立図書館に入ったソシュールの未発表の草稿によって確かめ

---

[94] Petit (2010: 147) によれば，1880 年 8 月 7 日の日付の入ったソシュールのロシア・リトア
ニアへのパスポートが，1996 年にジュネーブの公立図書館に入ったソシュールの文書館
(*Archives de Saussure*) にあるという．それをもとにしてソシュールのリトアニアの調査旅行
をプティは以下のように記している．ソシュールは Königsberg, Ragnit, Tilsit, Pröckuls, Memel,
Krottingen を経由したルートをとり，東リトアニアの小村 Paskalwen（Ragnit と Tilsit から 10
キロ）で 1 週間以上滞在し，そこで Busze Oginsky という少女に出会い，彼女から民謡 (dainos)
と民話 (pasakos) を書き留めた．Paskalwen の滞在後に，ソシュールは東プロシアの北部
Pröckuls の町の近くに行き，そこで老羊飼いと子供からリトアニア語の語彙を書き留めた．
「リトアニアで過ごした 2 週間の間，ソシュールは彼のインフォーマントたちに何回も個
別な語彙，ほとんどはよく知られた印欧語語源をもつ語彙について，あるいはリトアニア
に残っている双数のような古風な文法範疇について質問した」(*ibid*. 147).
[95] クルテネへの書簡については Sljusareva (1970; 1972) 参照.
[96] ヤウニュスへのソシュールの書簡は Lietuvos TSR valstybinė respublikinė biblioteka (1972)
『言語学者カジミエラス・ヤウニュスの文書遺産』pp. 115–120 にある．ここにはリトアニア
語のアクセントについて 10 の質問が書かれており，ソシュールの**第 2 論文**で使われている
曲用のアクセントや現在分詞のアクセント（例えば，*augqs*）についての質問もある．この
資料は村田 et al. (1975) により翻訳され，ソシュールの質問に対しても注が付けられている.

られるという．その草稿によれば，ソシュールは 1888 年から 1896 年の間，リトアニア語アクセント法についての本を書く計画であった．リトアニア語のアクセントについての文書のほとんどは 1893–1894 年に書かれた．

　ソシュールは，1894 年 9 月 8 日のジュネーヴでの第 10 回国際オリエンタリスト会議で「リトアニア語のアクセント法について」(Sur l'accentuation de la langue lituanienne) の報告をする．そこでは，後に「**ソシュールの法則**」(loi de Saussure) として知られるようになるリトアニア語のアクセント移動の法則が報告された．ソシュールはこの時点ですでにソシュールの法則を纏めていたことがこの議事録から分かる．[97] 後の 1896 年に公表された論文「リトアニア語のアクセント法」(Accentuation lituanienne, *IF* 6, Anzeiger, pp. 157–166 = *Recuil* 526–538；以下この論文を《**第 2 論文**》と呼ぶ) にはその法則が最初の頁に載っている．この法則がすでに 1894 年には纏められていたことをソシュールは 1896 年のこの**第 2 論文**の最後に書いている．[98]

　ソシュールのリトアニア語アクセントの研究はこの**第 2 論文**以後，すなわち 1896 年以後行われなくなる．[99] Petit (*ibid.* 147) は次のように書いている：

---

[97] Congrès international des Orientalistes (1897: 89) に掲載されたレジュメは *Receil* 603f. に再録されている：アクセントの場所は，アクセントが circumflex 音節の上に落ち，その音節それ自身が acute 音節によって後続されていたときには，規則的に 1 音節だけ推移した．そしてこの場合，アクセントは acute 音節に移動した．この法則は以下のように定式化される：アクセントのある circumflex ＋無アクセントの acute は，無アクセントの circumflex ＋アクセントの acute を生み出す (Douce tonique + rude atone donne douce atone + rude tonique)．これはそれまで奇想天外なように見えていた曲用や活用の全ての組織を突然に単純なものにする．ソシュール氏は *žolė*【「草」AP4】の曲用を取り上げ，4 つのアクセントパラダイムを総括して，そのすべての形態から 2 つのパラダイムを導いた．一方は移動アクセントパラダイム，他方は固定アクセントパラダイムである．

　ソシュールの用語である «douce» とは «ton montant»（上昇音調)を，«rude» とは «ton descendant»（下降音調）を意味する (Garde 1990; 2006: 103)．我々はソシュールに倣って (*Recueil* 491)，上昇音調 geschliffen を circumflex 音調，下降音調 gestossen を acute 音調と呼ぶことにする．アクセント記号はそれぞれ *vỹnas, výras* のように記される．

[98] そこには，このアクセント移動が Hirt (1895) の中で言及されていることが，ヒルトへの批判とともに述べられ，ソシュールのその法則についてのプライオリティーが自分にあることが述べられている．Hirt (1895: 95) の当該の部分を参照：War die Wurzelsilbe bei Schleifton betont, so ziehen die stossend betonten einsilbigen Endungen den Akzent auf sich.

[99] ソシュールのリトアニア語に関する論文には，ここで取り扱うアクセント関連の論文以外にもう 2 つある．リトアニア語の語源を扱った Saussure (1892r) = *Recueil* 463 と，*akmuõ* のような子音曲用の変則的な形を扱った Saussure (1894b) = *Recueil* 513–525 である．

　前者の *kùmstė*「拳」の語源を数詞の「5」から派生したものとして，ソシュールは次のように解釈している：*pn̥k₂stis* (cf. *penk₂e* = *penkʷe* "5") > *punkstiā-* > *kumpstiā-*（音位転換）>

- 143 -

ソシュールと歴史言語学

　ソシュールは 1888–1889 年にパリで教えていた間，リトアニア語に戻り，そしてジュネーヴに戻った後の 1896 年までこの研究を推し進めていた．ほぼその 10 年以上の間，しかし特に 1893 と 1894 年の間，ソシュールはかなりの量のノートを書き，リトアニア語のアクセントと音調の体系に関する大きな出版を準備していた．これらのノートはジュネーヴの公立図書館に保存されており，新しい文書の中に埋もれている．私は最近，2009 年 5 月にジュネーブに滞在しているときにそれらを調査した．その結果，上で言及した 1894 年と 1896 年の 2 つの論文は，完成した研究作品ではなくて，むしろ隠れた氷山のたった一角だけを現している断片としてみなさねばならない．

　その後，ソシュールはジュネーヴ大学で 1901–1902 年の間，リトアニア語の授業を行っている．

　およそ 10 年に及ぶリトアニア語のアクセント研究は，ソシュールの研究生活の中でも大きな位置を占めている．ソシュールは彼の 30 代をリトアニア語のアクセント研究に捧げたのである．プティはソシュールの新たにジュネーヴの公立図書館に入った文書についてこう書いている：

　ソシュールの理論的な考えを理解するためにも，このジュネーヴの公立図書館のリトアニア語の資料の意義は過小評価されるべきではない．リトアニア語はソシュールにとって，彼のアイデアを大きく発展させた実験室であったと言えるかも知れない．(*ibid.* 164)

　以下では，まずソシュール論文と関連する現代リトアニア語の音組織とアクセントを簡単に概説し(**第 1 節**)，その後でソシュールの**第 1 論文**と**第 2 論文**を検討する(**第 2 節と第 3 節**)．最後に，ソシュールのリトアニア語研究がその後のバルト・スラヴ語アクセント学においてどのような位置にあるのかを示す(**第 4 節**)．

1. リトアニア語の基礎的知識

1.1. リトアニア語の書記法と発音

　リトアニア語の最初の出版物は，1547 年に出版された Martynas Mažvydas (1520–1563) のカテキズムである．初期の出版物には鼻母音を表すために，下に

---

kùmstė. ソシュールは音位転換については Lith. *kepù* = Sl. *pekǫ* (*pekọ*) «je cuis» を，喉音の前での *ŋ > un* については Lith. *ugnìs* «feu» < *ungnis* < IE *ŋgnis* を説明に挙げる．小論文であるが，ソシュールの冴えが見える．Fraenkel (1962–65) はソシュール説を採用している．

- 144 -

添付符号が付いた文字がある：*ą, ę, į, ų*. 後にこの鼻音的鳴子音は失われ，全て単音の長音に発音され（[aː], [æː], [iː], [uː]），現在これらの文字は長母音を表すために使われている.[100] リトアニア語では文字 *y, ū* もまたそれぞれ同じ長音の [iː], [uː]と発音されるので，*į* と *y*，*ų* と *ū* のそれぞれ 2 つの文字は同じ発音を表す. これで分かるように，リトアニア語の書記法は語源的な原理を使っている.

　リトアニア語の子音は，ペアのない軟子音の /j/ を除いて，非硬口蓋化音（硬子音）と硬口蓋化音（軟子音）のペアをもち，音韻的に対立している.[101] 軟子音と硬子音の現れる位置は次のようである：

　軟子音は次の位置に現れる：

（1）前舌母音（文字 *e, ę, ė, i, y, į* によって表される）の前の位置：*déti* [ˈdʲeːtʲi]，*mýli* [ˈmʲiːlʲi]，*gēras* [ˈɡʲæːras]，*gẽlę* [ˈɡʲeːlʲæː]. （2）後舌母音（文字 *a, ą, o, u, ų, ū* によって表される）の前の位置（この場合には，軟子音と後舌母音の間に文字 *i* を挿入して書記法の上で子音の軟音性を表す. ここでの *i* は単なる軟子音を示す記号である）：*liáutis* [ˈlʲæutʲis]，*džiùs* [ˈdʒʲus]，*kiòskas* [ˈkʲoskas]. （3）軟子音の前の位置（書記法ではその軟音性を示すことはしない）：*nèšti* [ˈnʲɛʃʲtʲi].

---

[100] リトアニア語の鼻母音は 16–17 世紀まで保存されていた. 一部の低地リトアニア語方言では今日でも保存されている. この脱鼻音化については Zinkevičius (1980: §83–§85) を参照.
[101] 軟子音を表す発音記号は，本論では当該の子音の右上に（ʲ）を付けることによって示される. わが国のリトアニア語の入門書等において，次のような誤解を与える記述が見られる：「前舌母音に先行する子音および子音連続は，口蓋化音（軟子音）となる（例：gēras /gʼæːras/）.（中略）j /j/（例：Jōnas「ヨーナス（人名）」）は，常に軟子音であるが，他の子音は，後続する母音が前舌母音である場合は軟子音，後舌母音である場合は硬子音となる.」（村田 1992: 761）. これでは子音に後続する前舌母音と後舌母音の違いによって子音が軟音か硬音になるように読めるし，また後舌母音の前でも子音は軟子音も可能であるので，正しい記述とは言えない. Senn (1966: 64) の記述と比較されたい：Jeder Konsonant, auf den <u>in der Schrift</u> ein harter Vokal (Hintervokal), d. h. *a, ą, o, u, ų, ū*, oder ein mit einem solchen Vokal anlautender Diphthong (*ai, au, ui, uo, al, ar, am, an, ul, ur, um, un*) folgt, ist hart auszusprechen ...（下線は柳沢）. さらに最近出版された入門書にはこうある：「リトアニア語のすべての子音は，前舌母音の前におかれたとき，軟音化されて，軟子音（耳にやわらかく聞こえる音）になります」（櫻井 2007: 16）. リトアニア語の子音の軟音性（あるいは硬音性）は，子音に後続する母音に依存しているのではない. 前舌母音によってその前の子音が「軟音化」される，と考えるのは錯覚である. 子音そのものが軟子音あるいは硬子音であり，軟子音と硬子音の出現場所は上で述べた通りである. したがって，硬子音と軟子音が音韻論的に対立しているのは，後舌母音の前の位置である. 例えば，/rʲ/ ～ /r/ の対立：/ˈkaːrʲo/ *kãrio* "warrior"(gen. sg.) ～ /ˈkaːro/ *kãro* "war"(gen. sg.). この位置において軟子音と硬子音の対立を示すために，リトアニア語の書記法では軟音を表す文字 *i* が用いられるのである.

- 145 -

硬子音は次の位置に現れる：（1）後舌母音の前：*stóras* [ˈstoːras], *gùiti* [ˈguitʲi].
（2）硬子音の前：*nèštų* [ˈnʲɛʃtuː]. （3）語末：*óras* [ˈoːras]（軟子音は語末には現れない）.

　アクセント記号は語アクセントと音節音調を同時に示す. grave 記号（ˋ）は短いアクセント音節を示す：*vìsas* [ˈvʲisas]. acute 記号（ˊ）は急激な下降音調を示す：*stóras* [ˈstoːras]. circumflex 記号（˜）はゆっくりとした上昇音調を示す：*dõras* [ˈdoːras]. 二重母音をもつ音節では，acute 記号は二重母音の最初の文字に，circumflex 記号は二重母音の2番目の文字の上に付けられる：*káulas* [ˈkɑulas], *draũgas* [ˈdrɑugas]. 「母音＋/l r m n/」から成る半二重母音（二重母音的結合）の場合には，次の場合に限り grave 記号が下降音調を表す.[102]「u, i＋/l r m n/」の結合：*pìlnas* [ˈpʲilnas], *kùrmis* [ˈkurʲmʲis]. また，ui の結合の場合も同様に grave 記号が下降音調を表す：*gùiti* [ˈguitʲi]（外来語ではそれ以外の場合があるが，ここでは省略する）.

1.2. リトアニア語の母音組織

　リトアニア語の母音音素は長母音と短母音をもつ：

長母音		短母音	
i:	u:	i	u
iɛ	uɔ[103]		
		(e	ɔ)[104]
e:	o:		
æ:	a:	ɛ	a

---

[102] 半二重母音は子音との連接の前でのみ現れる：*šìl-ti, kùr-ti, kál-ti, teñ, gál.* 母音の前ではそれらは2つの音節に分裂する：*ši-lo, kù-ria, ka-lù, te-naĩ, gã-li.*

[103] iɛ と uɔ は，Амбразас (1985: 21f.) において слитные дифтонги（融合二重母音）あるいは полифтонги（多重母音）と呼ばれ，二重母音的結合とは異なり，単音素単位の実現として解釈されている. 同様な解釈は Ambrazas (1997a: 27; 1997b: 23) にも見られる. そして単音素単位と解釈する理由を次のように書いている：

gliding diphthongs と他の母音音素の間の音韻的対立を示すミニマルペアが幾つかある：*lieti ~ lýti, riẽkti ~ rẽkti, púodas ~ pūdas, kuõpti ~ kõpti.* 複合二重母音と異なり，[iɛ] と [uɔ] は音声位置に依存しないし，異なる音連続と交替できない. その音節アクセントは長母音の音節アクセントとほぼ同じものである. また [iɛ] と [uɔ] は，長母音と同じように，同じ形態音韻的交替に参加できることを指摘することも重要である.

[104] 外来語ではこの2つの短母音（文字では o と e）が見られる：*mètras* ['metras] / ['mɛtras]「メートル」，*poètas* [pɔˈetas] / [pɔˈetas]「詩人」.

第Ⅲ章　リトアニア語アクセントの研究

リトアニア語の文字と音素との関係は一般に以下のようである：

長母音

音素 i: ＝ 文字 y, į 　例：*mýli, gaĩdį*

音素 u: ＝ 文字 ū, ų 　例：*bū́ti, vaikų̃*

音素 iɛ ＝ 文字 ie 　例：*líeti, liẽkti*

音素 uɔ ＝ 文字 uo 　例：*púodas, kuõpti*

音素 e: ＝ 文字 ė 　例：*ė́sti*

音素 o: ＝ 文字 o 　例：*óras*（外来語の o は短音）

音素 æ: ＝ 文字 ę (e) 　例：*gě̃lę (vẽžė)*[105]

音素 a: ＝ 文字 ą (a) 　例：*ką́sti (dãro)*[106]

短母音：/i/ *bìjo*, /u/ *bùvo*, /ɛ/ *vèžti*, /a/ *gražù, kàsti*

　リトアニア語の二重母音と二重母音的結合（同音節的な「母音＋鳴音」）は，音節アクセントの機能の観点からすれば，長母音と同じ単位である．二重母音は，[ai], [au], [ɛi], [ui], ([ɛu], [ɔi], [ɔu]) である．例：[ai] *vaĩkas*, [au] *daũg*, [ɛi] *veĩkti*,

---

[105] 文字 e と a は非末尾のアクセント音節において位置的な長さを得ることができる．すなわち，非末尾のアクセント音節において e は [æ:]，a は [a:] になることができる：*pēną* [ʌpʲæːna:]; *rāktas* [ʌ́raːktas]（この場合にはその母音の音調は必ず circumflex 音調である）．しかし語末のアクセント音節あるいは非語末の無アクセント音節では必ず短音である：*miškè* [mʲiʃˈkʲɛ], *vežìmas* [vʲɛˈʒʲimas]; *galvà* [gaɫʲva], *raktẽlis* [rakʌtʲæːlʲis]．上で述べた，非末尾のアクセント音節における位置的な長音に関しても，多くの例外がみつかり，非末尾のアクセント音節でもこの e と a は以下の場合には短母音のままである．

1. 接頭辞 *ap-, at-, pa-, pra-* と，小辞 *be-* と *te-* と，否定の *ne-* をもつ動詞形で：*àtveda, pàmečiau, nèneša, tebèguli*．（注：接頭辞を有する動詞構造と異なり，名詞では接頭辞 *ap-, at-, pa-, pra-* と否定の *ne-* において母音 *a* と *e* を規則的に延長する：*ãtpildas, pãsaka, prãkaitas, nẽrimas*．）

2. 2 音節の不定形と 2 音節の不定形語幹から作られた形（未来形，過去多回体形，仮定法，命令法，分詞）において：*nèsti, kàsti; nèšiu, kàsime; nèšdavau, kàsdavau; nèščiau, kàsčiau; nèškime, kàskite; kàsdavęs*．

3. 比較級の接尾辞形で：*gerèsnis, aukštèsnis*．

4. 形容詞の限定形の男性単数主格で：*geràsis*．

5. 物主形容詞の意味での人称代名詞と再帰代名詞の単数属格形で：*màno, sàvo*．

6. *-sèti* と *-telèti* で終わる動詞の語根にアクセントが置かれる形において．またその当該の間投詞において：*klapsèti, klàpsi, blaksèti, blàktelèti, blàkt!, trèptelèti, trèpt!*．

7. 複合副詞で：*anàpus, šiàpus*．その他に国際語において：*poèzija, tèkstas*．

1 音節語と末尾位置において [e, a] は本来の短さを保持している（人称代名詞 *mēs* と副詞 *kasmēt, kasnãkt, pernãkt* は長い．[kasmèt]も可能）．Амбразас (1985: 50f.), Kamantauskas (1930: 6f.) 参照．リトアニア語の発音一般については Vitkauskas (1985) 参照．

[106] *dãro* の a が長音になることについては，上の注 105 を見よ．

- 147 -

ソシュールと歴史言語学

[ui] *smuĩkas*, ([ɛu] *neutralùs*, [ɔi] *boikòtas*, [ɔu] *klòunas*). 括弧内の二重母音は外来語においてのみ見られる.

　二重母音的結合に属しているのは，「短母音 /i/, /ɛ/, /u/, /a/, (/e/, /ɔ/) + /l r m n/」の同音節内において 1 つの単位を作る結合である. この結合はアクセントの機能からも長母音と同じ役割を果たす [107]：*šìlti, im̃ti, vélnias, tem̃pti, kir̃pti, riñkti, ver̃kti, leñkti, kùlti, kùrti, stùmti, sunkùs, kálti, apar̃nas, skambéti, krañtas*, (*studeñtas, fòrtas*). 括弧内は外来語に見られる.

1.3. リトアニア語の音節

　リトアニア語の音節核を作るのは母音音素である. リトアニア語の韻律構造から単純母音だけでなく，二重母音や二重母音的結合も 1 つの音節核を成しているとみなすことができる：*áu-gau, dìr-bam*.

　Ambrazas (1997a: 50ff.) によれば, 音節境界は STR-, ST-, TR-, SR- (S = 摩擦音, T = 破裂音, R = 鳴音［SR- 以外の場合，鼻音鳴音は除く］) のような語頭クラスターと構造的に同一の, 語中子音クラスターの前にある. したがって, これらのクラスターが語中にある場合には, このクラスターの前に音節境界がある：*liñk-sta, ver̃k-smas, põ-smas, gar̃g-ždas, ir-štvà, žieg-ždrà, ži-zdras*. リトアニア語には *R(T)S-, *R(T)T-, *TS-, *TT- タイプの語頭クラスターはないので, 音節は次のように切られる：*gar̃-sas, mur̃k-so, stùk-so, peñk-tas, rãk-tas, plén-tas*. 母音間の子音は先行の音節にではなくて, 後続音節に付く：*j-ė̃-jo, a-kìs, skry-bė-lė̃*.

　韻律の観点からすれば, リトアニア語の音節は短と長に分けることができる. 短い音節は, 音節核に 1 つの短母音を含む音節である：*a-kìs*. 長い音節は, 音節核に長母音, または二重母音あるいは二重母音的結合を含む音節である：*grą̃-žtą, gy-vý-bė, plau-kaĩ, pil-nám, var-daĩ*. したがって, 音韻的に短い音節は 1 モーラ, 長い音節は 2 モーラを数えることができる. アクセントの観点からすれば, acute アクセント (下降音調) は 2 モーラを数える音節の上の第 1 モーラの上で卓立

---

[107] これ以外に, 次のような「長母音＋鳴音 (あるいは非音節的な [i])」の結合も類似の二重母音的結合を成しているとみなされる：*jùrligė, pirmỹn, kodèl, ropõm, rytój*. さらに母音 [iɛ] と [uɔ] と鳴音 (あるいは非音節的な [i] と [w]) の結合も類似の結合を作っているとみなされる：*diēnraštis, dúonriekis, sudiẽu, tuõj*.

- 148 -

され，circumflex アクセント（上昇音調）は 2 モーラを数える音節の上の第 2 モーラの上で卓立される，とみなすことができる．

1.4. リトアニア語の韻律的対立

アクセントのある長音節は，音節音調によって韻律的な対立を作っている．アクセントのない長音節は音調による韻律的な対立は中和される．長音節における韻律的対立の例は以下に見ることができる（アクセント記号については **1.1** を見よ）：*šáuk* "shoot!" ~ *šaũk* "shout!", *gìnti* "to defend" ~ *giñti* "to drive off", *klóstė* "he spread out" ~ *klõstė* "frill", *týrė* "he explored" ~ *tỹrė* "mush", *rū́gti* = *rū́[k]ti* "to turn sour" ~ *rū̃kti* "to smoke".

アクセントのある短音節に音調的な対立はなく，その音節が他の音節に対して卓立しているだけである．したがって，短音節の *skùsi* "you will shave" と長音節の *skų̃si* "you will complain" の対立は音調的な対立ではなく，長さの対立である．

1.5. リトアニア語のアクセント法
1.5.1. 名詞のアクセント法

リトアニア語は自由な語アクセントをもっている．語におけるアクセントの位置は，語の形態素のアクセント属性と音節の音調とによって決まる．[108] 名詞の最も単純な単音節語幹と語尾をもつ例によってこれを説明すれば，名詞語幹と語尾には 2 つのアクセント属性がある：

強と弱．強語幹（T によって表す）は，その曲用変化を通じてアクセントを語幹の上に固定する．弱語幹（t によって表す）は語尾のアクセント属性によってアクセントを移動させる．弱語幹において，語尾が強のとき（D によって表す）アクセントは語尾に置かれ，語尾が弱のとき（d によって表す）アクセントは語頭へ移動する．

最も基本的なアクセント図式は次のようになる：

---

[108] 「アクセント属性」については Garde (1976: 7; 柳沢訳 2017: 143–149), Дыбо (2000: 11–14) を参照.

ソシュールと歴史言語学

'T D	'T d	（語幹固定アクセント）
t 'D	⁽ᵗ⁾t d	（移動アクセント）[109]

リトアニア語においては語幹における**音調**の違い（acute **音調**か，circumflex **音調**あるいは**短アクセント** (grave accent) か）によって，さらに以下のように分類される（ここでは circumflex 音調で代表させている）[110]：

ā- 語幹

	固定(AP 1)	固定(AP 2)	移動(AP 3)	移動(AP 4)	
	T (´)	T (˜)	t (´)	t (˜)	
	カラス	腕	頭	娘	
Sg.					
Nom.	várna	rankà	galvà	mergà	D
Gen.	várnos	rañkos	galvõs	mergõs	D
Dat.	várnai	rañkai	gálvai	mer̃gai	d
Acc.	várną	rañką	gálvą	mer̃gą	d
Instr.	várna	rankà	gálva	mergà	d
Loc.	várnoje	rañkoje	galvojè	mergojè	D
Pl.					
Nom.	várnos	rañkos	gálvos	mer̃gos	d
Gen.	várnų	rañkų	galvų̃	mergų̃	D
Dat.	várnoms	rañkoms	galvóms	mergóms	D
Acc.	várnas	rankàs	gálvas	mergàs	d
Instr.	várnomis	rañkomis	galvomìs	mergomìs	D
Loc.	várnose	rañkose	galvosè	mergosè	D

---

[109] ⁽ᵗ⁾t d の括弧内に入ったアクセント記号は，現代リトアニア語では語頭音節へのアクセント移動を表す.
[110] リトアニア語は dat. pl. と acc. pl. のアクセントパターンに従って 4 つ (AP1~AP4) に分けることができる.

- 150 -

ā- 語幹

	固定(AP 1)	固定(AP 2)	移動(AP 3)	移動(AP 4)	
	T (′)	T (˜)	t (′)	t (˜)	
	男	指	窓	森	
Sg.					
Nom.	výras	pir̃štas	lángas	mìškas	d
Gen.	výro	pir̃što	lángo	mìško	d
Dat.	výrui	pir̃štui	lángui	mìškui	d
Acc.	výrą	pir̃štą	lángą	mìšką	d
Instr.	výru	<u>pirštù</u>	lángu	<u>miškù</u>	d
Loc.	výre	<u>pirštè</u>	langè	miškè	D
Pl.					
Nom.	výrai	pir̃štai	langaĩ	miškaĩ	D
Gen.	výrų	pir̃štų	langų̃	miškų̃	D
Dat.	výrams	pir̃štams	langáms	miškáms	D
Acc.	výrus	<u>piršùs</u>	lángus	<u>miškùs</u>	d
Instr.	výrais	pir̃štais	langaĩs	miškaĩs	D
Loc.	výruose	pir̃štuose	languosè	miškuosè	D

　上の T と D/d の組み合わせの場合に，アクセントは語幹の上に置かれるが ('TD, 'Td)，これが全ての格形で見られるのは固定アクセントタイプ (AP1) だけである．このタイプの語幹音調は acute 音調を特徴とする．一方，固定アクセントタイプ (AP2) の語幹音調は非 acute 音調（つまり circumflex 音調ないし短アクセント）をもつ．このタイプと固定アクセントタイプ (AP1) との違いは，下線部の格形のアクセント位置である．下線部の格形は，以下で検討するソシュールの法則が働いた形である（3.1 参照）．これらの格形の語尾の母音は単母音で，短アクセントを特徴としている．

- 151 -

ソシュールと歴史言語学

移動アクセントタイプ (AP3) は，t と D/d の組み合わせにより，アクセントは
語幹と語尾の間を移動するタイプである：nom. sg. *galvà* (t 'D)と acc. sg. *gálvą* ('t d).
このタイプの語幹音調は acute 音調を特徴とする．一方，移動アクセントタイプ
(AP4) の語幹音調は非 acute 音調をもつ．このタイプは，移動アクセントタイプ
(AP3) とは下線部の格形が語尾アクセントをもっていることが違っている．これ
もまた以下で触れるソシュールの法則が働いた形である．これらの格形の語尾
の母音は単母音で，短アクセントを特徴としている．

多音節語幹をもつ名詞は次のアクセントパターンをもつ．固定アクセントタ
イプ (AP1) の語は，どの語幹音節にもアクセントが置かれうるが，語幹の最後
の音節にアクセントをもつ場合には，その音調は必ず acute 音調である．例えば
nom. sg. *téviškė*「祖国」，*vãsara*「夏」，*šokėjas*「踊り手」，*pušýnas*「松林」．固定
アクセントタイプ (AP2) の語は，語幹の最後の音節に非 acute 音調をもつ語だけ
である．例えば *mokyklà*「学校」: dat. pl. *mokýkloms*, acc. pl. *mokyklàs*；*vadõvas*「指
導者」: dat. pl. *vadõvams*, acc. pl. *vadovùs*．移動アクセントタイプ (AP3) の語は，語
幹の上にアクセントがあるときは必ず語頭音節の上にアクセントがある．した
がって，多音節語幹をもつこのタイプの語は，語幹の最後の音節にはアクセン
トは置かれず，アクセントは語頭と語尾の広い移動を特徴とする．例えば nom. sg.
áudeklas「織物」，dat. pl. *audekláms*, acc. pl. *áudeklus*; nom. sg. *lygumà*「平野」，dat.
pl. *lygumóms*, acc. pl. *lýgumas*; nom. sg. *kẽpalas*「丸パン」，dat. pl. *kepaláms*, acc. pl.
kẽpalus．移動アクセントタイプ (AP4) の語は，若干の地名と派生語を除けば，多
音節語にはない．[111]

1.5.2. 動詞のアクセント法

動詞の現在時制の 2 音節形は，ソシュールの法則のためにアクセントが語尾
に移動する場合を除けば，語幹固定アクセント法を示す．すなわち，語幹音調
が acute のときは固定アクセント法を，他方，語幹音調が circumflex（あるいは
短アクセント）のときは単数 1，2 人称のみ語尾にアクセントを移動させる（下
線部はソシュールの法則が働いた形）．

---

[111] 多音節名詞の移動 (4) タイプに属する地名：*Garliavà* (4), gen. *Garliavõs*, acc. *Garliãvą*.

- 152 -

例：

	ŏ 語幹動詞		i 語幹動詞	
	走る	運ぶ	愛する	信じる
sg. 1.	bė́gu	nešù	mýliu	tikiù
sg. 2.	bė́gi	nešì	mýli	tikì
pl. 1.	bė́game	nẽšame	mýlime	tìkime
pl. 2.	bė́gate	nẽšate	mýlite	tìkite
3.	bė́ga	nẽša	mýli	tìki

	ā 語幹動詞	
	教える	放牧する
sg. 1.	mókau	ganaũ
sg. 2.	mókai	ganaĩ
pl. 1.	mókome	gãnome
pl. 2.	mókote	gãnote
3.	móko	gãno

しかし *per-* を除いた動詞接頭辞（否定の *ne-* を含む）をもつと，現在時制形は次の 2 つのアクセントタイプに分かれる.

1. 接頭辞をもつと，アクセントを接頭辞に移動する現在時制形. 例えば *nè-suka*「彼は回さない」, *àt-neša*「彼は運んでくる」, *pà-tiki*「彼は信用する」. そのような動詞の現在能動分詞は，移動アクセントのパラダイムをもっている.[112] 例

---

[112] 現代標準リトアニア語では，現在形で接頭辞にアクセントを置かない動詞においても現在能動分詞形ではアクセントを語尾に移動する傾向がある. 例えば *dirba*「彼は働く」:*nedìrba, dìrbąs, dìrbą / dirbãs, dirbą̃* ; *mýli*「彼は愛する」: *nemýli, mýlįs, mýlį / mylį̃s, mylį̃*.

これに関しては Laigonaitė (1978: 86–89) 参照. ブーガ (Kazimieras Būga, 1879–1924) はそのようなアクセント法の規則を以下のようにまとめている：「もし 2 音節の直説法 3 人称形が，接頭辞 *ap-, at-, į-, iš-, nu-, pa-, par-, pra-, pri-, su-, už-, be-* あるいは否定辞を受け取り，アクセントを接頭辞あるいは否定辞の上に持てば，現在能動分詞は末尾音節にアクセントを置く. 直説法 3 人称【のアクセント】が接頭辞あるいは否定辞の上にではなくて，動詞語根の上にアクセントが置かれるとき，その場合，分詞は語根にアクセントをもつ」(Būga 1961: 56). ブーガに基づき *-ąs, -is* と *-ą, -į* をもつ男性分詞主格を対応する接頭辞動詞のアクセント法に

- 153 -

えば *suką̃s, nešą̃s, tikį̃s* (また nom. pl. *suką̃, nešą̃, tikį̃*), acc. sg. *sùkantį, nẽšantį, tìkintį*. このタイプを構成しているのは，純粋 *ŏ* 語幹（athematic 活用から移行したものを除く），短語根の *jŏ* 語幹，それに *i* 語幹の一部である．例えば：

　純粋 *ŏ* 語幹：*dẽga*「燃える」：*nè-dega, degą̃s, degą̃*；*seřga*「病む」：*àp-serga, sergą̃s, sergą̃*；*veĩka*「引きずる」：*nù-velka, velką̃s, velką̃*；*dẽra*「適する」：*prì-dera, derą̃s, derą̃*；*kaĩba*「話す」：*pà-kalba, kalbą̃s, kalbą̃*.

　jŏ 語幹：*pùčia*「吹く」：*prì-pučia, pučią̃s, pučią̃*；*trẽmia*「流刑に処する」：*iš-tremia, tremią̃s, tremią̃*；*vãgia*「盗む」：*pà-vagia, vagią̃s, vagią̃*；*kẽlia*「持ち上げる」：*prì-kelia, kelią̃s, kelią̃*；*gẽria*「飲む」：*iš-geria, gerią̃s, gerią̃*.

　i 語幹：*mìni*「思い出す」：*pà-mini, minį̃s, minį̃*；*rẽgi*「見える」：*nè-regi, regį̃s, regį̃*；*stẽbi*「見守る」：*bè-stebi, stebį̃s, stebį̃*.

　これらの例は全て，その語根は短あるいは circumflex 語根であるが，しかしこの同じタイプにはまた acute 語根も可能である．接頭辞付きの動詞の場合にはソシュールの法則が働くためにアクセントは接頭辞から語根の上に移動する．例えば *iš-áuga*「成長する」< **iš-auga*. Cf. 分詞のアクセント法 *augą̃s, augą̃*.

　2. 接頭辞をもつと，アクセントをその接頭辞へ移さない現在時制形．例えば

従ってアクセントを置くことは，アクセント学の全ての教科書と文法で推薦されていた．そのような分詞のアクセント法のこのような推薦は，アカデミーの『リトアニア語文法』である Ulvydas (1971: II, 368f.) の中にもある．ここでは非常に詳細に検討されている．以下のように提案されている：1) 多音節あるいは III 活用の 2 音節動詞から作られた，語尾 *-qs* をもつ男性単数主格形と語尾 *-q* をもつ複数形は，現在時制 3 人称のアクセント位置と語調を保ってアクセントを打つ：a) *kartója – kartójąs, kartóją; važiúoja – važiúojąs, važiúoją; ...* b) *válgo – válgąs, válgą; méto – métąs, métą; rãšo – rãšąs, rãšą; ...*; 2) 2 音節の I 活用と II 活用から作られた現在能動分詞の語尾 *-qs, -js* をもつ単数主格形と語尾 *-q, -j* をもつ複数形は，当該の接頭辞動詞がどのようにアクセントが打たれるかに従ってアクセントが置かれる：もしそれが現在形で接頭辞の上にアクセントをもてば，分詞は語尾にアクセントを打たねばならない（*pàneša – nešą̃s, nešą̃; àtslenka – slenką̃s, slenką̃; nèkalba – kalbą̃s, kalbą̃; pàtikti – tikį̃s, tikį̃; pámini – minį̃s, minį̃*）；もし接頭辞動詞が現在形において，アクセントを接頭辞へ移動させないならば，分詞の主格は語根の上にアクセントを打たねばならない（*netèňka – teňkąs, teňką; nueĩna – eĩnąs, eĩną; atbéga – bégąs, bégą; nutỹli – tỹlįs, tỹlį*）．Senn (1966: 173) の記述も同様である：「アクセント位置と語調は，一般にその基礎となっている動詞形と同じである．このような動詞の男性主格形 *-qs, js*（単数）と *q, j*（複数）は，合成形の現在形において接頭辞に語アクセントが後退すれば，アクセントはこれらの両方の格形において語尾に置かれる.」

- 154 -

ne-šaũkia「彼は叫ばない」, *pa-dãro*「成し遂げる」. それらの動詞の対応する現在能動分詞は，アクセントの古テキストにおいて，一部また現代の諸方言において，一般に語根固定アクセントを保持している．例えば *šaũkiąs, dãrąs,* acc. sg. *šaũkiantį, dãrantį.* このタイプを成しているのは，非純粋 *ŏ* 語幹，長い語根の *jŏ* 語幹，全ての *ā* 語幹，そして *i* 語幹の一部である．例えば：

非純粋 *ŏ* 語幹：

infix -n-: *tiñka : ne-tiñka, tiñkąs, tiñką,* inf. *tìkti*「適合する」; *añka : už-añka, añkąs, añką,* inf. *àkti*「盲目になる」; *lim̃pa : pri-lim̃pa, lim̃pąs, lim̃pą,* inf. *lìpti*「粘着する」; *bãla : pa-bãla, bãląs, bãlą,* inf. *bálti*「白くなる」; *ỹra : iš-ỹra, ỹrąs, ỹrą (y < į < in),* inf. *ìrti*「崩壊する」; *spū̃ra : ne-spū̃ra, spū̃rąs, spū̃rą (ū < ų < un),* inf. *spùrti*「擦り切れる」. formant -st-: *al̃ksta : iš-al̃ksta, al̃kstąs, al̃kstą,* inf. *álkti*「飢える」; *pȳksta : ne-pȳksta, pȳkstąs, pȳkstą,* inf. *pȳkti*「腹を立てる」; *var̃gsta : iš-var̃gsta, var̃gstąs, var̃gstą,* inf. *ver̃gti*「貧乏暮らしをする」.

その他（母音交替）: *gáuna : at-gáuna, gáunąs, gáuną,* inf. *gáuti*「受け取る」; *vérda : iš-vérda, vérdąs, vérdą,* inf. *vìrti*「煮立つ」.

長い語根の *jŏ* 語幹: *daũžia*「打つ」: *pra-daũžia, daũžiąs, daũžią* ; *geĩdžia*「熱望する」: *ne-geĩdžia, geĩdžiąs, geĩdžią* ; *keñčia*「耐える」: *pa-keñčia, keñčiąs, keñčią* ; *séja*「種を蒔く」: *už-séja, séjąs, séją.*

ā 語幹: *mãto*「思う」: *ne-mãto, mãtąs, mãtą; móko《教える》: pa-móko, mókąs, móką; gul̃do《寝かせる》: pa-gul̃do, gul̃dąs, gul̃dą; bìjo《恐れる》: ne-bìjo, bìjąs, bìją.*

i 語幹: *gaĩli《哀れむ》: ne-gaĩli, gaĩlįs, gaĩlį; nóri《欲する》: į-si-nóri, nórįs, nórį; sédi*「座っている」: *pra-sédi, sédįs, sédį ; mýli*「愛する」: *pa-mýli, mýlįs, mýlį.*

2. ソシュールの第 1 論文「リトアニア語のアクセント法について」

Saussure (1894a) の中でソシュールはまず，音調とアクセントの関係について論じ，その後に，リトアニア語の音節音調の起源について論じている．それによれば，古代印欧語（古代インド語，ギリシア語，ラテン語）の本来の長い単母音あるいは長いソナントを含む内部音節は，リトアニア語では acute 音調をも

つ音節に対応する．他方，古代印欧語の本来の短い単母音あるいは短いソナント（また二重母音も）を含む内部音節は，リトアニア語では circumflex 音調をもつ音節に対応する，というものである．このような対応には多くの例外があるが，ソシュールはこういった例外を，後の起源の借用語や新形成，また「メタトニー」（métatonie；音調交替）によって説明する．ソシュールはここで初めて「メタトニー」の現象を提示し，これをアクセント学の中の研究課題として提示している．以下では，ソシュールの論文以前のリトアニア語アクセント学の重要な研究を概説し，その後にソシュールの研究を検討しよう．

2.1. ソシュール論文以前のリトアニア語アクセント学

　リトアニア語の音節音調とアクセントタイプについて，これを初めて体系的に記述したのは，クルシャト（Friedrich Kurschat, 1806–1884）の『リトアニア語学論集』の第 2 巻目として出版された『リトアニア語の音と音調学』= Kurschat (1849) であった．後にクルシャトは，19 世紀で最も優れたリトアニア語文法である『リトアニア語文法』= Kurschat (1876) の中で音節音調とアクセントについて多くの資料を使って記述している．Kurschat (1849) のリトアニア語アクセント法の記述は，その当時の研究者に最も大きな影響を与えたものである．極めて複雑なリトアニア語の音調とアクセントについて，これを科学的に整然とした体系の中に纏めたクルシャトの研究がなければ，ソシュールの才能をもってしてもこれを理解することは困難であったと思われる．シュライヒャーは自身の『リトアニア語文法 I』(Schleicher 1856) の「前書き」の中で，Kurschat (1849) がいかに優れているか，そして特にアクセント学の箇所が彼のリトアニア語研究の導き手であったかを熱く語っている．[113]

　一方，ソシュールの『覚え書』(1879) の中には Kurschat (1849) に直接言及し

---

[113] Die vorhandenen grammatischen werke kamen mir übrigens treflich zu statten, vor allem ist reichlich benüzt worden Kurschats beiträge zur kunde der litauischen sprache, I. heft: deutsch littauische phraseologie der praepositionen, Königsberg 1843, in der syntax, ganz besonders aber diser beiträge II. heft: laut- und tonlere der littauischen sprache, Königsberg 1849. Dises in seiner art auß gezeichnete werkchen, von dem ich sagen kann, daß ich es so zimlich außwendig gelernt habe, da es mir beim erlernen des litauischen von unschäzbarem werte war, ist für die accentlere mein fürer gewesen, one den ich wol lange im finstern gebliben wäre. (Schleicher 1856: IX)

ている箇所はない．ソシュールが『覚え書』を書く際にクルシャトのこれらの書を使わなかったとは考えられない．ソシュールの**第 1 論文**と**第 2 論文**にはクルシャトの名前は出てくる．**第 2 論文**には la Grammaire de K. としてクルシャトの文法が挙げられ，またクルシャトの *Deutsch-Lit. Wöterbuch* [114] と *Neues Testament* が言及されている (*Recueil* 529)．ソシュールがいかにクルシャトのアクセント分類に立脚しているかは，**第 2 論文**において，ソシュールがクルシャトの曲用のアクセントパラダイムを踏襲して，クルシャトと同じ分類番号を使っていることからも明らかである．例えば，ソシュールの Ia, IIa, Ib, IIb とその用例 *dẽvas, kélmas, põnas, výras* (*Recueil* 527) とクルシャトの分類の例：Ia. *Diẽwas,* Ib. *põnas,* IIa. *kélmas,* IIb. *tìltas* (Kurschat 1876: 150) [115]．シュライヒャーとは逆に，ソシュールは多くの箇所でクルシャトに対しては厳しい意見を述べている．ソシュールのクルシャト批判の一部（リトアニア語の短母音 *i, u* の解釈参照，*Recueil* 500ff.）は今では見当違いであるし，またかなりフェアーでない発言もある．[116]

　Kurschat (1849) の後に，リトアニア語アクセント研究にとって大きな影響を与えた研究が 2 つ現れる．その 1 つはフォルトゥナートフが古代印欧語（古代インド語，ギリシア語，ラテン語）とリトアニア語の二重母音的結合 il, ir, il̃, ir̃ における音調との関係を明らかにした「リトアニア語の比較アクセント学のために」(Fortunatov 1880) である．この論文が作成されたのは 1878 年のことであったという．もう 1 つの研究は，1881 年に発表された，レスキーンのリトアニア語の acute 化された末尾の長さの短縮の事実を証明した論文「リトアニア語における末尾音の量的関係」(Leskien 1881) である．この結果を受けて**ベッツェンベルガー**（Adalbert Bezzenberger, 1851–1922）による 2 つの論文が現れた．1883 年

---

[114] Kurschat, Friedrich. *Deutsch-littauisches Wörterbuch.* Halle a/S. 1870–74.
[115] 現代リトアニア語文法ではクルシャトの分類番号と異なる番号を使うことに注意．Ia = AP 4, IIa = AP 3, Ib = AP 2, IIb = AP 1 に相当する．Kurschat (1849: 47f.) によれば，Ia. *Diẽwas,* Ib. *Pônas,* IIa. *Kélmas,* IIb. *Tiltas.* 現代リトアニア語：*diẽvas*「神」(AP4), *põnas*「地主，旦那」(AP2), *kélmas*「株」(AP3), *tìltas*「橋」(AP1).
[116] ソシュールの次の発言：「*ßirßŭ, ßirßlỹs* "frelon", Lat. *crābro*, 原初のグループは *kr̄s*-. 実際，クルシャトは gen. *ßirßlio* を引用するが，彼は恐らくこの単語を知らない．何故ならば "Donalitius" (VII, 217) の詩の末尾にある acc. pl. *ßirßlius* は，明らかに acute 音調を証明している．」(*Recueil* 499) に対する，Dybo (2002: 300, note) の注を参照：「ソシュールのこの『彼は恐らくこの単語を知らない』という発言は公正ではない．というのも LKŽ, XIV, p. 907 によれば，リトアニア語方言では AP3 と並んでこの語のために AP4 が証言されているからである．」

のリトアニア語とギリシア語の語末音調の関係についての論文 (Bezzenberger 1883) と，1891 年のフォルトゥナートフの研究の中で指摘されなかった，リトアニア語のacute 音調のさらにもう1 つの起源を明らかにした論文 (Bezzenberger 1891) である.[117] 後者の論文について，ソシュールは**第 1 論文** (1894) の冒頭で次のようにこれにコメントをしている：

> 以下で述べられているのは，私が 4 年前にパリ言語学会で行った報告の内容である［脚注：1889 年 6 月 8 日の例会. *Bulletin de la Société de linguistique*, t. VII, p. liij.］. リトアニア語の音調と音調アクセントを扱う専門研究において同じ考えを発展させる予定であったので，私は我々の *MSL* にその報告を発表しなかった. しかし，この間に現れ，初め私が気づかずにいたベッツェンベルガーの小論文が，私の基本的原理が他のところで完全な姿で発表されるまえに，私にいくつかの基本的な考えを再び述べる気を起こさせたのである.

これらの研究，特にフォルトゥナートフの論文とレスキーンの論文は，ソシュールの論文に大きな影響を与えた.

2.2. フォルトゥナートフ「リトアニア語の比較アクセント学のために」

フォルトゥナートフはリトアニア語の二重母音的結合 il, ir, il̃, ir̃ における音調と古代印欧語（古代インド語，ギリシア語，ラテン語）のある種の相違点との関係を明らかにして，次のような 2 系列の相関を発見した:[118]

---

[117] ベッツェンベルガーの発見した結合（CeSə タイプの「2 音節語基」における，バルト・スラヴ語において *-ə- の消失の結果として発達した，二重母音あるいは二重母音的結合の延長）については，さらに Dybo (2002: 316–357) 参照.

[118] Fortunatov (1880: 575–589) は次のように述べている：リトアニア語の *ilgas*「長い」とスラヴ語の *dlьgъ*「長い (μακρός, долгий)」と古代インド語の *dîrgha*「長い」【PIE *dlh_1g^h-ó-, Skt. *dîrghá-* "long", Gk. δολιχός "long"; BSl. *díl²os*, Lith. *ìlgas* "long", Latv. *il̃gs* "long (of time)"; Russ. *dólgij,* Cz. *dlouhý,* SCr. *düg. EDSIL*】の対応は，リトアニア語の語形と古代インド語の語形のより近い親族関係の観点を私に指し示すきっかけとなる【フォルトゥナートフは長音の *î* を *i* と表している】. 特にリトアニア語の音節 *il* と古代インド語の *îr*（*r* ではなく）の対応を示している. 私にはそこには一般的な法則が存在するように思われる：後続する子音を有するリトアニア語・ラトヴィア語の *ir – il* は古代インド語の *îr, ûr*（唇音あるいは唇喉音の後ろの *ûr*）に対応し，他方，後続する子音を有するリトアニア語の *ir̃, il* [?]（Latv. *i'r, i'l*），さらにアクセントのない *ir, il* は，古代インド語の *r̥* に対応している. 一方で，人は古代インド語 *vŕka-*「狼」とリトアニア語 *vìlkas*【Lith. *vìlkas* (4) "wolf", Latv. *vìlks* "wolf", BSl. *wilkós*, OCS *vlьkъ,* Russ. *volk,* SCr. *vûk,* PIE *ulk^w-o-, Skt. *vŕka-*, Gk. λύκος, Go. *wulfs. EDSIL*】, *mrtá-*「死去」, *mr̥ti-*「死」とリトアニア語 *mìr̃tas, mìr̃ti*「死ぬ」を比較する.（中略）他方，古代インド語 *dîrghá-* とリトアニア語 *ilgas*, ラトヴィア語 *ilgs* を比較する. 同様の関係は，古代インド語 *pû'rva-* voran

I.	Lith. *il̃, ir̃* :	OInd. *r̥* : Gk. *αλ, λα*; *αρ, ρα* : Lat. *ol*; *or, er*.
II.	Lith. *il, ir* :	OInd. *īr, ūr* : Gk. *λω, ολ*; *ρω, ορ* : Lat. *lā, rā*.

2.2.1. 長いソナント *r̥̄, l̥̄, m̥̄, n̥̄* のリトアニア語の反映

　このフォルトゥナートフの発見によって，ソシュールの**第 1 論文**のテーマが与えられたのである．ソシュールはその**第 1 論文**の「*r̥̄, l̥̄, m̥̄, n̥̄* の反映」の章の中で，このフォルトゥナートフの発見についてこう書いている：

　1878 年にフォルトゥナートフは全く新しい，そしてある種意外な考えを明らかにした．彼は，一方でインド語，ギリシア語そしてラテン語の幾つかの現象と，他方でリトアニア語の音調（あるいは「対立されたアクセント」 «accents contraires»）の間に関係が存在するにちがいないことを，そして上の諸言語は疑いなく，かつてはそれ自身がバルト語にとって特徴的であるような独特な音調的な違いをもっていたことを確立した．この証拠の役目をしたのは以下の事実である：サンスクリットの *r̥* は，リトアニア語で acute 音調を見せるような場合に，規則的に īr, ūr に変わった．例えば，*pìlnas*, Skt. *pūrṇas*，しかし *vil̃kas*, Skt. *vr̥kas*, etc. のように．同様に同じ音調的法則に従って，ギリシア語で -ρω- を，ラテン語で -rā- をみつける (*AslPh.* IV: 586). (*Recueil* 496–497)

　『**覚え書**』の中で，ソシュールはすでに短と長の音節ソナントの考えを導入している．その 6 章の「ソナント *i, u, r, n, m* と関連する様々な現象」(Saussure 1879: 239ff. = *Recueil* 223ff.) の中でこれは検討されている．ソナントとソシュールの仮定する「ソナント的付加音」A の弱形 *A* (= ə) との結合について，ソシュールは次の法則を述べている：

　(1.) *Le groupe sonante + ᴬ précédé d'une voyelle rejette ᴬ s'il est suivi d'une seconde voyelle et demeure tel quel devant les consonnes.*
　(2) *Le groupe sonante + ᴬ, précédé d'une consonne ou placé au commencement du mot, se change en* sonante longue, *quel que soit le phonème qui suit.»* (*ibid.* 247–248

---

seiend, der frühere とリトアニア語 *pìrmas* der erste, ラトヴィア語 *pìrms* の間の接尾辞の相違に拘わらずに存在する【Lith. *pìrmas* (3) "first", Latv. *pìrmaĩs* "first", OPruss. *pirmas* (I), *pirmois* (II, III) "first", PSl. *pirʔwos, OCS *prьvъ*, Russ. *pérvyj*, SCr. *pȓvī*, PIE **prH-uo-*, Skt. *pū́rva-* "foremost, first, previous". *EDBIL*】.

= *Recueil* 231)

この2番目の法則，すなわち，*CRᴬ- > CR̄, #Rᴬ- > #R̄ (R =*ソナント) のリトア
ニア語での反映についても同著の中で書いている：

«En LITUANIEN *r̄* est rendu par *ir, il,* plus rarement par *ar, al. gìrtas* «laudatus» =
gūrtá; *žìrnis,* cf. *gírṇā*; *tìltas* = *tīrthá*; *ìlgas* = *dīrghá* (?); *pìlnas* = *pūrṇa*; *vìlna* =
ū́rṇā; — *žarnà* «boyau», cf. plus bas gr. χορδή; *száltas* = zd. *çareta,* lequel serait
certainement en sanskrit *çīrta,* vu le mot parent *çiçirá*; *spragù* = *sphū́rǵati.* (*ibid.*
262 = *Recueil* 245)

勿論，ここにはフォルトゥナートフが発見した，リトアニア語の acute 音調に
ついての記述はない．ソシュールは，恐らく，フォルトゥナートフの論文を読
んだときに非常に驚いたことであろう．自分が『覚え書』の中で仮定した，ソ
ナント的付加音の片鱗をリトアニア語の音節音調の中にみつけたのであるから．

ソシュールは**第1論文**の中で，リトアニア語の acute 音調をもつ ir の起源が，
自身の仮定する長いソナント *r̄ に遡ることを明らかにしている．印欧祖語の対
立 *r̄ –*r は，リトアニア語での対立 ir – ir̃ と対応する．ソシュールはこれにつ
いて，次のように書いている：

しかし，まもなく，印欧語の長い r̄ の導入が最初の相違 ūr —r に別の説明をもたら
し，そして一般に全てにとって明瞭な方向に物事の相関関係を変化させた．この際に，
疑いのなく未解決のままにあるのは，ūr – r と ir – ir̃ の2つの相違が以前のように同
じ程度に含意されているという問題である．しかしこの問題は今，単に印欧語の相違
r̄ – r というの別の問題になり得るのである．後者の関係に従って，もし今後検討せ
ねばならないことがそれであるとすれば，間違いなく，ūr – r と ir – ir̃ の相互の意味
は全く同じになる．というのもそれらは，その言語におけるおのおのの相違は，この
相違 r̄ – r の結果であるからである．(*Recuil* 497)

さらにソシュールは，印欧語の r̄ – r の対立の起源について，この長いソナン
ト r̄ の起源が別の音素との結合であることを仮定し，この長音が有標であるこ
とを強調する：

さらに印欧語形 r̄ – r に帰せられたものは，音調の事実としてそれ以上検討されるこ
とはできない．果たして，古代インド語の ūr – r が対立 r̄ – r によって引き起こされ
たように，この r̄ – r そのものは音調によって引き起こされたと仮定されるのだろう

- 160 -

か. しかしそのようには誰も思わないだろう. たとえ「r̄が存在した」という認識と，この r̄が動機付けになったことへの一定の観点の定式化の間に，漠然とした曖昧さがすでに以前から存在したとしても. しかしながらこのような問題は無条件に解決せねばならない. というのは，r̄は r + ö と同じであり，したがって，ちょうど ā が ă と異なっているように，また st は s とは異なっているのと同じく，根本的に r̥とは異なっている，ということを我々が正式に認めた後になってはじめて，繰り返すと，まさにこの瞬間から音調仮説は論理的に削除されるとみなされるのである. (*Recuil* 498)

さらにソシュールは流音 r̄, l̄ 以外に，鼻音 m̄, n̄ のリトアニア語における反映にも同じ acute 音調が見られることを発見している：

IE g₁nō- あるいは g₁enö- の弱形を示している Lith. *pa-žintas*[119] «connu», *pa-žìstu* = *pa-žìnstu* «je connais» は，両方の場合に長い n̄ のみを保持したに違いない. その長い n̄ は今日まで Lat. *gnā-rus* と Skt. *gā-nāmi* (*gātas との類推によって生じた形) によってのみ証言される.

Lith. *timsras* «brun foncé»は，IE *temösro- (Skt. *tamisrā-*, Lat. *tenebrae* の名詞として，また古高ドイツ語 *finstar* の形容詞として知られる) からの弱形 *tṃsro- を保持している.

Lith. *dùmti* «souffler» の Skt. *dhmā-* に対する関係は，Lith. *žinti* の Skt. *gṅā-* に対する関係と同じである. 分詞 *dùmtas* = *dhṃ-tos, Skt. *dhāntas (その後，*dhmātas* によって変えられた)；しかし弱形はサンスクリットそのものの中に見られる. (*Recueil* 500)

2.2.2. 短いソナント r̥, l̥, m̥, n̥ のリトアニア語の反映

ソシュールは，印欧語の短いソナントにリトアニア語の circumflex 音調が対応する，フォルトゥナートフの例 (*viĺkas* = Skt. *vŕkas*; 過去分詞 *mir̃tas, vir̃stas, kir̃stas* = Skt. *mŕtas, vŕttas, kŕttas*) に若干の例を加えている：

ketvir̃tas «quatrième», Gk. τέταρτος【PIE *kʷetr̥to- / *kʷetwr̥to-. *DÉLG*, 1109】.

kirmėlė̃, acc. *kir̃mėlę* «ver», Skt. *kŕmis*.

形容詞 *tir̃ßtas*[120] «pâteux, à moitié desséché» = Lat. *to(r)stus*, Skt. *tr̥ṣitas*.

---

[119] ソシュールはこの例において acute 音調を表すために acute 記号を使っているが (*pa-žintas, pa-žìnstu*)，ここではリトアニア語で現在普通に用いられている acute 音調を表す grave 記号の *in* に変えた. 以下 *im, ùm* も同様である.
[120] 現代標準リトアニア語の綴りでは，ß は š と表記する. したがって，この語は *tir̃štas* と現代リトアニア語では表記される.

- 161 -

ソシュールと歴史言語学

virßùs, acc. *vir̃βų* «sommet» は，もし我々が *varṣman-* «sommet», *varṣiṣṭhas* «summus» からの弱形をもつと仮定すれば，それと比較して Skt. *vṛṣ-* を持っていたかもしれない．

vir̃bas «rameau, baguette», cf. Gk. *ῥάβδος*. 【*ῥάβ-δ-ος*, Russ. *vérba*, OCS *vrъba*, IE **wṛb-*. *GEW*, II, 637】．

pir̃βtas «doigt», cf. Skt. *spṛṣṭas* «touché».

pir̃βtas (*perßù* «demander en mariage» から) = Skt. *pṛṣṭas* «rogatus». Cf. *pirßlỹs*, acc. *pir̃βlį*.

mir̃βtas (*už-mirßtù, už-mir̃ßti* «oublier») = Skt. *pra-mṛṣṭas* «oublié».

dir̃žtas (*ap-dirßtù, ap-dir̃žti* «devenir consistant ou résistant») = Skt. *dṛḍhas* «qui a de la consistance, dru, ferme».

OPruss. *tîrts*, acc. *tîrtian* «troisème» は，リトアニア語では *tir̃czas* = Skt. *tṛtīyas* であろう（フォルトゥナートフが指摘している事実，つまり第 1 要素の上の circumflex の記号をもつカテキズムテキストの【古】プロシア語の二重母音は，circumflex 音調をもつ二重母音に他ならない，という事実を我々は疑う余地のないものと考える）．[121]

(*Recueil* 505)

　鼻音ソナントについてはフォルトゥナートフの注意を引かなかったが，ソシュールは短い鼻音ソナントについても短い流音ソナント r, l と同様に振る舞うことを指摘している．ソシュールは以下の例を挙げている (*Recueil* 505)：

βim̃tas «cent», Gk. *ἑκατόν*, etc.【OInd. *śatám*, PIE **ḱm̥tóm. GEW*, I, 475】

septiñtas, deviñtas, deßim̃tas «septième, neuvième, dixième». さらに *δέκατος, εἴνατος* との直接的な比較なしにここで短い鼻音を仮定することができる．

tiñklas «filet» は Skt. *tantram* «fil» と一致する弱形である；cf. *ta-tas, τατός*.

---

[121] Trautmann (1910 [1970²]: 191, 449) によれば，古プロシア語のアクセント記号はソシュールの言う circumflex 記号ではなくて，macron（長音符号）である：*tîrts*, acc. *tîrtian*. Schmalstieg (1974: 22ff.) によれば，古プロシア語において「長音符号はソナント *m, n, r, l* の上には決して置かれない」，そして「原則として，古プロシア語の語において第 1 要素の上の長音符号はリトアニア語の circumflex に一致し，他方，古プロシア語の語の第 2 要素の上の長音符号はリトアニア語で acute に一致する．例：OPruss. *ēit* "goes" : Lith. *eĩti* "to go", *lāiku* "holds to" : Lith. *laĩko* "holds", *kaūlins* "bones" : *káulas* "bone", *lāiskas* "bokklet" : *laĩškas* "letter".」「時々，長音符号は，リトアニア語で対応する二重母音が circumflex 音調をもつとき，《混成 mixed》二重母音（つまり，第 2 要素に /l, m, n, r/ をもつ二重母音）のうちの 1 つである第 1 要素の上に書かれる：OPruss. *ālgas* "wage" : Lith. (acc. sg.) *al̃gą* "salary", OPruss. *mārtin* "bride" : Lith. (acc. sg.) *mar̃čią* "id.", OPruss. *ains āntran* "each other" : Lith. (acc. sg.) *añtrą* "second", OPruss. *ektūmp* "again" : Lith. *kam̃pas* "crooked", OPruss. *rānkan* "arm" : Lith. (acc. sg.) *rañką* "id."」

giñklas «arme» はまた Skt. *hatas*, Gk. *-φάτος* に一致する弱形である．ここにはまた以下が属している：*giñczas* «dispute, rixe» と ［*genù, giniaũ*] *giñti* «pousser, chasser devant soi le bétail».

pa-miñklas «monument», cf. Skt. *ma-tas*, Gk. *μέματον*. 動詞 ［*àt-menu*] *at-miñti* «se souvenir».

動詞 ［*imù*] *im̃ti*【"to take"】，恐らくこれは Skt. *yam-*，過去分詞 *yatas* に，また Lat. *emptus* に一致するが，それは *domitus, vomitus* に対立し，語根 *(j)em-*（1 音節）を仮定する．したがって，短い *m̥* を有する弱形 *(j)m̥-* を仮定する．

2.2.3. 二重母音のリトアニア語の反映

ソシュールは，印欧語の二重母音はリトアニア語で circumflex 音調が対応することを示す．ソシュールは，-|ēr|-, -|ēi|- のような非常に稀な第一次的な二重母音（二重母音的結合）を考慮に入れずに，通常の-|ĕr|-, -|ĕi|-, -|ŏn|-タイプの二重母音（二重母音的結合）を扱う．ソシュールが挙げている，この法則の一致する例のうちの一部を引用する (*Recueil* 507f.).

IE **ont(e)ros-* «autre» : Lith. *añtras* «second».

IE **dont* «dent» : Lith. *dantìs*, acc. *dañtį*.

Europ. **ansā* (Lat. *ansa* «anse»): Lith. *ą̃sà*, acc. *ą̃są* (= *añsą*).

IE **gₗhans-* «oie» : Lith. *žą̃sìs*, acc. *žą̃sį* (= *žañsį*).

IE **penk₂e-* «cinq» : Lith. *penkì*, fem. *peñkios*. 順序数詞 *peñktas* = *πέμπτος*.

IE **bhendh-* (*πενθερός*, Skt. *bandhus*, etc.) : Lith. *beñdras* «associé, copropriétaire».

IE **leng₂h-* (Ved. *raṁhas-* «vitesse»; 動詞 *raṁhatē* と他の強形，同系の *raghu-s*) : Lith. *leñgvas* «léger, facile».

Skt. *parṇa-m* «aile» : Lith. *spar̃nas*.

Europ. **porkₗo-s* «porc» : Lith. *par̃ßas*.

Europ. **b(h)ardhā* «barbe» : Lith. *barzdà*, acc. *bar̃zdą*.

IE **olg₂ho-*, Skt. *argha-m* «prix» : Lith. *algà*, acc. *al̃gą* «salaire». Skt. 動詞 *arhati* «mériter» : Lith. *el̃gti-s* «se conduire (= mériter)».

Europ. **ous-* «oreille» : Lith. *ausìs*, acc. *aũsį*.

Skt. *çrōṇi-s* «clūnis» : Lith. *ßlaũnys* (pl.).

Gk. *λευκός* : Lith. *laũkas* «marqué d'une tache blanche sur le front, en parlant d'un bœuf, d'un cheval».

IE **sousos, *seusos*; あるいは **sausos* (Skt. *çōṣ-*, Gk. *αὑστηρός, αὕω*, OHG *sôr*) : Lith.

- 163 -

ソシュールと歴史言語学

saũsas «sec».

IE **poik₁o-s* (*ποικίλος*, Skt. *pēças-*, etc.) : Lith. *paĩßas* «tache de suie».

IE **deiwos* «dieu» : Lith. *dẽvas*; *deivẽ*, acc. *deĩvę*.

Gk. *χειμών*, *κεῖμα*, Skt. *hēmanta-s* : Lith. *žëmà*, acc. *žễmą*.

　ソシュールはまたこれに興味深い例を付け加えている．circumflex 音調をもつ現在分詞の -*ant*- 音節である．ソシュールは，主格 (*neßą̃s*, etc.) においてこの音節は末尾であるために普通の条件では現れることはなく，また残りのパラダイムではそれは決してアクセント下では出会わないから (*nẽßanti*, etc.)，これを直接確かめることはできないとしている．そしてソシュールはこの -*ant*- 音節が circumflex 音調であるとみなす根拠を次のように書いている：

　　しかし以下で詳説される法則 (*Accentuation*) から以下のことが引き出すことができる：アクセントは，もし *nẽ*- に後続する音節が acute 音調であったならば，*nẽ*- の上には落ちなかったであろう．(*Recueil* 511)

ソシュールのこの**第 1 論文**にはこの「法則」(*Accentuation*) の記述はなく，この次の頁に «A suivre»「続く」と書かれて論文は終わっている．この「法則」はソシュールの**第 2 論文**で取り上げられる，「ソシュールの法則」のことを指していることは間違いない．この例でソシュールが言いたいことは，もし -*ant*- 音節が acute 音調をもっていたならば，アクセントはこの音節に移動したはずであるが，そうなっていないのであるからこの音節は circumflex 音調であったということである．[122]

2.2.4. ソシュールの音調とアクセントの考え

　ソシュールはこの**第 1 論文**の冒頭で音調とアクセントの関係について重要なことを述べている：

　　末尾音節における母音の短縮についての**レスキーンの法則** (F. loi de Leskien)[123] の直

---

[122] *àt-neša*「彼は運んでくる」，*nešą̃s,* acc. sg. *nẽšanti* を参照．ソシュールの法則については，**3.1**（174 頁以下）を参照．

[123] レスキーンは小論文 Leskien (1881: 188–190) の中で，「本来の長い語末音節由来の，circumflex アクセント (geschliffene Betonung)【引っ張りアクセント】をもつものは古い長さ

接的な結果，あるいはより正確には前提条件は，次の事実である：《上昇 geschliffen 音調》【= circumflex 音調】と《下降 gestossen 音調》【= acute 音調】は長いアクセント母音と同程度に，長い無アクセント母音に存在する（あるいはある時点で存在した）. アクセントの場所とは無関係に，《下降音調》をもつ末尾母音は短縮されるが，《上昇音調》をもつ末尾母音はその長さを保持する．実際，レスキーンの法則は，ただ末尾音節の範囲でのみ無アクセント母音の音調についての疑うべからざる結論をさせるのである．そしてこれらの音節が独自の地位を持っているということは，全くあり得ないことではない．しかし他の一連の事実は（それらのいくつかは以下で述べられる），音調は全ての種類の長母音にとって存在した―アクセント音節も無アクセント音節も，また非末尾音節においても末尾音節においても―ということに疑いを起こさせないのである．(*Recueil* 490)

探求すべきは，リトアニア語においてその強勢アクセントを随伴する現象では決してなくて，長さ quantité longue［ソシュール注：この用語はここでは「半長」も含むものとして理解されねばならない.］を随伴する現象である．音調は，リトアニア語音節のプロソディーprosodie の切り離すことのできない部分であり，アクセントとは不可欠のものとして結びつかない．音調のアクセントへの，またアクセントの音調への（また，下で見るように，大変大きな）影響が存在する，ということはあり得る．というのもアクセントは母音にも影響を及ぼすが，しかしここからは母音とアクセントは相互間に自然な姿で結びついている，ということにはならないからである．なるほど，無アクセント音節において音調は我々にとって隠されたままである．音調は，それに強さを付加するところのアクセントのおかげだけによってのみ，直接に感じられるようになるのである．(*Recueil* 491)

を保った．しかし acute (gestossene)【突き】アクセントをもつものは短縮した」という法則を述べている．その証明をレスキーンは次のように行っている：「本来の長い，しかし今では短い語末母音は，より古い時代にそこに enclitic な語が付加していたので語中母音であり，それ故に長音を保持した．それは主アクセント下では常に acute アクセントをもって現れる．非限定形容詞と限定形容詞の形を比較せよ：

masc. sg. instr.	gerù	gerū́-ju	【正書法 gerúo-ju, *-úo < *-ō】
pl. nom.	gerì	gerḗ-jë	【正書法 geríe-ji】
acc.	gerùs	gerū́s-ius	【正書法 gerúos-ius】
dual nom. acc.	gerù	gerū́-ju	【正書法 gerúo-ju, *-úo < *-ō】
fem. sg. nom.	gerà	geró-ji	【-ó < *-ā́】
instr.	gerà	gerá-ja	【正書法 gerá-ja, *-ą́ < *-án < *-ā́n】
pl. acc.	geràs	gerás-ias	【正書法 gerás-ias, *-ąs < *-áns】
dual. nom. acc.	gerì	gerḗ-ji	【正書法 geríe-ji】

更に，若干の再帰動詞とそれに相当する非再帰動詞を比較せよ：

1. sg. pres.	sukù	sukū́-s
2. » »	sukì	sukḗ-s.」

- 165 -

このソシュールの，音調とアクセントは独立しており，無アクセント音節に
おいても音調対立が存在するという考えは，その後，クリウォヴィッチらによ
って批判されるが，ソシュールのリトアニア語アクセント論の基盤をなす考え
である．上で検討したように，現代標準リトアニア語は無アクセント音節に音
韻的な音調対立はなく，音調は中和されている．したがって，これを考慮に入
れれば，ソシュールの無アクセント音節における音調対立という考えは，クリ
ウォヴィッチのような別の説明を求めさせるのである．しかしながらクリウォ
ヴィッチのような説明は，レスキーンの法則をもまた否定させるのであり，「ソ
シュールの法則」を非常に複雑な説明に追い込むものである．そういった理論
はこれら両方の法則を結合したものとして説明するのであるが，Garde (1976:
194) も言うように，そういった「2 つの法則を結合しようというあらゆる仮説
は，遙かに複雑な説明を導くことしかできない」．またアクセントと音調とが関
連する現象として捉える考えは，音調の起源をアクセント下にある場合にしか
考察できないことになり，音調研究の進展を阻むことになる．実際に，音調と
アクセントは独立しているというソシュールの考えが，バルト・スラヴ語アク
セント学を発達させたのであり，ソシュールの考えに従うことが議論を簡明に
させるであろう.[124]

2.2.5. 原初的な印欧語の長い単母音のリトアニア語における反映

ソシュールは，印欧語の太古から存在する長い単母音 *monophtongue longue*
(-|ā|-, -|ō|-, -|ē|-, -|ī|-, -|ū|-) を示す切片は，リトアニア語において，音調がもし何ら
かの特別な状況の理由で変化しなかったならば，常に acute 音調であるとの法則
を述べる (*Recueil* 491). ソシュールの引く例の若干を引用する（英訳を添える）:

---

[124] Дыбо (1977: 585) の無アクセント音節における音調対立の考えを参照 :
レスキーンの法則によって明らかになっているのは，アクセントに下降的な性質を付与
する，あるプロソディ的特徴 (x) を特徴付けるところの原初的な長母音は末尾位置で短
縮されたのであり，他方，アクセントに上昇的な性質を付与する他のプロソディ的特徴
(y) を特徴付けるところの原初的な長母音は末尾位置でその長さを保持したのである．こ
の法則にアクセント母音も，また無アクセント母音も従ったということから導き出され
ることは，プロソディ特徴 x と y はアクセント音節だけでなく，無アクセント音節にも
存在したということである．

(ā)	Skt.	*mātā*	"mother"	Lith.	*mótė* "wife, mother"
		bhrātā	"brother"		*brólis* "brother"
		sthā-	"to stand, stay"		*stóti* "to stand", *stónas* "state"
(ē)	Skt.	*vāyus* "wind, air, breath"		Lith.	*véjas* "wind"
	Skt.	*pād* "foot"			*pėdą* acc., nom. *pėdà* "foot(step)"
	Skt.	*dhā-* "to put, place"			*dėti, dėjau* "to put, lay, place"
	Eur.	*ēd-* "eat"			*ėsti, ėdžos* "to eat"

ソシュールは，上の Skt. *pād* "foot" と Eur. *ēd-* "eat" の 2 つを「原初的に長い単母音をもつ」例として挙げているが，これは不適当である．印欧祖語ではいずれも短母音であるからである：PIE **ped-o-*, Skt. *padá-* "step, footstep, track", Av. *pada-* "footstep", Gk. πέδον "floor, ground" (*EDBIL,* 347). PIE **pedo-m*, OInd. *padá-* n. „Schritt, Tritt, Fußstapfe", Avest. *paδa-* n. „Spur" (*GEW,* II, 486); PIE **h₁ed-mi*, Skt. *átti* "eat", Gk. ἔδω, inf. ἔδμεναι; Lat. *edere,* sg.1. *edō,* cf. PSl. **ěsti* "eat" (*EDBIL,* 157f.). リトアニア語でこれらの語が acute 音調をもつのは，ソシュールの時代には知られていなかった，**ヴィンターの法則**（Winter's law）が働いているからである．[125] その修正されたこの法則によれば，印欧語の短い単母音（また単純な短い二重母音あるいは短いソナント）は，印欧語の非帯気有声閉鎖音 (IE **b, *d, *g, *ĝ, *gʷ*) の前の位置で，対応する印欧語の長音節要素のバルト・スラヴ語的反映を生ずる（つまり acute 音調を有する音節形成要素を生ずる）．[126]

---

[125] Winter (1978 [発表は 1976]: 431–446) は次のようにその法則を書いている：

In Baltic and Slavic languages, the Proto-Indo-European sequence of short vowel plus voiced stop was reflected by lengthened vowel plus voiced stop, while short vowel plus aspirate developed into short vowel plus voiced stop. (*ibid.* 439)

その例：Lith. *bėgu, bėgti,* Slav. **běgǫ* (Russ. *begu,* OCS *běžǫ*) "run, flee" : Gk. *phébomai,* Lith. *sėdu, sėsti,* OCS *sěsti* "sit down": OInd. *sátsi,* Gk. *hédos,* ON *settr.*

[126] Winter's law について詳細に検討しているのは Dybo (2002: 393ff.) である．Dybo はこの法則が有効であることを確信している．この法則が発見されたことにより，バルト・スラヴ語の acute 音調の起源は，ソシュールが仮定する印欧語の長音と，Winter's law に由来するということになる．この Winter's law によって仮定されている音が帯気音を含まないことは，これらの音が本来，声門化閉鎖音 (*p'*), *t', K'* (cf. Гамкрелидзе & Иванов 1984: 15ff.) である蓋然性を高めている．したがって，"glottalic theory" を認めるならば，バルト・スラヴ語の acute 音調は，(1)「母音（あるいはソナント）+ラリンガル」と (2)「母音+声門化閉鎖音」から何らかの音声的メカニズムによって生じたと仮定することができる．特に，(2) については，声門化の弁別特徴の消失に伴い，この子音の前の音節核にラトヴィア語あるいは低地リトア

- 167 -

(ō)	Skt.	*dhānās*	Lith.	*dúna*【dúona】[127] "bread"
	Gk.	ὀκτώ "eight"		*aßtúnios*【aštúonios】pl. "eight"
	Skt.	*dā-* "to give"		*dúti*【dúoti】"to give", *dóvaną* "gift"
(ī)	Skt.	*vīras*	Lith.	*výras* "man; husband, spouse"
	Skt.	*gīvas* "living, alive"		*gývas* "alive"
(ū)	Skt.	*sūnús* "son"	Lith.	*sū́nų* (acc.), *sūnùs* "son"
	Skt.	*dhūmas* "smoke; stream"		*dū́mai* pl. "smoke"
	Skt.	*bhū-* "to be, become"		*bū́ti, bū́siu* "to be"
		pū- "to become putrid"		*pū́ti* "to become putrid", *pū́liai* pl. "decay"

ソシュールは，上の法則（ソシュールはこれを《**stóti の法則**》(loi de *stóti*) と呼ぶ）に合わない場合，つまりリトアニア語の長母音 o, ů, ė, y, ū が acute 音調をもたない場合を検討し，それを以下に纏めている.

1. 母音そのものがより後の起源である場合. スラヴ語とゲルマン語からの借用語はリトアニア語に大量の新しい o, ė, (ů), y, ū を導入したが，そこでは大部分の場合に circumflex 音調をもっている. 例：*vỹnas* «vin», *žỹdas* «juif», *rūbas* «vêtement», … .[128]

ニア語方言 Žemaitian の《中断音調 broken tone》に類似した音調が生じたと仮定される. この中断音調は，Grinaveckis (1973: 88–92) が低地リトアニア方言において観察するものであり，次の特色を有する:

トーンと声の強さははじめ突然と高まり，その強さの頂点に達すると突然にして中断し，その後，音はより低い下降する声で終わる. 低地リトアニア語方言の西部地域では裂け目はより強く，東部地域ではより小さくしか感じられない. 発音の中心での声の中断は声門の突然の閉鎖によって説明される.（中略）中断音調の最初の上昇する部分は下降する部分よりかなり短い（約 3 分の 1）ように思える.（中略）中断音調の声圧は上昇する部分の終わりに集中される. 声圧そのものは短くて強い，それは他の音調の声圧より強く，また高地リトアニア語の西部方言の下降音調の声圧よりも強い. 二重母音においてそれは常に第 1 要素の上にあり，その第 1 要素は中断音調で発音されるとき常に長い.

例：LL *dûms*, SL *dū́mas* (1); LL *dârbs*, cf. SL *dárbas* (3). Cf. Latv. *pêda* "footstep", Lith. *pėdà* (3), acc. *pédą*. Winter's law については，また Kortlandt (2009) を参照. バルト・スラヴ語の acute 音調の起源が「印欧語の laryngeal の脱落による中断音調の求められる」とする説については，矢野 (1984a: 4) を参照.

[127] *dúna* は，現代標準リトアニア語の正書法では *dúona* と綴られる. {uo} [uɔ] が長母音音素 /uɔ/ であることについては 1.2.参照.

[128] Fraenkel (1962–1965) の語源解釈を参照：*vỹnas* „Wein" は Bel., Pol. *wino*「ワイン」から；*žỹdas* „Jude" は Bel. *žid*, Pol. *žyd*「ユダヤ人」から；*rūbas* „Kleid(ung)" は Bel. *rub(ъ)* < Sl. *rǫb-

第Ⅲ章　リトアニア語アクセントの研究

2．借用語以外の大して古代でないことが明確な語．例：*czõžti* «glisser», *kriõkti* «grogner»[129], … .

3．文法的な新形成 (innovation) の結果としてできた語．*pũti, pũsiu* «pourrir», この不定形語幹の *ū* は古代の長音であるが，この現在形 *pūvù, pũva* における circumflex 音調をもつ *ū* は二次的なものである．[130]

4．印欧祖語には存在しない e – ē (ė)交替をもつ場合．

> もし母音 ē (ė) が，基となる母音が ę である語根に出会うとき，これはあまり太古ではない ē の印の役をしている．何故ならば，2, 3 の特別な場合（主格における延長，シグマアオリストにおける延長，等）を除いて，e — ē 交替は印欧語的ではないからである［注：少なくとも我々が常に堅持している観点はそれである］．(*Recueil*, 493)

ここでソシュールは，*slẽpti* «cacher» (語根 *slēp- (slepiù)*), *lẽkti* «voler, fly» (語根 *lēk- (lekiù)*) のような語における ė における circumflex の存在を指摘する．[131] これとの比較のために，語根が古代の ė にとって特徴的な acute 音調を規則的にもつことを確信するために，ソシュールは語根が e – ē (ė) 交替をもたない例を挙げている：*bégti, brékßti, drékti, gédėti, grébti, mégti, plékti, plḗßti, slégti, vésti, déti, séti, spéti,* そしてまた *ésti, sésti, stégti*.

これらの語根は e – ē (ė) 交替を示さない：*bégti,* 3 pres. *béga,* 3 pret. *bégo; ésti* «eat», 3 pres. *éda,* 3 pret. *édė*. ソシュールはこれらの例の最後の 2 つについて，以下のような注を付けている：

> 最後の 2 つの語根（我々は別の場合を見せるところの *ésti* を脇に残しておこう）は *sēd-, stēg-* に遡るが，しかし類推によって *bēg-* タイプに完全に移動した．そして *bogínti* をモデルにして *stógas* と *sodìnti* さえ形成した．未知の理由により *bēg-* タイプの母音を受け取り，それらはまたこのタイプの音調も受け取ったのである．(*Recueil* 494 脚注)

「縁，縫い目」から．

[129] Fraenkel (1962–1965) によれば，*czõžti*【*čiaũžti, čiuõžti*】も *kriõkti* も擬音語形成である（cf. Lat. *crōcāre, crōcīre* „krächzen (vom Raben)“）．

[130] *pũti,* 3 pres. *pũva* (< *pu-n-v-a*), 3 pret. *pùvo.* Cf. 3 pres. *pùna, pùsta* [LKŽ X, 1124]．現在形は，鼻音接中辞 *-n-* が挿入され，これが *v* の前で消失して，先行する母音 *u* を延長化したとみなすことができる．これについては，Schmalstieg (2000: 152)，柳沢 (1991: 33)，またその音調については注 139 参照．

[131] *slẽpti,* 3 pres. *slēpia,* 3 pret. *slẽpė; lẽkti,* 3 pres. *lēkia,* 3 pret. *lẽkė.* ソシュールの挙げているこれらの例が 2 次的に特殊な音進化の結果に由来することについては Petit (2004: 268ff.) 参照．

- 169 -

すでに上で指摘したように，ここに見られる例の幾つかは印欧語本来の長母音に由来する語ではなく，ヴィンターの法則が働いた結果，acute が生じた語である．*bégti* "run" (cf. Gk. *φέβομαι*, IE root **bheg^w-*, Dybo 2002: 404, *EDBIL* 85–86); *ésti* "eat" (cf. OInd. *admi*, Gk. *ἔδω*, Dybo 2002: 404; PIE **h₁ed-mi, EDBIL* 157–158); *sésti* "sit down", 3. pres. *séda* (cf. OInd. *sad-*, Gk. *ἕζομαι*, Lat. *sedeō*, Dybo 2002: 406; PIE **sed- EDBIL* 395, 391); *stégti* (Dybo 2002 407); *mégti* "love" (?*h₁meg-, *EDBIL* 298). ソシュールの当時にあっては類推としてしか説明できなかった語である．

5. 音調そのものが後のものである場合．ソシュールが名付けた「メタトニー」によるもので，これは《stóti の法則》の働きを受けない，年代的に遅くに起きた，音調が交替した現象をいう.[132] ソシュールは音調理論にとってこのメタトニー現象は最も困難な課題であると述べ，それをこのリトアニア語の研究の中で触れている．

ソシュールはこのメタトニーという用語を以下のように定義している：

原理は未だ不明であるが，しかしそれでもその結果は実際に現時点で音調の交替（任意の交替として，ある形態クラスにとって特徴的な交替）の姿で現れているような，そのような任意の音調変化である．(*Recueil* 494)

例えば：véjas「風」– pavějui「（副詞）風向きに，風下に」，kója「足」– pakõjui「足並みを揃えて」，sáulė「太陽」– pasaūliui「太陽の位置で」，kálnas「山」– pakaĨniui「下りで」．ソシュールはこの交替が任意の音調から反対の音調への恣意的な交替ではないとし，音調変化の方向にはある規則性があるとする：ソシュールは音調交替の変化は，何よりも頻繁に acute 音調から circumflex 音調への方向に起

---

[132] バルト語のメタトニーについては，イェルムスレウの博士論文の前半部を当てた Hjelmslev (1932: 1–99) がある．彼は，メタトニーを I. Métatonie douce「circumflex 的メタトニー」と II. Métatonie rude「acute 的メタトニー」の2つに分け，音調同化の規則を述べているが，一般に受け入れられていない．イェルムスレウについての批判は Stang (1966: 163) を参照．Būga (1923: 109–142; 1924a: 91–98, 250–302) = Būga (1959: 386–483) は，多くの資料を集めてあり価値は高い．Endzelīns (1922a, 1922b) も参照．最近のバルト語のメタトニー研究としては Stang (1970), Derksen (1996), Mikulėnienė (2005) がある．Stang は *métatonie douce* を音声的メタトニーと類推的メタトニーに区分する．スタングのメタトニー理論は最も優れたものに思える．Derksen は Kortlandt 理論と他のバルト語（ラトヴィア語）資料をもとにしている．Mikulėnienė のモノグラフは，名詞形成における circumflex 的メタトニーとその起源を追求したもので，メタトニーの研究史も具体例とともに載せてあり，優れたものである．

こるとし，この方向へのメタトニーを「circumflex 的メタトニー」(*métatonie douce*) と呼ぶ．例えば，-ia- で終わる行為名詞：bė̃gis「走ること」(cf. bégti「走る」). もし第一次の音調が circumflex であれば，変化は起こらない．例：smõgis「一撃」(cf. smõgti「殴る」). 他方，circumflex 音調から「acute 音調の方向への」(*dans le sens de l'intonation rude*) メタトニーは，より稀な，各場合にはより不規則的であり，恐らく，原理的に，一般的な反対方向へのメタトニーよりより古いものではない，とソシュールは述べている (*ibid.* 495). その例：名詞から派生した -inti で終わる若干の動詞：svéikinti「挨拶する，祝う」< sveĩkas「健康な」，gárbinti 「敬う」< garbẽ, acc. gar̃bę「名誉」.

　ソシュールは circumflex 的メタトニーに最も晒されているのは -us で終わる形容詞であるという．例えば：meilùs「愛想のよい」，acc. meĩlų, 副詞 meĩliai, 対して méilė「愛」，mélas「愛する」. ソシュールはこういった -us で終わる形容詞が lýgus, sótus のように acute 音調を持つとき，acute の昔ながらの語を支持することのできる証拠の内で最も信頼できるものである，と言っている（*Recueil* 495). このようにソシュールはメタトニー理論を使って，より古い層のリトアニア語の音調を探求する．このようにソシュールは長母音音節に見られる音調によって，リトアニア語の語彙の年代を決める．ソシュールによれば，《stóti の法則》の作用を受ける語彙はバルト・スラヴ語時代（あるいはそれ以上に古い時代）に遡るとし，スラヴ語からの借用語もまたその音調によって答えを与えることができるとする．例えば，põnas「旦那，地主」，dỹvas「奇跡」は circumflex 音調の故に，バルト・スラヴ語から相続されたものでないとする.[133]

2.2.6. 原初的な印欧語の短い単母音のリトアニア語での反映

　ソシュールは，印欧語の短い単母音由来の母音 a, e, i, ŭ についてのクルシャトの考えを次のように批判する:[134]

---

[133] Fraenkel (1962–1965) によれば，*põnas* はポーランド語，白ロシア語の *pan*「主人，旦那」から，また *dỹvas* は白ロシア語 *div(o)* からの借用とされており，これらはバルト・スラヴ祖語から直接相続されたものではないようである.

[134] リトアニア語の *a, e, i, ŭ* は，印欧祖語の次の短音から由来する：Lith. *a* < PIE *ŏ, ă*; Lith. *e* < PIE *ĕ*; Lith. *ĭ* < PIE *ĭ*; Lith. *ŭ* < PIE *u*. リトアニア語の長音 *o, ė, y, ū* はそれぞれ印欧祖

- 171 -

ソシュールと歴史言語学

単刀直入に言えば，クルシャトが 4 つのリトアニア語の母音 a, e, i, ŭ について教示していることからは，類似の何も導き出すことはできないだろう．クルシャトの理論は，まず第 1 に，完璧に a, e と i, ŭ を区別し，第 2 に，i, ŭ をあらゆる音調を欠いた母音とする．実は，クルシャトによれば，これら 2 つの母音 i, ŭ は短さを，それも恒常的な短さを基本的特徴とする．（中略）これらの母音は，アクセント下にあるとき，またそれらだけが中立的なアクセントの記号を受け取ることになる：ì, ù. ところで今度，a, e は，i, ŭ と違って長い切片であり，したがって，音調化される．しかしそれが起こるのは，それらがアクセント位置にある場合だけである (nãktį, mẽdų). 無アクセントの a, e，例えば naktìs, medùs は短いと説明される．このことからそれらは音調を持っていないと，我々は結論を下さねばならない．a, e の音調の種類に関して，クルシャトは如何なる但し書きもしていない．それ故，これらの母音は，長音のように circumflex あるいは acute であり得ると考える根拠を与えるのである．(*Recueil* 501)

ソシュールは，**バラノフスキ**（Antoni Baranowski = *Antanas Baranauskas*, 1835–1902）のアクセント下での短母音の延長の古さの考えを採用し，これらの音は任意の非末尾音節において延長が生じていると考えている．ソシュールは，バラノフスキからリトアニア語の母音の量の 3 段階の体系を受け継いで，次のようにそれを説明している：

1. **長母音**：◡◡◡：二重母音を除いた，切片 o, ė, ŭ, y, ū，古代の長母音．

2. **中間母音あるいは半長母音**：◡◡：切片 a, e, i, u（アクセント下あるいは無アクセントの）．つまり古代の短母音．末尾音節における原初的な長母音（勿論，もしそれらがレスキーンの法則の働きに出会わないならば）は，またしても語の内部で起こることとは異なり，半長母音を与える．例えば，属格の *oβkõs* の中の 2 つの o は ◡◡◡+◡◡ に等しい．したがって，末尾音節の古代の長母音と内部音節の古代の短母音は，同じ量をもつ：gen. *viβtos*, ◡◡+◡◡．

3. **短母音**：◡：末尾音節にのみ現れうる．例えば，形 *piktăs, kupczŭs* の中に現れる．あらゆる原初的な ă, ĕ, ĭ, ŭ（またそれ以外に，レスキーンの法則から引き出された ă, ĕ, ĭ, ŭ）は，語内部で生じたものと異なり，語の本来の意味で短母音 ◡ を与える．

ソシュールはこのように定義したうえで，「したがって，クルシャトの内部の

語の *ā, *ē, *ī, *ū に由来する．リトアニア語の a と e が非末尾のアクセント音節で位置的な長さを得ることについては，注 105 を参照．

- 172 -

第Ⅲ章　リトアニア語アクセントの研究

各々の ì, ù は, ĩ, ũ（◡◡ と同じ）によって置き換えねばならない」(*Recueil* 503)
とする.

> バラノフスキの証拠のおかげで, 事実をもとに明らかにすることを求めている大変に
> 重要な状況が明らかになった : ã, ẽ, ĩ, ũ クラスの音調の同一性と均一性である. (*ibid.*
> 504)

> ソシュールの結論：「原初から存在し, 原初には短い単母音であった切片は,
> リトアニア語では常に circumflex 音調をもっている.」(*ibid.* 500)

　しかしこのようなソシュールのこの 3 段階の量の体系は, リトアニア語の音
調体系を理解するためには必要のないものである. バラノフスキの考えはリト
アニア語の真の姿を捉えていない. クルシャトの考えが正しいものであった.
現代リトアニア語の母音体系が示しているように（1.2 参照）, a /a/ と e /ε/ は i, u
と同じ短母音であるとみなすことができる. アクセント下で短母音として発音
される場合には音調は存在せず, 音節は 1 モーラを数える. a と e が非末尾のア
クセント音節で長音として発音される場合（その場合には circumflex 音調をも
つ）, その音節は 2 モーラを数える（注 105 参照）. したがって, ソシュールが
第 2 論文で説明するような 3 モーラ説をとらなくても, 短音節アクセントと
circumflex 音節のアクセントを同じ扱いにしてソシュールの法則は成り立つの
である. これについては**3.1** を参照.

3. ソシュールの第 2 論文「リトアニア語のアクセント法」[135]

　第 2 論文はソシュールのリトアニア語アクセント研究における頂点であり,
ソシュールのリトアニア語研究のエッセンスを示してくれる. 冒頭にはソシュ
ールの法則が述べられている. そのためであろうか, この論文の価値をソシュ
ールの法則の発見, あるいは証明であると勘違いする研究者は多い.[136] ソシュー

---

[135] Saussure (1896) = *Recueil* 526–538.
[136] 著名なスラヴィストであるウェイク（Nicolaas van Wijk, 1880–1941）の謬見を参照 :
　ソシュールは, 彼の名前で呼ばれているアクセント移動の法則の確立によって, またこ
　の法則を歴史以前のバルト語のパラダイムに用いたおかげで, 初めてアクセント研究の
　ための新たな展望を開いたのである. (Wijk 1958: 48)
ソシュールはソシュールの法則を「歴史以前のバルト語のパラダイムに用いた」ことはな

ルはリトアニア語にソシュールの法則を応用することによって，リトアニア語のアクセントパラダイムから音声的法則によって生じた二次的なアクセントの移動性を取り除く．それをリトアニア語の名詞曲用，動詞，派生語において行う．その結果，ソシュールの法則という音声法則が働く以前のリトアニア語の古い層の中に，印欧語のアクセント法と類似した 2 つのアクセントパラダイムを発見している．ソシュールは論文の冒頭でこのことを次のように述べている：

リトアニア語において全く異なる 2 つのアクセント体系が相次いで起こったことである．第 2 のアクセント体系の基礎をなしていること，つまりアクセントと音調との関係は，第 1 のアクセント体系には全く知られていない．(*Recueil* 526)

ソシュールは印欧語とリトアニア語のアクセント法が関連しているとみなし，リトアニア語における移動アクセントの起源の仮説を提示している．

3.1. ソシュールの法則

ソシュールは論文の 1 頁目にソシュールの法則を述べている．

A une certaine époque anté-dialectale (du reste indéterminée), l'accent «s'est régulièrement porté de 1 syllabe en avant[137] quand, reposant originairement sur une syllable douce (geschliffen), il avait immédiatement devant lui une syllable rude (gestossen)». — Ainsi *laĭkýti* (*aĩ* + *ý*) devenait *laikýti*, pendant que par ex. *ráižyti* (*ái* + *ý*) n'était pas amené à changer la place de l'accent. (*Recueil* 526.)

諸方言への分裂に先行するある時代に（その時代は不明である），アクセントは《最初，それが circumflex (geschliffen) 音調を有する音節の上に落ち，その直後に acute (gestossen) 音調が存在すれば，規則的に 1 音節だけ前方に【語末方向へ】移動した.》かくして，*laĭkyti (aĩ + ý)* は laikýti「保つ，みなす」に変わった．それに対して，例えば，ráižyti (ái + ý)「切る」はアクセントの位置を変えなかった．

い．逆にソシュールの法則を使って，それに関係する現象を排除したことによって，古代のアクセントパラダイムを発見したのである．

[137] このフランス語 «en avant»「前方に」とは，アクセント論では語末方向へのアクセント移動のことを言う．これに対して，語頭方向へのアクセント移動のことを «récessif»「後退的」という．また，«douce» とは ton montant「上昇（circumflex）音調」を «rude» とは ton descendant「下降（acute）音調」の意味である．Cf. Brugmann (1897: I/2 947): Für die idg. Urzeit sind zwei Accentqualitäten ermittelt, die man als den *gestossenen* und den *geschleiften* oder *schleifenden* Accent oder auch als *Acut* und *Circumflex* unterscheidet ... .

ソシュールは，この法則について脚注で次のような注を付けている：

第 1 音節に落ちるアクセントにとって，ただ次の場合だけが可能である：

$$\text{ái} + \acute{y} = \breve{U}\cup\cup + \acute{\cup}\cup\grave{\cup}$$
$$\text{aĩ} + \tilde{y} = \cup\cup\acute{\breve{U}} + \cup\cup\grave{\cup}$$
$$\text{ái} + \tilde{y} = \breve{U}\cup\cup + \cup\cup\grave{\cup}$$
$$\text{aĩ} + \acute{y} = \cup\cup\acute{\breve{U}} + \acute{\cup}\cup\grave{\cup}$$

何故，まさに 4 番目の場合，それだけがアクセントの今批評している位置を作るかを理解するためには，この表を一瞥すれば十分である.

ソシュールは，自分の法則を 3 モーラ音節の主音が 1 モーラだけ移動すると解釈し，極めて単純なことなので，説明する必要もないとする．すでに **2.3.6** で述べたように，長母音は 2 モーラ，短母音は 1 モーラとみなされており，ソシュールの法則は次のように現代では修正されている：アクセントが非 acute 音調（つまり circumflex 音調あるいは短アクセント）を有する音節にあり，それに直接後続する音節が acute 音調をもてば，アクセントはその音節に移動する．例：
(1) nom. sg. *rankà* (2)[138] < **rañ'ká* < **'rañká* 「腕」（語根が circumflex 音調，ソシュールの法則が働いた例．語末の *-á* > *à* への短縮はレスキーンの法則 (2.3.4) による）．しかしソシュールの法則が働かない例：gen. sg. *rañkos* < **'rañkãs* < **'rañkā-ĕ/õs*.[139]

(2) instr. sg. *rankà* (2) < **rañ'kán* < **'rañkán*. Cf. OCS *rǫkǫ*. ソシュールの法則が働いた例.

(3) nom. sg. *blusà* (2) < **blu'sá* < **'blusá* 「蚤」（語根が短アクセント．ソシュールの法則が働いた例）．しかし，gen. sg. *blùsos* < **'blusõs*.

(4) nom. sg. *kója* < **kójá* 「足」（語根が acute 音調のため，ソシュールの法則は働かない）．

(5) sg. 1. pres. *nešù* < **'nešúo* 「私は運ぶ」（ソシュールの法則が働いた例．語根は短アクセント）．Cf. *nešúo-si*, OCS *nesti*. Gk. φέρω.

---

[138] リトアニア語の語の後ろに書かれた括弧内の数字はアクセントパラダイムを表す．ここでは AP2 を表す（**1.5.1** 参照）．
[139] circumflex 音調は隣接母音の縮約（音節消失）の結果生じた：nom. pl. f. *-ãs* < *-ā + es* (Lith. *tõs*); loc. sg. m. *-oĩ, -eĩ* < *-o + -i, -e + -i* (Lith. *namễ* [*namiẽ*]). (Brugmann 1897: I/2 949). Cf. Lith.. *rañkos* < **rañkãs* < **rañkaHes*.

(6) sg. 2. pres. *neši* < *'*nešie* < **nešei* 「あなたは運ぶ」（ソシュールの法則が働いた例）．Cf. *nešie-si*.

　ソシュールは，この法則は「諸方言への分裂に先行するある時代」に起こったと書いている．このソシュールの発言は，リトアニア語諸方言においてこの法則が働いたことから確かめることができる．ソシュールの法則は，高地リトアニア語方言 Aukštaitian dialect と低地リトアニア語方言 Žemaitian dialect の両方言に見られるからである．[140]

　ソシュールは，この法則がリトアニア語以外のバルト語に働いたかどうか，あるいはスラヴ語についても働いたのかについて何も述べていない．今日では，この法則は古プロシア語には働かなかったとみなされている：[141] OPruss. acc. pl. *rānkans* (4x), *āusins* (1x) : Lith. *rankàs* (< **rañkås,* cf. nom. sg. *rankà* "arm, hand" (2)), *ausìs* (< **aũsìs,* cf. nom. sg. *ausìs* "ear" (4)). 他方，ラトヴィア語については，この言語が語頭にアクセント後退を起こし，固定アクセント化しているために，ソシュールの法則がここに働いていたのかは明らかにできない．[142] スラヴ語には

---

[140] 低地リトアニア語方言 (LL) は，高地リトアニア語方言（標準リトアニア語は高地リトアニア語西部方言を基とする）と同様に，この方言においてもソシュールの法則が起こったことを示している．この方言では語末から語頭へのアクセントの後退が起こっているが，ソシュールの法則の結果として語末に移動したアクセントは，アクセント後退が起こった後にも副次アクセントとして保持されている．(SL＝標準リトアニア語)：nom. ag. LL *vẽità* : SL *vietà* (2), acc. pl. LL *vẽitàs* : SL *vietàs*, cf. gen. sg. LL *vẽitas* : SL *viẽtos,* acc. sg. LL *vẽita* : SL *viẽtą*. Grinaveckis (1973). 柳沢 (1993) 参照．
[141] Stang (1966: 173–174); Trautmann (1910 [1970: 190]) 参照．しかしながら，Schmalstieg (2015: 100ff.) によれば，古プロシア語にソシュールの法則が働いたと考える学者もいる．そう考えるのは，Dybo (1998) であり，彼は Kortlandt のアクセント移動の考えを受け入れ，古プロシア語にリトアニア語と同じ 4 つのアクセントパラダイムを仮定する（これは長音節語幹に見られ，短音節語幹では 1 と 2，3 と 4 のアクセントパラダイムは合併する）．これを受け，Schmalstieg (2015: 101) はこう書いている：one concludes that OPr. reflects that state when de Saussure's law operated exclusively in position before a dominant acute. こういった考えに対して，Andronov & Derksen (2002: 213–222) は次のように批判している (Schmalstieg, *ibid.* 101): 'The evidence for or against de Saussure's law, be it in the traditional or in Dybo's formulation, is extremely limited, however. ... It is not at all clear that these forms justify Dybo's conclusion. The root stress of acc. pl. *rānkans* "hands" and *āusins* "ears" (Lith. *rankàs, ausìs*), for instance, may just as well be taken as direct evidence against the operation of de Saussure's law.' 最近のモスクワ・アクセント学派 (MAS) についての批判は，Andronov & Derksen (ibid. 217) を参照．
[142] Latv. nom. sg. *roka* [rùoka] "hand", cf. Lith. *rankà* (2). Stang (1966: 172): Im Lettischen ist die Frage prinzipiell unlösbar, da der Iktus hier in *allen* Fällen auf der ersten Silbe ruht. ラトヴィア語にソシュールの法則が働いたかどうかについて，多くの研究者は Stang と同じく「解決できない」問題と考えている．しかしポーランドの印欧語学者 Otrębski (1958: 146) は，古プロシア語についてはソシュールの法則が働いたかを知るのは資料が欠如しているため困難と

ソシュールの法則は働かない（これについては 4.1 参照）．したがって，不明な点はあるが，ソシュールの法則はリトアニア語に限って生じた，歴史以前の比較的新しいアクセント移動の法則とみなしうるであろう．

　ソシュールは，この法則だけで「現在のアクセント法の体系の分析のためにも，また古代の体系を再建するためにも，アクセントの全ての部分において，これで十分である」(*Recueil* 526)，と言っている．以下ではソシュールの最も冴えを見せる，曲用，動詞，派生語の古代のアクセント法の再建を検討する．

3.2. 曲用のアクセント法

　ソシュールは，名詞のアクセントパラダイム（AP）の型を分類するに際して，クルシャトの分類記号を用いている．クルシャト (Kuschat 1849: 47, 1876: 150) は，名詞のアクセントを**移動アクセント型**（a を付ける）と**固定アクセント型**（b を付ける）に，さらにそれぞれを語幹の音調が非 acute 音調（I を付ける）であるか，acute 音調（II を付ける）であるかによって 4 分類する：Ia, Ib, IIa, IIb. その例：Ia *diẽwas*, Ib (*põnas*), IIa (*kélmas*), IIb (*tìltas*). 現代語のアクセントパラダイム型もクルシャトの分類法を踏襲しているが，分類の記号が異なる(1.5.1 参照)．現代リトアニア語では語幹固定アクセントを AP1 と AP2 に，移動アクセント型を AP3 と AP4 に分類し，語幹末が非 acute 音調を有する場合を AP2 と AP4 に分類している．クルシャトと現代リトアニア語のアクセント型は以下のように対応する：Ia = AP4, Ib = AP2, IIa = AP3, IIb = AP1.

　論文の中でソシュールが例に挙げている格形を纏めれば，以下のようになる：

	語幹固定アクセント型		移動アクセント型	
	IIb (AP1)	Ib (AP2)	IIa (AP3)	Ia (AP4)
sg.nom.	výras「男」	põnas「旦那」	kélmas「株」	diẽvas「神」
loc.	výre	ponè	kelmè	dievè

しながらも，ラトヴィア語にソシュールの法則は疑いなく働いたと考えている：«Przesunięcie przycisku, o którym tu mowa, dokonało się niewątpliwie także w łotewskim. Czy doszło do skutku także w pruskim, z braku dostatecznych danych trudno powiedzieć.» 他方，ラトヴィア語にはソシュールの法則が働いたことを示すものはないとするのは，Kortlandt (1977: 327–328 [2009: 10–11]) である．

- 177 -

pl.nom.	výrai	põnai	kelmaĩ	dievaĩ
acc.	výrus	ponùs	kélmus	dievùs
instr.	výrais	põnais	kelmaĩs	dievaĩs

（下線部はソシュールの法則が働いた格形）

　ソシュールは上のアクセントパラダイムからソシュールの法則が働いた格形を次のように指摘する：

> kélmus, výrus と比較して，dëvùs【dievùs】，ponùs（dẽvas【diẽvas】，põnas から）タイプのアクセントにおける全ての違いは，より後の起源をもっており，以下の事実によって引き起こされたのである：dẽvủs における ủ【現代表記では uo】は acute 音調であるので，それに先行する音節が circumflex 音調であるごとに，アクセントを自身の上に引きつけた．(*Recueil* 526)

すなわち，Ib (AP2) と Ia (AP4) の acc. pl. において，circumflex 音調を有する次末音節のアクセントは，後続の acute 音調を有する音節へ移動した（acc. pl. *dievùs* < *diẽ'vúos* < **diẽvúons* < **diẽvōns* (?). Cf. *gerúos-ius,* ill. pl. *miškúos-na,* OPruss. *deiwans*）.

　次に，ソシュールは，この法則が働く前の，より古いパラダイムの違いを指摘する：

> したがって，第 1 次的なのは，この音声的な出来事において説明をみつけることができないような違いだけである．例えば põnais, výrais に対して dëvaĩs, kelmĩs. (*Recueil* 527)

「この音声的な出来事」(ce fait phonétique) とは，勿論，「ソシュールの法則」のことである．ソシュールは，「ここでも特別な努力をせずに，現代のアクセント法の下に隠されている昔ながらの体系を墓場から引き出すことができる」(*Recueil* 527) と述べている．ここでソシュールは，リトアニア語の古代には 2 種類の「説明のつかない」AP，すなわち，**移動 AP** と **語幹固定 AP** が存在することを突き止めている．この古いアクセントの移動性をソシュールは，「文法的」(grammatical) な移動性と呼ぶ (*Recueil* 527). この移動性は語幹の音調には依存しない（対して，新しい移動性は音調に依存する）．古代に存在していたこの 2 つの移動パラダイム (paradigme Mob.) と固定パラダイム (paradigme Im.) は，その

第III章　リトアニア語アクセントの研究

後にソシュールの法則によって，次末音節に circumflex 音調（あるいは短アクセント）を有する語において一部の形で語尾にアクセントを移動させた．そのパラダイムをソシュールは Mob./α と Im./α と記す．これは以下のように纏められる：

IIb (AP1) : paradigme Im.	［固定 AP，acute 語幹］
Ib (AP2) : paradigme Im./α	［固定 AP，非 acute 語幹］
IIa (AP3) : paradigme Mob.	［移動 AP，acute 語幹］
Ia (AP4) : paradigme Mob./α	［移動 AP，非 acute 語幹］

この表から明らかなように，一方では AP1 と AP2，他方では AP3 と AP4 はそれぞれ相補分布をなしていることが分かる．

　ソシュールは多音節語も検討している．多音節語においても次末音節にアクセントを有する語 (paroxyton) は 2 音節語と同じ状態を見せる．すなわち，次末音節と末尾音節との間にソシュールの法則が働くので，Im./α と Mob./α が発達した．一方，前次末音節（語末から 3 番目）にアクセントをもつ語 (proparoxyton)，またそれ以上の語末から離れた音節にアクセントをもつ語は，「この状態のいかなる痕跡も見せない」，つまり「次末音節の音調とアクセント音節の音調に無関係なので」，2 つのパラダイム（純粋な移動パラダイムと固定パラダイム　Mob. et Im. purs）しかもつことができない，とソシュールは述べている (*Recueil* 528).[143]

　ソシュールは最後に重要な事実を述べる：

多音節語の研究から大きな確かさをもって導き出されているように思える，他の一連

---

[143]　移動アクセントパラダイムをもつ多音節語において，一部の例外を除き，アクセントは常に語頭と語尾との間を移動する．例：*dovanà ~ dóvaną, vãkaras ~ vakaraĩ*. したがって，このタイプの語においては，多音節語の次末音節の音調はアクセント移動には無関係である．他方，固定アクセント型の多音節語においては，次のアクセント位置が考えられる．
(a) 次末音節にアクセントがある場合：もし次末音節の音調が非 acute であれば，ソシュールの法則が働き，これは AP2 型である．例：*vadõvas ~ vadovùs.* 他方，もし次末音節の音調が acute であれば，ソシュールの法則は働かないのであるから，これは AP1 型である．例：*vežéjas.*
(b) 前次末音節（あるいは語末から 4 番目の音節）にアクセントがある場合：もしその音調が acute であれば AP1 型である．例：*dúomenys.* もしその音調が非 acute であれば AP1 型である．例：*pãsaka.* 本来のアクセントを有する前次末音節が非 acute 音調をもち，次末音節が acute 音調をもつ場合には，ソシュールの法則が働き，次末音節に acute 音調をもつと推定される．これは結果として，上の *vežéjas* 型と同じタイプになる．したがって，ソシュールの言うように，前次末音節にアクセントをもつ語に関して，中間の音節（次末音節）の音調はアクセントの移動性には無関係である．

- 179 -

ソシュールと歴史言語学

の考えは,《任意の語が移動パラダイムをもつためには,常に<u>語頭音節に語幹アクセ
ント</u>をもたねばならない》ということである.(*Recueil* 528)

このリトアニア語の移動アクセントを持つ語にとって特徴的な語頭音節と語末
音節との間のアクセント移動は,バルト・スラヴ語の移動アクセントを有する
語にとって最も大きな特徴である.この移動性の起源をソシュールはこの論文
の最後で印欧語と関連付けて論じている(3.5 参照).ところで,ソシュールは
この規則の例外(septynì ~ septýnius「7」)[144] をソシュールの法則によって次のよ
うに説明している:*septýnius* < **sẽptýnius,* [*ẽ* + *ý*]. すなわち,この語もソシュー
ルの法則が働く前には語頭アクセント化されていた.こういったソシュールの
手法は人を納得させるに十分である.[145]

3.3. 動詞屈折のアクセント法

ソシュールは,「動詞の活用は,名詞とは異なり,全ての動詞にとってたった
1つだけのパラダイム,つまり<u>固定パラダイム</u>だけを持つことによって注目に値
する」(*Recueil* 529)と述べている.既に述べたように,現代標準リトアニア語の
無接頭辞動詞の現在(また過去)時制形の2音節形は,ソシュールの法則が働
いた場合を除けば,語幹固定アクセント法を示す(1.5.2 参照).[146] 名詞のように,

---

[144] *septynì* は移動アクセントタイプの語である:m. acc. *septýnis,* f. nom. *septýnios,* f. acc.
septýnias では次末音節にアクセントが,その他の格形では語末アクセントである:gen.
septyniũ, m. dat. *septyníems,* f. dat. *septynióms,* m. instr. *septyniaĩs,* f. instr. *septymiomìs,* etc. ここ
では移動アクセントタイプに特徴的な語頭音節と語末音節との間のアクセント移動ではな
くて,語中音節と語末音節との間のアクセント移動になっている.

[145] ソシュールの説明は非常に鮮やかであるが,ソシュールの方法によっては説明できない
語も存在する.以下の例は Young (1991: 20–21) より採った:*Beržuonà ~ Beržúoną* (~ *béržas*
"birch"), *antienà ~ antieną* "duck meat" (Kurschat 1876: 181【?】; DLKŽ-II *antiena* (1)) ~ *ántis*
"duck", *avižienà ~ avižíeną* (Kurschat 1876: 181; DLKŽ-II *avižiena*) "oat stubble" ~ *avižà ~ ãvižos*
"oat" (i.e. **[1]avižíeną* would not have yielded *avižíeną*).

私が調べた限りでは(II, III, IV, V 曲用のみ),現代標準語の移動アクセントをもつ多音節
語において,septynì タイプの次末音節と語尾音節との移動アクセントを有する語は存在し
ないのではないかと思える.起源的に前次末音節が非 acute 音調,次末音節がアクセント音
調を仮定できる語においても,語頭と語尾の間のアクセント移動(一般に辞書等では 3[b])
しか見られない.例:*padèkà* (3[b]) ~ *pãdèką*(この語は LKŽ によれば AP2 も可能とのことで
ある:*padèką*).移動アクセント型に見られる,語頭と語末との間のアクセント移動が,移
動アクセントタイプ全体に影響を及ぼした結果である.

[146] Kortlandt (1977: 326–327 [2009: 8–11]) は,非 acute 音調を有するある動詞のアクセント法
(例えば *vedù, vedì, vẽda*)は,ソシュールの法則の働きを反映するのではなくて,本来の移

第III章　リトアニア語アクセントの研究

ソシュールの法則が働く以前の古代の移動性を示すアクセント法はこの無接頭
辞形からでは推測できない．ソシュールの法則は，現在形の単数 1 人称と単数 2
人称の形において語幹が非 acute 音調のときにだけに働く．例えば，語幹が非
acute 音調の場合:[147] *vil̃kti*「引きずる」，pres. sg. 1. *velkù,* sg. 2. *velkì,* sg./pl. 3 *vel̃ka.*
それに対して，語幹が acute の場合にはソシュールの法則は働かない : *áugti*「成
長する」，pres. sg. 1. *áugu,* sg. 2. *áugi,* sg./pl. 3. *áuga.*

　しかし接頭辞付きの動詞形と，【非接頭辞的な】現在能動分詞形のアクセント
法は，リトアニア語の動詞においてもアクセントの移動性があることを示して
いる．ソシュールは，これら 2 つの動詞形（「*-ant-*で終わる分詞」と「接頭辞の
アクセント法」）について固定（アクセント）パラダイムあるいは移動（アクセ
ント）パラダイムにも従う，と述べている．移動アクセントタイプは，現在能
動分詞の男性・単数主格形が語尾アクセントを，男性・単数対格形が語頭アク
セントをもつタイプである :

　áugti「成長する」(pres. 3. *áuga*) : m. nom. sg. *augą̃s* ~ acc. sg. *áugantį*

　nèšti「運ぶ」(pres. 3. *nẽša*) : m. nom. sg. *nešą̃s* ~ acc. sg. *nẽšantį*

　sir̃gti「病む」(pres. 3. *ser̃ga*) : m. nom. sg. *sergą̃s* ~ acc. sg. *ser̃gantį.*[148]

動アクセント法を保持していると考えている（Cf. Olander 2009: 108）:
Pedersen's law again. The ictus was retracted from stressed innner syllables in mobile paradigms,
e.g. *nèveda, prìveda, nèvedėi.* This retraction reintroduced short *e, a* under the stress in open
syllables. The ictus was not retracted in *nesāko, nesākėi* because the latter paradigm had fixed
stress until de Saussure's law operated. (...) The accentual mobility in *vedù, vẽda* was a result of
Ebeling's law. The hypothesis that this verb was originally endstressed and that its mobility arose
from a retraction of the stress, not from a progressive accent shift, is based on the final stress of
the participle *vedą̃s* and corroborated by the Slavic evidence. Thus, we may compare the stress
patterns of *sãko* and *vẽda* with the nominal accent classes (2) and (4), respectively.

[147] ソシュールの法則が単数 1 人称と 2 人称に働くのは，この人称形が本来 acute 音調起源
の語尾をもっていたためである．pres. sg. 1. *velʹkù* < *ʹvelʹk-úo,* cf. *neš-úo-si.* pres. sg. 2. *velkì* <
**velʹk-íei,* cf. *neš-ie-si.*

[148] ソシュールはこの分詞の m. nom. sg. 形しか挙げていないが，彼はこの動詞を移動アク
セントパラダイムに属する語とみなしていたことは確かである (cf. *Recueil* 529)．この分詞のア
クセントを示す形は文献では以下のものがみつかる．LKŽ には次のアクセント付きの分詞
形がある : m. nom. sg. *Brolis ser̃gąs; Tas vaikas tebėr sergą̃s;* f. nom. sg. *Ana buvo serganti;* gen. pl.
Bulbų yra sergančių; f. nom. pl. *mergos sergančiõs.* Skardžius (1935:212–213 [1999: 248–249]) に
は次の形がある : *seᵃrgą́s* DK44₁₀, *sergą́* DK48₂₃, *sergąntíii* 369₄₄ ‖ *sergánczių* 309₁₂. *sérgą, sérgą*
38₁, *sẽrgą* 179₁₀. Kudzinowski (1977: II, 227) には対格として，*sérganti* 348₇ の形がある．こう
いった移動アクセントパラダイムをもつ形は，男性の短形において単数と複数で語尾アク
セントをもつ : *nẽša* "carries" — *išneša* "carries out" — *nešą̃s, nešą̃.* 現代標準リトアニア語にお
ける現在能動分詞のアクセント法は，上記のアクセント規則通りではなく，かなり揺れて

ソシュールと歴史言語学

それに対して，固定アクセントタイプは語幹にアクセントは固定している：

tráukti「引く」(pres. 3. *tráukia*): m. nom. sg. *tráukiąs* ~ acc. sg. *tráukinatį*

šaũkti「叫ぶ」(pres. 3. *šaũkia*): m. nom. sg. *šaũkiąs* ~ acc. sg. *šaũkiantį*

これらの動詞のアクセントの移動性は，名詞と同様に，語根の音調とは独立して 2 種類のアクセント移動性を見せる．ソシュールは，これらの能動分詞形のアクセント法の特徴を次のように纏めている：

> 分詞のパラダイムは，a) 音調に依存していない，しかし b) 動詞形成の方法に依存している：-ō, -jō, -stō 等で終わるものに依存している．ところで，もしこの事実の原因が定動詞そのもののパラダイムの昔の違いによって与えられないとしたら，この事実をいかに説明すべきなのであろうか．(*Recueil* 529–530)[149]

ソシュールは上の b) の動詞形成に依存する例として，*klỹpstąs* / *trúkstąs* の例を挙げている．ソシュールはこれらの形について何も説明していないが，これらは現在語幹が接辞 -st- によって作られる動詞であり (*klỹpti*「曲がる」，pres. 3. *klỹpsta*; *trúkti*「足りない」，pres. 3. *trúksta*)，固定 AP を特徴とするものである．

こういった固定 AP をもつ動詞は，その動詞が接頭辞（あるいは否定辞 *ne*）をもっても，そこへのアクセントの移動は起こらない．[150] それに対して，移動 AP をもつ動詞は，その動詞が接頭辞（あるいは否定辞 *ne*）を持つ場合，そこに

いる．例えば，接頭辞（あるいは否定辞）にアクセントが移動しない動詞においても，分詞形では語尾アクセントあるいは語幹アクセントである動詞がある：*dirba* "works" — *nedìrba* — *dìrbąs, dìrbą / dirbą̃s, dirbą̃*. これについては Laigonaitė (1978: 86–89), Ambrazas (1997a: 330–331) 参照.

[149] Kazlauskas (1968: 74) は次のように書いている：
この分詞の主格のアクセントが現在時制の動詞語幹の発展段階に依存していたことは，ソシュールでさえ気づいていた．後にエンゼリーンスとブーガは大量のデータを用いて，この主格のアクセント法と現在時制語幹の発展段階のこのような関係を明らかにした：語根アクセントを持つ傾向にあるのは，接中辞，語幹 *sta*- また *ā*- を有する現在時制形から作られた分詞であり，他方，他の語幹 (*a-, ia-, i-*) から作られた分詞は，末尾アクセントも，語根アクセントも持つことができる (Endzelīns 1923; Būga 1924b). 語幹の発達段階との同じアクセントの依存を立証したのは，また M. Daukša のアクセント学的資料である (Skardžius 1935: 210).

[150] Kazlauskas (1968: 68) によれば，「リトアニア語の全ての方言において，接頭辞アクセントを決して持たないのは，全ての接尾辞動詞（二次的動詞あるいは接辞 -*ója*, -*éja*, -*úoja*, -*áuja*-, *ēna*, -*ina* 等をもつ接尾辞形），接中辞 *sta-, na-* 語幹の動詞，現在時制と過去時制の *ā*-語幹動詞と過去時制の *ē*- 語幹動詞である（もし当該の現在時制形が *ā*- 語幹を持つならば）．他の全ての接頭辞動詞形，すなわち，非接尾辞的な *a-, ia-, i-* 語幹の現在時制と残存した *ē*-語幹の過去時制形のアクセントは，リトアニア語方言においてかなり変化している.」

- 182 -

アクセントを移動させる．ソシュールは次の例を挙げて，それが上で引用した現在能動分詞と同じ規則が働いていることを示す：

移動 AP：

áugti「成長する」(pres. 3. *áuga*)：pres. sg. 1. *ne áugu*, 3. *ne áuga,*

nèšti「運ぶ」(pres. 3. *nẽša*)：pres. sg.1. *nè nešu,* 3. *nè neša,*

固定 AP：

tráukti《引く》(pres. 3 *tráukia*)：pres. sg.1 *ne tráukiu,* 3 *ne tráukia,*

šaũkti《叫ぶ》(pres. 3 *šaũkia*)：pres. sg.1 *ne šaukiù,* 3 *ne šaũkia.*

　　　　　（下線部はソシュールの法則が働いた形）

ソシュールはこれらの 2 つのアクセントの移動性の違いについて慎重な態度をとっているが，これが上の分詞の 2 種類のアクセント移動性と関連していることを明らかにしている：

　これによっては，パラダイムが《移動的であった》かはいまだ証明されないが，しかしこれは少なくとも *serga-* と *szaukia-*【*šaukia-*】の間には明らかな違いが存在したことを証言している．言うまでもないことであろうが，*nè-auga* の代わりに *ne-áuga* の存在は（*ne-tráukia* のように）またしても，例の機械的な法則【ソシュールの法則】がアクセントを 1 音節だけ移動させただけなのである．(*Recueil* 530)

ここでもまたソシュールは，ソシュールの法則が働く以前のアクセント位置を突き止めているのである：*ne áugu < *nẽ áugúo, ne áuga < *nẽ áuga.*

　現在能動分詞と接頭辞動詞のアクセント法はお互いに関連し，2 種類のアクセント移動性と結びついている．この 2 種類のアクセント移動性は，ソシュールが触れているように，動詞の語幹形成方法と密接に関連している．ソシュールはこれについて詳細な議論をしていないが，Zinkevičius (1981: 96ff.) によれば，移動アクセントタイプ (*nešti*) は純粋 *ŏ* 語幹，短語根の *jŏ* 語幹，それに *i* 語幹の一部である：*dẽga: nè-dega, degàs, degã; pùčia: prì-pučia, pučiàs, pučiã; mìni: pà-mini, minĩs, minĩ*. 一方，語幹固定アクセントタイプ (*šaũkti*) は，非純粋 *ŏ* 語幹，長い語根の *jŏ* 語幹，全ての *ā* 語幹，そして *i* 語幹の一部である：*tiñka: ne-tiñka, tiñkàs, tiñkà; ỹrai: iš-ỹra, ỹràs, ỹrà (y < į); spū̃ra: ne-spū̃ra, spū̃ràs, spū̃rà (ū < ų);*

- 183 -

al̃ksta: *iš-al̃ksta, al̃kstąs, al̃kstą*; *māto*: *ne-māto, mātąs, mātą*; *gaĩli*: *ne-gaĩli, gaĩļs,*
gaĩļį; *nóri*: *į-si-nóri, nóris, nórį*; *sédi*: *pra-sédi, sédis, sédį*; *mýli*: *pa-mýli, mýlis, mýlį,*
etc.

3.4. 派生語のアクセント法

　ソシュールは, アクセントの観点から3種類の接尾辞を区別している. 第1番
目の接尾辞は, 基体語 mot-base に対して何らアクセント的に関与しない接尾辞
である. ソシュールはその例として *-ỹnas* を挙げている.[151] その接尾辞は基体語
がどのようなアクセントタイプに属していようと, 常にこの接尾辞にアクセン
トが置かれ, 派生語に固有のアクセントタイプをもつ接尾辞である: *béržas*「白樺」
(1) → *beržýnas*「白樺林」(1) ; *knygà*「本」(2) → *knygýnas*「書店」(1) ; *akmuõ*「石」(3b)
→ *akmenýnas*「石だらけの場所」(1) ; *žolẽ*「草」(4) → *žolýnas*「芝生」(1). ソシュール
は, この種の接尾辞は我々には最も関心を引かないものであると言っている.

　第2番目の接尾辞は, 基体語に対して無関係ではなく, 派生語が基体語と同
じ語幹の上のアクセントタイプを持つことを要求する接尾辞である. ソシュー
ルは例として, 接尾辞 *-iszkas*【*-iškas*】(*pagõnas* : *pagõniszkas*, etc.) を挙げて, 次
のように基体語と接尾辞との間にソシュールの法則が働く場合があることを書
いている :

> 　ここから結果としてもたらされるであろうことは, もし接尾辞が acute 化された音節
> から始まっていたならば, その接尾辞は, 基体語にとってそれが終わりから2番目の
> circumflex 音調をもつ次末音節に接続する毎に, 当然に自身にアクセントを受け取る
> ということである. (*Recueil* 530)

ソシュールは自身の法則が働く例を全く挙げていないが, 我々は acute 音調を有
する形容詞派生接尾辞 *-ingas* を挙げることができる. ソシュールの挙げた非
acute 音調の形容詞派生接尾辞 *-iškas* と比較すれば, 下記の AP が見られる :

---

[151] ソシュールはここで接尾辞 *-ỹnas* を挙げているが, 現代リトアニア語において派生接尾
辞の *-ynas* は全て acute 音調をもっている. *-ỹnas* で終わる語は Robinson (1976) では5語あ
るが, 全て非派生語である : *blỹnas* (2)「プリン」等. 同書では派生接尾辞 *-ýnas* をもつ語は
全て AP1 をもつ. この派生接尾辞は, Garde (1976: 58) では, «le suffix dominant fort aigu» (Ś+)
として分類される接尾辞である. 上の例は Garde (*ibid.*) より採った.

第Ⅲ章　リトアニア語アクセントの研究

非 acute 接尾辞：*-iškas* [152]

　　固定 AP　　　　　　　　　　　　　移動 AP

　　úkiškas, -a (1) ← *úkis* (1)「経済」　　*žmóniškas* (1/3[a]) ← *žmónės* (3)「人々」

　　knỹgiškas, -a (1) ← *knyga* (2)「本」　　*diẽviškas* (1/3[b]) ← *diẽvas*(4)「神」

acute 接尾辞：*-ingas* [153]

　　kúningas, -a (1)[154] ← *kúnas* (1)「体」　*naudìngas* (1/3) ← *naudà, náudą* (3)「効用」[155]

　　pakeleivìngas (1) ← *pakeleĩvis* (1)「同伴者」

　　　　　　　　　　　　　　　　ugnìngas (1/3) ← *ugnìs, ùgnį* (4)「火」[156]

下線部はソシュールの法則が働いた語である：*pakeleivìngas* < **pakeˈleĩv-ìngas*,
ugnìngas < **ùgn-ìngas*.

　第 3 番目の接尾辞は，ソシュールによれば，最も興味深い接尾辞である．この接尾辞をもつ派生語は，「その屈折において基体語のパラダイムがどのようなものかによって ―― 移動パラダイムあるいは固定パラダイムであるかによって ――，アクセントが接尾辞の上に，あるいは基体語の語幹の上にあることを要求するものである．」(*Recueil* 530) ソシュールはこの接尾辞のために非 acute 音調と acute 音調をもつ 2 つの接尾辞を例に挙げている：*-ininkas, -ė*（行為者派生接尾辞）と *-úotas*（形容詞派生接尾辞）．

非 acute 接尾辞：*-ininkas* [157]

---

[152] 例は Stundžia (1995: 66f.) より引用した．アクセントタイプについては LKŽ も参考にした．現代標準語ではこの *-iškas* によって派生された語は全て AP1 をとる．Garde (1976) はこの接尾辞を「否定的支配的接尾辞 (s-)」としている．「否定的支配的接尾辞は，語根がどのようなものであれ，それが現れる全ての語において固定語根アクセントを押しつける接尾辞である．このタイプは，リトアニア語においてしか名詞派生においてはっきりと立証されていない．」(Garde 1976: 60)

[153] Stundžia (1995: 62) 参照．

[154] DLKŽ (2012). また Lyberis (2015[6]) によれば，*kūnìngas* (1) であるが，Kurschat (1883) では *kúningas, -a* となっている．また，LKŽ 参照．

[155] LKŽ によれば，*náudingas, -a* (1) もある．

[156] *ugnìngas, -a* (1) と *ugningas, -à* (3) は LKŽ より．Robinson (1976) では接尾辞 *-ingas* をもつ語は全て AP1 である．すでに *ugnìngas ~ ugningà* (3) のような移動型は現代標準リトアニア語では存在しないようである．

[157] 接尾辞 *-ininkas, -ė* については，Stundžia (1995: 76f.) 参照．Garde (1976: §91) はこの接尾辞を「非鋭音調的強い接尾辞 (Š)」とみなしている．アクセントは語根固定アクセントと接尾辞固定アクセントのいずれかになり，語尾のアクセント特性は考慮に入らない：'R S D/d, r 'S D/d.

- 185 -

固定 AP　　　　　　　　　　　　　　　移動 AP

búrtininkas (1) ← *bùrtas* (1)「魔法」　　*darbiniñkas* (2) ← *dárbas* (3)「仕事」

malũnininkas (1) ← *malũnas* (2)「製粉所」 *piniginiñkas* (2) ← *pìnigas* (3b)「コイン」

<u>acute 接尾辞：*-úotas*</u> [158]　[ソシュールの文字表記では *-ûtas*]

krū̃muotas (1)[159] ← *krū̃mas* (1)「灌木」　*kalnúotas* (1) ← *kálnas* (3)「山」

<u>*lapúotas*</u> (1) ← *lãpas* (2)「葉」　　*kampúotas* (1) ← *kam̃pas* (4)「角，隅」

下線部はソシュールの法則の働いた語であり，ソシュールはこう書いている：

> 我々は文法的な理由 raison grammaticale によって，*krũmas* (Im.) から *krū̃mǔtas* を，*kálnas* (Mob.) から *kalnûtas* を，同じく *kam̃pas* (Mob./α) から *kampûtas* を得ることが出来る．しかし単に音声的理由 raison phonétique【ソシュールの法則による理由】のために，*lãpas* (Im./α) から *lapûtas* を得ることができる（= **lãpǔtas*, *ã* + *ǔ* のゆえに）．(*Recueil* 530f.)

ソシュールはここでも，ソシュールの法則が働く形を排除すれば，そこには 2 種類のアクセント移動性のタイプが存在することを確認している．[160] ソシュールはそういったアクセント移動性を「文法的理由」によって生じると言っている．

　さらにソシュールはこれらの派生語についての脚注の中で，注目すべきことを書いている：

> 接尾辞の第 1 番目のカテゴリーは屈折語尾 (les finales de flexion)にアナロジーを持たない．第 2 番目のカテゴリーは完全に Z と Zα タイプにおける語尾に匹敵する．第 3 番目のカテゴリーは Ω と Ωα タイプにおける語尾に匹敵する．(*Recueil* 531 脚注)

ソシュールはここで検討した接尾辞と AP における語尾のアクセント能力を比較している．ここには後のバルト・スラヴ語アクセント論で発達した，各形態素に割り振られたアクセント属性の考えの萌芽が見られる．こういった考えは Dybo (1981, 1989: 7–45) や Garde (1976) によって発達した考えである（1.5.1

---

[158] Garde (1976: §88) は「実詞から派生形容詞を形成する接尾辞 *-uot-(as)*」について，これを鋭音調的強い接尾辞 (Ś) としている．*-(i)úotas, -a* については，Stundžia (1995: 63) 参照.

[159] DLKŽ (2012)によれば，*krūmúotas* (1)「灌木の茂った」のアクセントが標準.

[160] この第 3 番目の接尾辞を Garde (1976) によるアクセント属性の表記法を用いれば，次のようになる：T S, t 'S（T = 強語幹，t = 弱語幹，S = 強い接尾辞）．さらに語幹 T と接尾辞 S の音調によって，ソシュールの法則が働く：T́ Ś > T Ś.

- 186 -

を参照）．今，Garde の考えを使ってソシュールの考えを説明しよう．Garde は語根を R と r，接尾辞を S, s, S+, s+, s-，語尾を D と d にアクセント属性を割り当てる．この内で大文字は「強形態素」を小文字は「弱形態素」を表す．接尾辞の S+ は「強い支配的接尾辞」を，s- は「否定的な支配的接尾辞」を表す．前者はそれが加わる全ての語幹を強語幹にし，接尾辞固定的アクセントを持つ語を形成する．後者は，それが現れる全ての形において，語根のアクセント属性と語尾がどのようなものであれ，アクセントを語根に投げ返す．アクセントは強形態素の列の左端の形態素の上に置かれる．例えば，以下の場合がありうる（' はアクセント記号）：

(α)	'R S D,	'R S d,	r 'S D,	r 'S d.
(β)	'R s D,	'R s d,	r s 'D,	⁽⁾r s d.
(γ)	R 'S+ D,	R 'S+ d,	r 'S+ D,	r 'S+ d.
(δ)	'R s- D,	'R s- d,	'r s- D,	'r s- d.

第 1 番目の接尾辞は Garde の表記では Ś+（S の上の acute 記号はこの接尾辞が acute 音調をもつことを示す）であり（*beržýnas*），語根のアクセント属性がどのようなものであれ，一様に接尾辞固定アクセントである（上の (γ)）．ソシュールが言うように，こういったアクセント属性をもつ語尾はリトアニア語には存在しない（リトアニア語では語尾は D と d しかないからである）．

「第 2 番目のカテゴリーは完全に Z と Zα タイプにおける語尾に匹敵する．」

Z とはソシュールによれば，「全てのパラダイムにおけるオクシトン性の欠如」，Zα とは「Mob./α と Im./α におけるオクシトン性の存在」である．したがって，Z と Zα タイプの語尾とは，弱語尾 d のことである：Ŕ d, R̃ 'd, r̃ 'd（文字の上の記号 ´, ˜ はそれぞれ acute 音調，circumflex 音調を表す）．ソシュールの法則の影響を受けて自己にアクセントを受け取ることもできる．第 2 番目の接尾辞のアクセント属性は s- であるので（上の (δ).　ソシュールの法則の作用によって s- の上にアクセントを受け取る：R̃ 's-, r̃ 's-），ソシュールの言うようにこの接尾辞は弱語尾 d に類似している．

「第 3 番目のカテゴリーは Ω と Ωα タイプにおける語尾に匹敵する.」

Ω とは,ソシュールによれば,「Mob./α と Mob. におけるオクシトン性の存在」,Ωα とは「Mob./α, Im./α と Mob. におけるオクシトン性の存在」である.したがって,Ω と Ωα タイプの語尾とは,次の場合に見られる語尾のことである(下線部はソシュールの法則が働く語形):f̄'D, f'D, R̄'D, R̄'d́, f̄'d́. 他方,第 3 番目の接尾辞は,'R̄ S̃, 'R̄ S̃, f'S̃, f̄'S̃; 'R Ś, R̄ 'Ś, f'Ś, f̄'Ś から分かるように,強の接尾辞 S である(この場合は上の (α) のように,語尾のアクセント属性はアクセントの位置には無関係である).ソシュールの言うように,この接尾辞のアクセント属性は Ω と Ωα タイプにおける語尾と同じ振る舞いをしている.

このようにソシュールは形態素のアクセント属性に近い特徴をつかんでおり,現代の形態音韻論的なアクセント研究に類似した考察をすでに行っていることは注目すべきである.

3.5. リトアニア語の名詞の AP と［印欧語の］オクシトン語幹

ソシュールは内的再建によって,古代リトアニア語に 2 種類の AP があることを再建した:1 つは語幹固定 AP,1 つは語頭音節と語末音節の間を移動する移動 AP である.このアクセント移動性をソシュールは「文法的」移動性と呼んでいる.ソシュールは他の古代印欧語(古代インド語とギリシア語)とのアクセントの比較を積極的に行わない.またラトヴィア語の資料を積極的に使ってバルト語の AP を再建しようとも試みない.[161]

論文の最後に,ソシュールは,リトアニア語において確立された語幹固定 AP と移動 AP の対立を,印欧語の**バリトン・アクセントパラダイム** (baryton AP) と**オクシトン・アクセントパラダイム** (oxytone AP) の対立に関連付けようとする.まず,ソシュールはリトアニア語の固定 AP をもつ語だけが,印欧語においても

---

[161] ソシュールは論文の最後にラトヴィア語のアクセントについて触れている.そこには,ラトヴィア語の中断音調 gestossen とリトアニア語の移動 AP との関係,またその逆のラトヴィア語の引き延ばし音調 gedehnt とリトアニア語の固定 AP の関係が書かれている.ソシュールの書いていることは正しい.しかし当時のソシュールは,後に Endzelīns (1922b) によって発見された,3 つの音調対立のあるラトヴィア語方言に見られる音調とリトアニア語の AP との対応を知らない.

第Ⅲ章　リトアニア語アクセントの研究

バリトン AP であったと仮定する．そして当然のことに，移動 AP は印欧語のオクシトン AP に対応すると仮定する．そして，リトアニア語の移動 AP の特徴である，中間音節を飛び越えて移動する，語頭音節と語末音節の間のアクセント移動の起源を印欧語の子音語幹のアクセント特徴から説明する．彼は次のように書いている：

> 我々は仮説として以下のことを提起する：1. ただ g と γ だけが移動パラダイムとして原初に存在していた（それ故，今固定パラダイムをもつ語だけが古代にバリトン化されていた）[162]．2. パラダイム g と γ において，偶然に内部の音節にあったあらゆるアクセントは語頭音節に移動した．それに対してあらゆる末尾アクセント（コラム的 columnal アクセントでもまた欄外的 marginal アクセントでも）は元の位置に残った．(*Recueil* 533)

ソシュールは，パラダイム g と γ からパラダイム G への子音語幹の移動は，その原理から無条件に出てくる，として以下の図を提示する：

	(γ)	(G)
nom., voc.	*duktě|	> duk|tě [163]
acc.	*duktě|rin	> dùk|terį
dat., loc.	*duktě|rĭ	> dùk|terĭ
gen.	*dukte|rès	> duk|terès
instr.	*dukte|rimì	> duk|terimì, etc.

上の図式の (γ) の nom., voc., acc., dat., loc. は，全て語頭から数えて第 2 音節目にアクセントが置かれており，これはコラム的アクセントを示している．他方, (G) においては，nom., voc. duk\|tě はコラム的アクセントではなくて，欄外的アクセントである gen., instr. と同じアクセントパターンとみなされた．この段階 (G) になると，コラム的アクセント対欄外的アクセントの対立ではなくて，語頭と語

---

[162] ソシュールはここで，パラダイム g と γ を次のように定義している：«Il sera permis d'appeler paragigme *G* le paradigme général; paradigme *g* la forme qu'il *doit* prendre chez un oxyton vocalique; et paradigme *γ* celle qu'il *doit* prendre chez un oxyton consonantique.» (*Recueil* 532)

[163] 現代標準リトアニア語の *duktě*「娘」は以下のように変化する：Sg. nom. *duktě*, gen. *dukter̃s*, dat. *dùkteriai*, acc. *dùkterį*, instr. *dukterimi/dùkteria*, loc. *dukteryjè*, voc. *dukteriẽ*. Pl. *dùkterys*, gen. *dukterũ*, dat. *dukterìms*, acc. *dùkteris*, instr. *dukterimìs*, loc. *dukterysè*. Cf. Gk. nom.sg. θυγάτηρ, acc.sg. θυγατέρα, gen.sg. θυγατρός, voc.sg. θύγατερ. Skt. nom.sg. *duhitā́*, acc.sg. *duhitáram*, gen.sg. *duhitúḥ*, voc.sg. *dúhitar*. OLith. nom.sg. *duktě*, acc.sg. *dùkterį*, gen.sg. *dukterès*, voc.sg. *dùkter*.

末のアクセント対立になっている.

　ソシュールは古代印欧語のコラム・オクシトンのタイプは，リトアニア語の移動アクセントタイプより古いものとみなしている．ここではパラダイムの内部での音節の数は一定ではない．ソシュールは，強格において内部音節に落ちるアクセントは，共通リトアニア語において語頭音節に移動すると仮定した（acc., dat., loc.）．他方，語末のアクセントは古い位置を保持した（nom. sg. *duktẽ* < *duktér*）．この変化によって，「その言語においてより初期には未知であった，アクセントの距離を隔てた移動が今では可能になった（「アクセントの跳躍」 «saut d'accent» の原理の始まりである．それはその後，リトアニア語のアクセント法のシステム全ての特徴となったものである）.」(*Recueil* 534)

　ソシュールはこの子音語幹において生じた移動アクセント化は，母音語幹名詞にも類推的影響を与えたと仮定する：

リトアニア語のオクシトン化された母音的名詞語幹において，（当時，子音語幹に固有であった）パラダイム G が見本として取られることができた形において，例えば，複数主格の **sūnūs* の代わりに *sūnūs* において，*dùkteres* ―それはそれ自身が **duktēres* に取って替わり，決して末尾アクセントを持っていなかった― を見本にして，リトアニア語はアクセントを末尾音節から体系的に引き寄せたのである. (*Recueil* 534)

　ソシュールは，上で述べたリトアニア語の移動アクセントが印欧祖語の子音語幹のコラム的オクシトンタイプに由来するという法則が，自分の理論の弱点であることを認めている：

残念ながらこの法則の有する特徴を正確に定義することは困難である．というのも一連の状況が純粋に単純な音声法則への定式化を阻んでいるからである. (*Recueil* 533)

ソシュール以後，この仮説については様々な研究者が仮説を提出してきた．後にペーザーセンはこのソシュールの考えを修正したが，ソシュールが提起した考えからは大きく逸脱したものではない（Pedersen 1933）．ソシュールの考えに対して根本的に異なる仮説を提起したのは**スタング**であった（Stang 1966: 134, 305ff.）．スタングはリトアニア語の移動 AP は，印欧祖語から直接に受け継いだ

ものと考えている. 彼はギリシア語のパラダイムを次のように再建する：nom. sg.
*θύγατηρ (> θυγάτηρ), acc. sg. *θύγατερα, gen. sg. *θυγατρός. また同様に, サンスク
リットのパラダイムを次のように再建する：nom. sg. *pánthāḥ* "way", acc. sg.
pánthām : gen.-abl. sg. *patháḥ*, dat. sg. *pathé* < PIE *pónteHs*, *pónteHm̥*, *pn̥tHé/ós*,
pn̥tHéi. このサンスクリットの例は, アクセントの位置と母音交替が一致して
いるので, これは古い AP を示しており, 印欧祖語が本来, 移動アクセントをも
っていたことの証左になるとする. このような印欧祖語は本来的に移動アクセ
ントタイプであったとみなす研究者は, Dybo, Garde, Kortlandt らの有力なバル
ト・スラヴ語アクセント研究者に多い.[164] これに対して, ソシュールは次のよう
に書いて, こういった考えを批判している：

《アクセントの跳躍》(Skt. *pánthās*, *pathás*, *pathibhís*) によってリトアニア語のアク
セントを想起させるような, 印欧語の稀な図式に立脚したい場合, リトアニア語の主
格が欄外的であることを理解することは前にもまして不可能に違いない. 呼格に関し
ては, ここで我々は完全に強調の呼格を脇に置いている (ἄδελφε, *mōteriszk*, etc.).
(*Recueil* 535 脚注)

4. ソシュールのリトアニア語アクセント研究の評価

最後の節では, ソシュールのリトアニア語アクセント研究が後のバルト・ス
ラヴ語アクセント学においてどのように評価されたか, あるいは批判されたか
を見ていく.

4.1. ソシュールの法則のその後

ソシュールの法則は, ソシュールとは独立して Fortunatov (1897: 62) によって
も発見され, スラヴ語にも働いたものとみなされた.[165] これ以後, ソシュールの
法則はスラヴ語にも働いたとみなされ, スラヴ諸国ではしばしば「**フォルトゥ**

---

[164] さらに Olander (2009: 46) 参照. イーリッチ・スヴィーティッチは印欧祖語がオクシト
ン・アクセントパラダイムであったか移動アクセント・パラダイムであったか不明として,
「移動＝オクシトン・アクセントパラダイム」(подвижно-окситонированная акцентная
парадигма) のような名称を使っている.
[165] Фортунатов (1897: 158). これについては, Garde (1976: II, 439–440) 参照. フォルトゥナ
ートフは例として, Russ. *vezú*, Lith. *vežù* を挙げている.

ソシュールと歴史言語学

ナートフ・ソシュールの法則」(закон Фортунатова – де Соссюра) と呼ばれるようになった．Meillet を含め，有力なスラヴ語研究者，例えば，van Wijk, Vaillant, Lehr-Spławiński らほぼ全ての研究者はこれを支持した．[166] 例外は著名な印欧学者であるクリウォヴィッチであった．彼はスラヴ語におけるソシュールの法則を認めないだけでなく，ソシュールが定式化したソシュールの法則そのものも認めず，独自のアクセント移動の理論を作った．クリウォヴィッチは，現代リトアニア語に見られるように，古代リトアニア語においても非アクセント音節における音調対立を否定する．したがって，当然にソシュールの法則だけでなく，その前提となるレスキーンの法則も否定するものである．[167]

今日，クリウォヴィッチによるソシュールの法則の否定説を支持する学者はほとんどいない．しかし，クリウォヴィッチのソシュールの法則がスラヴ語に

---

[166] Meillet (1934²: 166f.) は，ソシュールの法則がスラヴ語に働いている例として，動詞の -je-語幹の現在形と命令形を引用している．メイエによれば，この接尾辞はアクセントを規則的に接尾辞前の音節にもっている．例えば piše-「書く」(SCr. pȋše-) は語根要素にアクセントをもっている：Russ. píšet. しかし単数 1 人称の語尾 -ǫ（それは古い acute の -ō をもつ．Lith. ù < *-úo）と命令形の -i は acute 音調であるので，語根が短あるいは circumflex 音調のときには単数 1 人称でアクセントは 1 音節前進する：pišú, piší. 対して，語根が acute 音調であるときにはアクセントは前進しない：maže- (SCr. mȃže-): mȃžu, mȃži. このメイエのアクセント論は「古典的アクセント論」の典型であり，今日これを支持する者はほとんどいない．今日では次のように仮定されている：スラヴ祖語ではこの動詞は pisjǫ́, pisjétь (cf. Lith. piẽšti) とアクセントが置かれる，AP b の動詞である．リトアニア語の音調から分かるように，この語根は非 acute 音調であり，後続の音調がどのようなものであろうとアクセントは語根から後続の音節へ推移した（Dybo's law）．ロシア語で пишу́, пи́шешь と 1 人称単数以外で語根へのアクセントの後退が起こっているのは，後の現象である．Cf. Дыбо (1962: 3–27), Дыбо (1981: 3f., 197ff.).
[167] クリウォヴィッチは，ソシュールの法則とレスキーンの法則を区別せず，1 つの現象と考えている：
l'accent passe d'une pénultième douce ou brève sur une finale qui s'abrège. (...) Le fait primordial c'est sans aucun doute l'abrègement des voyelles longues non-entravées en fin de mot. C'est un phénomène qui dépasse les bornes du déplacement de l'accent. Celui-ci ne joue en effet qu'à l'intérieur d'un groupe syllabique final ∼X ou 'UX, tandis que l'abrègement a lieu indépendamment de l'intonation donnée. (Kuryłowicz 1958: 205).
クリウォヴィッチのこの定式は，ある末尾音節にのみ働くものである．クリウォヴィッチは，自由アクセント (stress) と量の対立と音調対立を同時にもつような言語は類型論的に知られていないとする考えに依拠して，非アクセント音節において音調対立を認めない．彼は，語内部のこのアクセント移動（つまり「ソシュールの法則」）は派生の章で議論すると言っているが，ne áuga < *'nẽ áuga のような接頭辞（否定辞）から語根へのアクセント移動を有する動詞についても派生として議論できるのであろうか．また，閉音節的な長母音の短縮においてもソシュールの法則は働いており，クリウォヴィッチのこの定式と矛盾している．例えば，instr. pl. sūnumìs < *sū'numīs. Olander (2009: 111) 参照．ソシュールの法則をまた否定する説については，矢野 (1984a: 7) を参照．

は働かなかったという考えは，その後スタングによって取り上げられた．Stang (1957: 19f.) は，スラヴ語にソシュールの法則が働かなかったことについて次のように書いている：

> もし我々がスラヴ語におけるソシュールの法則を受け入れるならば，スラヴ語のパラダイムにおけるアクセントの動きを説明することは非常に困難になろう．双数においてスラヴ語は *ȍba, *ȍbě, *mȍža, *ȍči をもち，他方，リトアニア語は abù, abì, ponù, akì をもつという事実を説明するいかなる方法もないだろう．同様なことは，複数対格 zǫ̂by, rǫ̂ky にも当てはまる（他方，リトアニア語は ponùs, rankàs をもっている）．（中略）スラヴ語のそれらの語とリトアニア語の galvà, kélmas タイプ（rankà, pónas タイプではなく）を比較することによって，スラヴ語の実詞と形容詞におけるアクセントの合理的説明にたどり着くことが唯一可能である【galvà, kélmas は AP 3．それに対して rankà, pónas は AP 2】．したがって，スラヴ語のパラダイムは，アクセントに関して，ソシュールの法則が働かなかったリトアニア語のパラダイムに最もよく一致している．

これ以後，スラヴ語においてソシュールの法則は働かなかったという考えが主流になっていく．特にスタングの影響を強く受けてソシュールの法則を排除する方向でスラヴ語アクセント論を確立したのは，ロシアの言語学者である**イーリッチ・スヴィーティッチ**（Владислав Маркович Иллич-Свитыч = V. M. Illič-Svityč, 1934–1966）と**ディボー**（Владимир Антонович Дыбо = V. A. Dybo, 1931–）である．彼らによってスラヴ語におけるアクセントの前進移動は，**ディボーの法則** (Dybo's law) として確立された．[168]

我々はソシュールの法則はいまだリトアニア語のアクセント法則として有効であることを確認した．ソシュールは自身の法則について一度もリトアニア語以外の他の言語へ拡大しようとしなかったのである．彼はその法則はリトアニア語の歴史の中でも新しい現象と考えているのであるから，それをバルト祖語に，さらにスラヴ祖語に応用しようとは考えなかったのであろう．この点でもソシュールは正しかった．

---

[168] ディボーの法則は，アクセント移動がアクセントを受け取る音節の音調には無関係に生ずるという点でソシュールの法則と異なっている．例：PSl. *'blŭxa, *blŭxǫ「蚤」> Russ. bloxá, bloxú, SCr. bùha, bùhu (cf. Lith. blusà, blùsą < *'blusó, *'blusą̃). ディボーの法則については Дыбо (1962) を参照．

4.2. ソシュールのリトアニア語 AP の起源的仮説のその後

ソシュールはリトアニア語の内的再建によって古代リトアニア語に 2 種類の AP が存在することを仮定した. この仮説は後の研究者によっても確認された.[169] 一方, ソシュールはリトアニア語の AP と印欧語の AP が関連していることを仮定した. ソシュール後にこの仮説は多くの研究者によって受け入れられた. 例えば, ソシュールの仮定した, リトアニア語の移動アクセントが印欧語の子音語幹名詞に由来するという仮説は, その後 Torbiörnsson (1924: 26ff.; 42) や Pedersen (1933: 25) によって修正され, 現代では「**ペーザーセンの法則**」(Pedersen's law) と呼ばれる法則としてソシュールの考え方が基本的に認められている.[170] さらに Stang (1957) の『スラヴ語アクセント法』(*Slavonic accentuation*) の研究は, バルト語とスラヴ語の名詞の移動 AP のアクセント曲線の同一性を証明し, スラヴ語アクセント体系の動詞のアクセント移動性 (ソシュールの言う「文法的な」アクセント移動性) を発見したものである. これにより, バルト語とスラヴ語の名詞の 2 種類の AP を, 古代印欧語の AP に関連付ける試みが開始されたのである.

クリウォヴィッチはリトアニア語と印欧語の AP の関係を認めずに, リトアニア語の AP はリトアニア語独自の発達と考えていた.[171] しかしこのクリウォヴィッチ説は, イーリッチ・スヴィーティッチの著名な研究『バルト語とスラヴ語の名詞アクセント法 (アクセントパラダイムの運命)』によって否定された.[172] こ

---

[169] Endzelīns (1923), Būga (1924b: XIX–LII; 1961: 19–84), Skardžius (1935) を参照.

[170] ペーザーセンの法則とは, 移動アクセントパラダイムにおいて末尾アクセントと語頭アクセントの間の対比を創造する傾向があり, これがリトアニア語において語頭と語末のアクセント移動を生じさせた, という主張である. Pedersen (1933: 25) 参照.

  Il s'agit seulement du recul d'un accent qui contrastait avec un autre accent (final) dans le même paradigme, et qui à cause de ce contraste était exagéré et anticipé.

  この法則はソシュールの仮説の延長線上にあるので, 研究者によっては「**ソシュール・ペーザーセンの法則**」(Saussure-Pedersen's law) と呼ばれる.

[171] クリウォヴィッチはバルト・スラヴ語と印欧語 (サンスクリットとギリシア語) との起源的関係がないことを証明しようとしている:

  D'autre part entre l'opposition indo-européenne *thèmes oxytons* : *thèmes barytons* et la flexion balto-slave des thèmes immotivés il y a un abîme créé par la disparition complète, en balto-slave, de cette distinction indo-européenne. (Kuryłowicz 1958: 197)

[172] Иллич-Свитыч (1963). この著は名詞のアクセントパラダイム体系の問題を実証的に調査して, 説得力ある結論を出している. 他方, 動詞のアクセントパラダイムの問題は, Дыбо (1981)がスラヴ祖語を実証的に扱っている. Stang (1957: 155ff.) は, バルト語とスラヴ語の

の研究はバルト語と印欧語との外的な比較を行い，両者の間に AP の対応関係があることを証明したものである．イーリッチ・スヴィーティッチは，クリウォヴィッチの仮説とソシュールの仮説を比較して，次のようにクリウォヴィッチの仮説を否定し，ソシュールの仮説を認める結論を出している：

クリウォヴィッチは彼の構想を支持するためにかなり大量の実際の資料を引用している．しかし彼の比較は一般にリトアニア文章語のアクセント資料に基づいており，それ故，入念な検証を必要とする．ソシュールの構想も，バルト語の語と他の印欧諸語の形のアクセント法の体系的比較による検証を一度も受けたことはない．どちらかの理論を決めること（あるいは両方の理論の拒絶）は，ただそういった比較を検証したのちにだけ可能である．私は比較の結果を事前に言うことをせずに，一方でソシュール理論に従うならばリトアニア語でどんな種類の分布が起こりえるのか，他方，クリウォヴィッチの理論に従うならばどんな種類の分布が起こりうるのかを読者に注意することだけにしよう．最初の場合，つまりソシュールの構想では，バリトン AP（AP1 と AP2）を有する大部分のリトアニア語名詞は，他の印欧諸語のバリトン形に対応すると期待されるだろう．また，移動 AP（AP3 と AP4）を有する大部分の名詞は，親族諸言語の移動・オクシトン AP 形に対応すると期待されるだろう．第 2 の場合，すなわちクリウォヴィッチの構想によれば，移動 AP と短語根を有するリトアニア語の名詞（AP4 あるいは多音節語にとって AP3）とバリトン AP と長語根を有する名詞（AP1）は，他の印欧諸語のバリトン形とオクシトン形に同程度に対応すると期待されよう．また短語根を有するリトアニア語のバリトン AP の名詞（AP2 と多音節語にとって AP1）と，移動 AP と長語根を有する名詞（AP3）は，概して，他の印欧諸語において正確な対応をもたない，バルト・スラヴ語あるいはバルト語の派生語であると期待されよう．(Иллич-Свитыч 1963: 17)

イーリッチ・スヴィーティッチは次のように結論を出している：

バルト語とスラヴ語の名詞のアクセントパラダイム体系の比較は，それらが原初的に同じものであったという結論へ導くのである．それら両体系は，《バリトン AP》対《移動 AP》の対立を反映する体系に帰着するのであり，それは古代インド語と古代ギリシア語の《バリトン AP》対《オクシトン AP》の対立に対応している．(Иллич-Свитыч 1963: 162)

動詞のアクセント法の比較をするが，印欧語との比較 (*ibid.* 178) にはほんの少し触れる程度である．Stang (1966: 480ff.) もバルト語と印欧語のアクセント法に触れているが，本格的な議論はない．

ソシュールと歴史言語学

　我々はここでもソシュールの仮説の正しさを確認する.

　ソシュールのリトアニア語のアクセント研究はバルト・スラヴ語アクセント学においてその基盤を作っただけでなく，現代においても有効な研究である. ソシュールのアクセント論文は常に再読する価値のあるものとして現代に生きている.

　注:【 】は柳沢による注. 音節主音を表す (̣) は (.) で代用した箇所がある.

第Ⅳ章. *Cours*（講義）と歴史言語学

0. 緒言

　フェルディナン・ド・ソシュールがジュネーブ大学で行った「一般言語学」と題される講義に関して残された資料をもとに、彼の弟子たちが書物として刊行したのが『一般言語学講義』（原題は *Cours de linguistique générale*, 1916；以下『**講義**』と呼ぶ）である。講義を行ったソシュール自身が書いたものではないために、この書物がソシュールの本当の学説を伝えてはいないのではないかという批判は当然ありうるし、事実現在でも新たに発見されたソシュール自筆の資料（Saussure 2002）などをもとに、彼の「真の」思想を解明しようとする「ソシュール学」は、丸山圭三郎氏[173]などによって行われたし、現在でも行われている。この研究の言語学史的価値を否定するものではないが、言語そのものの本質を解明するという現代言語学の基礎を築いたのは『**講義**』なのであり、この書物が全世界で読まれ理解されたからこそ、現代のような言語学が可能になったことは異論の余地がない。したがって本書では、それがソシュールの真の学説であるのかどうかは問題とせず、『**講義**』に書かれた内容を彼が提唱した言語学説であるとして論を進めることにする。

　ソシュールの言語学者としての最初の功績は、印欧語比較言語学者として、印欧祖語から印欧諸語への音変化を合理的に説明することを可能にする音素を仮定したことである（Saussure 1879）。この業績は、言語変化の過程を解明することに偉大な貢献をなしたものであるが、言語一般の性質を明らかにしたものではない。言語の本質を解明することを探究し、近代言語学の確立と発展に寄与したのは、やはり間違いなく『**講義**』である。ラングとパロール、シニフィアン（能記）とシニフィエ（所記）、連合（範列）関係と連辞関係など、言語学の対象と言語の一般的性質を正しく規定し、言語の体系と構造を厳密な論理に従って解明するという近代言語学の目的を設定したのが、まさにこの『**講義**』

---

[173]　丸山圭三郎氏のソシュール研究の代表作は『ソシュールの思想』（岩波書店、1981）であり、彼の一連の研究がソシュール学の発展に大きな寄与をなしたことは確かである。ただし、ソシュールの学説を正確に解説するというよりも、独自の言語論を展開する傾向が強かったように思われる。

に他ならない。

　しかし、『講義』の後半を占めるのが言語の変化と変異に関する考察であることを見てみれば、ソシュールが最終的に明らかにしようとしていたのが、言語の本質の中でも、言語が何故に変化するのかということであることが分かる。『講義』を実際に執筆したバイイとセシュエによる序文中にもあるように、ソシュールは「パロールの言語学」に関する講義を行う予定でいたのだが、[174] 彼はパロールの中に言語変化の要因が胚胎していると考えていたのであるから、印欧語比較言語学者として、言語変化の根本的理由が何であるのかを解明することを、言語学の最も重要な課題として捉えていたであろうことは、このような文言からも容易に予測できる。したがって本稿は、『講義』が言語変化とその理由についてどのような論を展開していたのかを考察することにより、この歴史的著作を新たな視点から捉え直すことを目的とする。この考察によって、『講義』の講義に対する射程が従来考えられていたよりもはるかに大きなものであることが明らかになるものと信ずる。

1. 言語に関わるアポリア

　人間は言語を使用する動物として定義されるから、人類の誕生と言語の誕生は同義・同時である。現生人類（homo sapiens）は、約 20 万年前に東アフリカで誕生したとされるから、[175] 言語も同じ時に同じ場所で誕生したと考えてよい。この時の人類の個体数がどの程度であったのかは分からないが、彼らが使用していた言語が、年齢や地域等の要因によって若干の変異があった可能性はあるにしても、ただ 1 つであったと考えても不合理はない。

　言語の本質的機能は、発信者（話し手）が頭の中で構成した意味に音声を対応させたものを、受信者（聞き手）が受け取った結果、発信者が意図していた意味と同一の意味を、受信者が頭の中で理解するということである。要するに、発信者から受信者へと同じ意味を伝達するための道具が言語だということである。誕生時の言語がどのような姿をしていたのかを知る術はないが、人間の言

---

[174] 『新訳 ソシュール一般言語学講義』（町田 健訳、研究社、2016）p.5. 以下『講義』からの引用を示すページについては、すべてこの翻訳書のページのことである。
[175] 『改訂新版 世界大百科事典』（平凡社、2007）.

語であるからには、現在我々が知っている世界の諸言語と、基本的には同一の機構を有していたと考えて問題はない。言語単位としての文が伝達する意味は事態であるが、[176] 誕生時の言語も、現在の諸言語と同様に、伝達したい事態を表示する表現を、何らかの方法で作ることができたはずであるから、言語としては完全であったと見なすことができる。[177] 完全な言語であって、伝達の道具として用いるのに支障がないのであれば、人間は言語を変化させる必要は全くない。新しい文物の発明や社会の変化によって、それまでに知られていなかった事物が登場した場合に、これを表示する単位（語または形態素）を、必要に応じて作り出せばよい程度である。自転車、冷蔵庫、洗濯機のように、用途が十分に限定されている道具が、その登場時から形状や機能がほとんど変化していないし、変化する必要もないように思われるのと、あるいは事情は同様なのかもしれない。

　しかし、知られている言語の歴史を見れば明らかなように、如何なる言語も、それが言語共同体において継続的に使用されている限り、比較的短い期間で相当の変化を遂げる。紀元前5世紀の終わりにローマ帝国が崩壊したことによって、各地で分化を始めたラテン語から、それぞれ独立した言語であるロマンス諸語が形成されるためには、わずか300年程度しかかからなかった。今から1000年程度前の英語（古英語）は、音韻、文法、語彙すべての点で現代英語とは極めて異なっており、現代英語だけを知っている人間には、古英語で書かれた文献を理解することは全く不可能である。日本語は、比較的変化が遅い言語ではあるが、それでも1000年前の平安時代中期に書かれた『源氏物語』や『枕草子』のような文献を正確に理解するためには、現代日本語話者であっても、やはり特別の学習をしなければならない。

　このように、言語が絶えず変化をしていることは自明の事実である。しかし、先述のように、発信者から受信者へと同一の意味を伝達することが言語に課せ

---

[176] 事態は、事物の集合の間に認識される関係である（町田 2011）.
[177] 人間が認識したり想像したりする現象を、言語がすべて完全に表現することは固より不可能である。したがって、言語には曖昧性が不可避的に伴っている。この曖昧性を前提としながらも、文によって表示される事態が、任意の現象に対応することができるということを、言語が完全であるという表現が意味するのだと考えていただきたい。

られた最大の使命であるとするならば、言語は変化しない方がよい。言語変化の1つの様態は、社会を構成する人間の年齢によって言語に変異が存在すること、すなわち、年輩の世代と若者の世代の言語の間に差異が認められることである。かかる世代間の言語的差異が長期にわたって継続すれば、ある期間の最初の時点と最後の時点における言語の状態は、程度に大小こそあれ、相互に異なったものになる。しかし、世代間で言語の性質に変異が存在すると、意味の完全な伝達が阻害されることは間違いない。言語の変異としては、もう1つ地理的な変異もある。地理的な変異としての諸方言が、独立した言語へと変化する契機となるのは、ラテン語からロマンス諸語への変化によってよく知られている事実である。

　発信者から受信者へ同一の意味を伝達するという最も重要な機能は、言語の均質性によって最も効率的に保証される。しかし、その均質性を犠牲にしなければ言語の変化はあり得ない。すなわち、言語は変化しない方が最大の効果を発揮することができるのに変化してしまうという矛盾を内包しているということである。とは言えこれが言語の現実の姿なのであるから、変化するという性質は、言語本来の特性の中に含まれていると考えなければならない。『講義』の中に明言されてはいないが、言語の共時的性質を記述した後に、言語の変化と変異が論じられていること、恐らくは言語変化の理由を明らかにすることを目的としてパロールの言語学を主題とする講義を予定していたことから推測するに、言語の一般的性質を解明し、それを言語変化の事実に適用することによって、言語変化という言語学上のアポリアにソシュールは取り組もうとしていたのであろう。その取り組みは、ソシュールの死によって頓挫してしまうのであるが、『講義』に書かれた主張を詳細に検討しながら考察を進めることによっても、このアポリアを解決するための手掛かりを見いだすことはできる。

2. 言語変化を妨げる要因

　言語がその伝達機能を適切に果たすためには、言語は変化しない方が望ましいということは先述の通りであるが、『講義』には、言語変化を妨げる要因として、次の4つが挙げられている。

　　　　　　　a.　記号の恣意性
　　　　　　　b.　記号の多数性
　　　　　　　c.　体系の複雑性
　　　　　　　d.　言語的改変に対する集団の無気力

　以下では、それぞれの特性に関して、ソシュールの主張を踏まえながら、言語変化との関係を考察してみよう。

2.1. 言語記号の恣意性と言語変化

　ソシュールにとっての言語記号とは、語のことである。『講義』の時代にはまだアメリカ構造主義は登場していなかったので、形態素というより厳密な単位は知られていなかった。文の下位に位置する単位としての語については、古代ギリシア、ローマ以来伝統的に文法の基礎単位として使用され続けて来てはいたものの、正確な定義がなされたことはなかった。語を定義することは本稿の目的からは外れるので、詳しく論じることはしないが、屈折語であるギリシア語やラテン語では、活用（曲用）する品詞である名詞・形容詞と動詞の構造が、語幹自体の形態が変化するか、語幹に少数有限個の接辞が付加されるというものであって、語の境界を認定するのが比較的容易であるという理由で、語そのものの定義が厳密に試みられたことがないものと考えられる。そもそもソシュールは、言語の曖昧性を深く認識していて、言語を構成する要素を過不足なく定義することに意義を認めていなかったので、『講義』においても、語の明示的な定義は与えられていない。

　概念としての意味と人間が知覚することのできる音や図形・立体などが結合した対象を、ソシュールは記号だと見なしており、語も概念と音[178]が結合した対象であるから、記号の一種であり、これを「言語記号」と呼んでいる。記号の意味は「シニフィエ」(signifié)、音列は「シニフィアン」(signifiant) という新たにソシュールが鋳造した用語で呼ばれていることは、よく知られている通りである。

---

[178] 音が 1 個であるとは限らず、複数の音が並列された場合の方が圧倒的に多いので、正確には「音列」と呼んだ方がよい。

言語記号を構成するシニフィエとシニフィアンの間には、何らの必然的関係もないというのが言語記号の「恣意性」である。ソシュールは言語記号について、特にこの恣意性を強調しているが、実際には記号一般にこの恣意性が存在する。記号が意味するのは、通常は「事態」である。道路標識は、シニフィアンが二次元的な図形であるが、これらが意味するのは「ここで駐車してはならない」、「この先に踏切がある」のような文によって表示される事態である。緊急自動車のサイレンは、シニフィアンが音であり、シニフィエは「緊急自動車が近づいている」という事態である。

　言語記号についても、言語単位が「文」であれば、それは上記の諸例が示しているように、やはり事態を意味する。ソシュールが想定している言語記号が語であるのは先述の通りであるが、語のシニフィエを「概念」(concept) と呼び換えたとしても、その内実は不明のままである。語は文の下位単位であり、したがって単純には、語が意味するのは必然的に事態の部分になる。しかし、語が伝統的に品詞（語類）に分類されてきたことからも分かるように、事態の部分の機能もいくつかに下位区分される。ここでそれを詳しく分析することはしないが、事態は事物の集合の間に認識される関係として定義することができるから、[179] 語が意味するものも、事物の集合や関係だということになる。つまり、事物の集合やその間にある関係の特性が、語のシニフィエ、すなわち概念であるということである。

　シニフィエは、事態であれ、その部分としての概念であれ、それは人間の頭の中に位置を占める対象に過ぎない。一方、シニフィアンは、音や図形など、外界で客観的に認識することのできる対象である。さらに単純化すれば、シニフィエは抽象、シニフィアンは具体である。抽象と具体は本質的に異なるものなのだから、シニフィエとシニフィアンの間に共通性はなく、したがって必然的な関係などあり得ない。要するに、言語であれ交通標識であれサイレンであれ、記号一般について、そのシニフィアンとシニフィエの関係には本質的に恣

---

[179] 町田（2011）では、事物の集合を表示する名詞、関係を表示する動詞以外に、事態が成立する時区間、事態の全体または部分（閉鎖性）、事態が成立する可能性を表示する形式などを、文の成分として提示している。

意性があるのであって、恣意性が言語記号を特徴づける性格を持つのではない。

さて『講義』では、言語記号に恣意性があることは言語変化を可能にする要因ではあるが、それが合理的な規範に基づいていることはないのだから、言語を使用する大衆が恣意性に対して関心を抱き、記号の要素を変化させることを考えるようなことはないとされている（p.109）。言語使用者としての大衆が、シニフィエとシニフィアンの恣意性に関心を持つことがないことが、言語変化を妨げる1つの要因となるとソシュールは述べている。

シニフィエである概念とシニフィアンである音列の間に恣意性があるのだとすると、ある概念に別の音列が対応したり、ある音列に別の概念が対応するようになることは十分に可能なのだから、恣意性が、少なくとも語の音や意味が変化することを可能にする要因であることは確かである。しかし、人間が事態を構成するために必要な要素としての事物の集合や関係などを、それなりに満足させるような語彙が用意されているのだとすると、その語彙の成分としての語を変化させる必要はない。したがって、恣意性があることが言語の変化を必然的なものにすることはない。ただ、だからと言って、恣意性が言語変化を妨げるとまで考えることには無理があるように思える。変化が保証されている、つまり自由な変化が可能であるという条件があるのであれば、変化が実現することはあっても、そのことによって変化が妨げられるというのは考えにくい。

『講義』で述べられているように、シニフィエとシニフィアンの関係は、何らかの合理的な規範によって定められているのではなく、両者の結合は偶然的なものに過ぎない。しかし、恣意性に言語使用者が関心を持たないのかというと、必ずしもそうではない。言語遊戯としての駄洒落は、同一の、若しくは類似した音列に異なった意味が対応することができるという性質を利用したものであるし、語の語源に関心を持つ者が多いのも、語の意味から音列を容易に推測することが困難であるのが普通だからである。したがって、言語使用者としての大衆が恣意性に関心を持たず、議論することもないという事実はないと考えざるを得ない。だとすると、大衆の恣意性への無関心が言語変化を妨げる要因であるという主張は成立しないことになる。

体系性は、語彙に限らず、音韻や文法など、言語のあらゆる側面が有する根

本的な特徴であるのだが、個々の体系にどのような性質があるのかは、確かに言語使用者が意識するものではない。しかし、新語や流行語がたとえ意識的に作られたものであったとしても、語彙体系を変化させるほどに体系中に組み入れられることが極めて稀であり、[180] 音韻体系のように、要素が少数であっても大衆の意識とは無関係に変化が生じて定着するという事実が歴史的に何度も観察されていることからも分かるように、[181] 体系が意識されるかどうかと言語変化を関連させて考えることは困難である。

2.2. 体系の複雑性と言語変化

2.1 節の内容とも関係があるが、『講義』には、体系が複雑であって、体系の機構を大衆が理解することができないために、言語の変化が妨げられるのだと主張されている (p.110)。言語の体系性があらゆる側面に認められることは上述の通りだが、体系の複雑性に関しては、要素の性質によってその程度が異なる。音韻や時制・アスペクト体系は、要素の個数に限度があるので、体系が過度に複雑になることはあり得ない。恐らくソシュールが考えていたのは、要素の個数が何十万にも上る記号体系、すなわち語の体系（語彙）のことであろう。語は事物の集合や事物間の関係を表示する言語単位であり、事物や関係を何らかの基準に基づいて合理的に分類することは、極めて困難であるか、不可能である。したがって、語の体系が複雑であるのは本質的なものであって、その体系が如何なる性質を持っているのかを理解することは、一般大衆はもちろん、言語分析の専門家にもなし得ないことである。語の体系を構成する要素の特性は非常に多様であり、特性を抽出して有限個の素性に分類し、それらの素性を構造化して体系の性質を解明するという作業が必要になるであろうが、いずれの過程についても、それがどのような形で可能になるのかを想像することすら難しい。

---

[180] 近年我が国で毎年末に発表される「流行語大賞」を受賞した語句が、数年後には全く使用されることがなくなっているという事実が、人間の意識と言語変化の無関係性を例証している。
[181] 14 世紀末から英語で起こった大母音推移や、平安時代中期に生じた「音便」と呼ばれる、動詞活用語尾の一部の脱落など、音韻変化一般は、言語使用者の意識とは無関係に生じている。

第Ⅳ章　*Cours*（講義）と歴史言語学

　しかも、言語には不可避的に曖昧性が備わっているのであるから、そもそも体系が完全であることはないし、完全な体系がどのようなものであるのかということについても、異論のない定義をすることはできない。記号体系にこのような「不完全性」があることは、Martinet (1955b) が主張したように、体系がその不備を補填するように変化する性質を持つと考えることの根拠を失わせる。体系が変化したとしても、それは不完全な体系から別の不完全な体系へと移行するだけだからである。さらに、記号体系が複雑であって、しかも完全であるとすれば、それ以上の変化が生じないという可能性も考えられないわけではないが、完全な体系は存在しないのだし、体系の完全性と不変性の間に論理的な必然性があることも証明できないのだから、体系が示す複雑な機構を理解できないことと、体系が変化しないことの間に関連性があると見なすことはできない。

2.3.　言語的改変に対する集団の無気力

　言語変化を妨げる要因として『講義』が最後に提示しているのは、言語的改変に対しては、言語共同体に属する集団が無気力であるということである。その理由は、言語記号には恣意性があるため、長期にわたって認定されてきたシニフィエとシニフィアンの結合以外のものを使用することはない、すなわち伝統以外の法則には従わないからだとされる（p.110）。

　言語共同体内で、言語による意味の伝達ができるだけ正確に実現されるためには、すべての成員が同一の言語を使用することが望ましいことは、すでに述べた通りである。これは語の体系にも同様に当てはまる。そして、言語記号に恣意性があるのだとすれば、シニフィアンとシニフィエの結合については、すでに言語によって決められているものを使用するのでなければ、発信者が意図する意味と同じものを受信者が理解することはできない。したがって、言語使用者は、言語を正しく使用しようとするのならば、所与の記号体系に従う以外の方法はない。ただしこれだけで、言語使用者が言語の改変に対して無気力になることを論証したことにはならない。すでに存在する道具を用いることを余儀なくされることが、その道具に改変や改良を加えるという意欲を必然的に奪うことは、通常はないからである。また、言語記号の恣意性があるからこそ、

- 205 -

個人のみならず集団が改変に着手して、その改変が広く伝搬するように努める可能性があるのだという、無気力とは逆の主張が全く不合理だとする見なす根拠もない。したがって、言語記号に恣意性があって、言語共同体の成員が過去からの伝統に従う以外に方法がないという表面的事実をもって、言語変化が妨げられることを説明することは難しい。

3. 言語変化を促す要因

　ソシュールは、言語変化は本来妨げられるものだと主張しているわけではない。言語は実際に変化してきているのであるから、言語変化を促す要因があることは当然である。言語に変化するという性質が内在するのであれば、それを明らかにすることの方が、変化を押しとどめる可能性のある条件を提示することよりも、言語の本質を解明する上でははるかに重要である。

　『講義』では、言語が時間の中で実現されるという性質と、これから導かれる補題として、シニフィアンとシニフィエのずれが生じるという事実が、言語変化を促す要因として提示されている。以下では、こうして仮定された要因について検討を加える。

　時間はあらゆるものを変化させるのだから、時間の中で実現するのが言語であってみれば、時間に関わるこの普遍的な法則が言語にも必然的に適用されるというのが、『講義』に述べられた主張である。言語に変化するという本質があるということの説明として、このような主張が不十分であることは言うまでもない。結局のところ、言語は継続的に使用されてきているのだから、変化するのは当然だと言っているだけのことだからである。時間の本質を定義することは困難であるし、本稿で論じるような題目ではないが、もし仮に言語という実体が独立して存在していたとして、認識主体と言語以外に存在するものがなかったとしよう。その場合、言語に変化がなければ、認識主体は時間を認識することはできないだろう。なぜならば、変化が知覚されることで、時間の経過が認識されるからである。[182] すなわち、このような特殊な条件を仮定すれば、言語

---

[182] この主張が妥当であるかどうかについては、当然議論の余地はありうる。ただ、例えばテレビの画面に全く同じ画像が何時間も映されていたとしたら、それはある一瞬の情景で

が変化するから時間が存在するのであって、その逆ではないのである。したがって、言語が時間的に継続するから必然的に変化するのだと、単純に主張することに合理的な根拠はない。

　もちろん、言語だけでなく、社会制度、科学技術、家屋、服装や髪型など、人間が形成する社会に属する事物は、時間の経過とともに必ず変化する。言語も社会制度の一種であるから、変化を免れ得ないとは言える。しかし、社会制度一般が変化する理由が解明されてはいないのだから、これだけでは言語が変化する理由を説明したことにはならない。

　宇宙や生物の進化など、時間に関わる現象が絶えず変化していることは誰もが知る事実である。ただ、このような自然的な現象に関しても、その根本的な理由は明らかになっていないようである。[183] 宇宙や生物のような多次元的存在に比べると、言語は線状的、二次元的な事象であるから、その機構は表面的にははるかに単純である。だから、それが変化する理由を説明することも、宇宙や生物の進化よりは容易であっていいような気もする。しかし、言語は人間の思考や想像力の産物を無限に表現することができる万能の道具であり、人間の脳内にある宇宙に喩えることもできる。もしそうなのだとすると、宇宙と同様にその変化の根本的理由を説明することには、大きな困難が立ちはだかっているのかも知れない。

　次に、言語変化の様態としてのシニフィエとシニフィアンのずれについては、言語記号の恣意性によって原理的には保証されている。シニフィエが語の意味であって、語の意味が事物の集合や関係であるとするならば、事物の集合が一定不変であることはないし、たとえ事物の集合が不変であるとしても、時間の経過によって異なったシニフィアンが結合するようになることはありうる。しかし、このような形の変化は、それが可能であるというだけで、時間が経過すれば必ず起こるというものでもない。したがってやはり、言語の時間性という

あって、数時間にわたって継続したものだとは感じられないだろう。時間の経過が認識されるには、何らかの変化が認知されることが必要である。
[183] 宇宙については、ビッグバン説が正しいとして、そもそもビッグバンがなぜ起こったのかの説明はできていないし、生物の進化については、遺伝物質に DNA を選択した結果だという１つの説明がなされているが（理化学研究所ホームページ）、根本的な説明には、それではなぜ DNA が選択されたのかを解明する必要がある。

特徴が、それだけで言語変化を促す要因になると考えることには妥当性がない。

『講義』で述べられている言語変化の要因に関する考察は、発信者から受信者へと同一の意味を伝達するという言語の基本的機能からすると、言語は不変であることが要請されるが、現実には絶えず変化しているという矛盾を解消させるというよりも、言語変化を妨げる要因と促す要因として想定されうるものを提示するに止まっている。しかも、現実に生じている言語変化を促す要因に関しては、単に言語が時間的に継続するからだという、極めて不十分な説明がなされているに過ぎない。『講義』のこれ以降の部分でも、言語変化の理由に関しては、実質的な議論が詳細に展開されているということはない。ただ、音と形態の変化、地理的な変異と変化に関しての分析が行われているので、以下ではこれらを取り上げて論じることにする。

4．音変化の原因

ソシュールは言語学の対象を「ラング」に限定しており、彼にとってラングを構成する要素は音と語、そして一部の慣用句的語句である。語に関しては、『講義』の先に取り上げた部分で述べられているような、記号の恣意性、多数性、複雑性、シニフィエとシニフィアンのずれのような問題が考察されていた。語に関しては、語彙体系を構成する要素に増減が生じることは、社会を構成する事物には絶えず変化が起こっているから、その理由はともかく十分にあり得ることである。したがって、語に関しては、変化の要因を追究することにより、それを解明することができる可能性はある。

ところが音については、数が限定されている上に、言語記号の恣意性によって、任意の音列が任意の意味に対応することができるため、一度確定した音列に変化が生じる必然性はない。異なった語を聴覚的に区別することができれば、それで十分だからである。また個々の音 [184] であれば、これも他の音と区別されればよいだけであって、他に何らかの機能を持つことはないのだから、すでに

---

[184] 『講義』では「音素」（phonème）と呼ばれているが、これは現代言語学の音素ではなく、むしろ音声に対応するものである。ただ、現代的意味の音素であれ音声であれ、任意の言語で日常的に使用されている音的単位に変化を期待する理由はない。

使用されている音を変化させることが言語に利益をもたらすことは、特に考えにくい。だとすると、どんな言語であっても音が変化をする必要性は全くないことになる。たとえ音の個数が 10 個に過ぎなかったとしても、それを 10 個並べれば 100 億個の音列を作り出すことができるのだから、どんな言語であっても、それらの音列が記号のシニフィアンとして機能することに何の不足もない。

　このように、音変化が生じる必然性がないにも関わらず、歴史が知られているどの言語にも音変化は起きている。奈良時代以前には、日本語の「ハ行」の子音が [p] であった（橋本 1980）ことは知られているし、フランス語も、中世から近代に至る間に、三重母音や二重母音の単母音化が生じており、14 世紀末からの英語の「大母音推移」も有名な音変化である。つまり、音変化は言語にとって不可避の特性であると考えなければならない。だとすると、音変化についても、言語の本性から説明できる何らかの必然的な要因があるはずなのだが、それはまだ解明されていない、追究すべき問題である。

　『講義』では、音変化に関して、それまで提唱されていた説が紹介されているのだが、それらはいずれも正しくないものとされている（p.206–212）。それまでの説とは以下の通りである。

1. 民族には音変化の方向を前もって描いておく性向がある。
2. 地質や気候の条件に適応するために音が変化する。
3. 最小努力の法則が作用する。
4. 幼児期における発音の習得が不完全。
5. ある時点での国家の状態が作用する。
6. 言語基層が作用する。
7. 音は流行と同様に、変化するようになっている。

4.1. 民族が持つ音変化への性向

　人間の身体的特徴、特に音声器官の構造が、特定の調音を容易にする、若しくは逆に困難にするということはない。したがって、ある民族が一定の方向に音を変化させる傾向を最初から有しているということもない。そもそも、もしある民族が何らかの調音を好む傾向があるのだとすれば、その民族が使用する

言語に関して、ある時点で選択されている音が、その民族固有の音声器官にとっては最善のものであるはずで、さらなる音変化が生じる必要はないことになる。したがって、民族の身体的特徴と音変化の傾向の間には、何らの関連性も認定することはできない。

　ただし、日本語、ラテン語、イタリア語のように、音列中に母音を多く含ませる傾向のある言語、そしてこれらとは逆に、英語やドイツ語のように、音列中に子音の連続を多く含む言語など、語を構成する音列中において選択される音に関して、一定の傾向を示す言語があるという事実は、広く観察される。言語によるこのような傾向がどうして存在するのかを明らかにすることは難しいだろうが、この傾向と音変化の関連性を、その合理性は疑わしいにしても、推測することは可能である。

　例えば、ラテン語は音列中の母音が優勢な言語であったが、ラテン語から派生したイタリア語は、その傾向を現在でもそのまま受け継いでいる。フランス語は、アクセントのない母音が弱化し、最終的には脱落することで、一時期（9世紀から 12 世紀くらいまで）は、子音が優勢な言語であった。[185] しかし、恐らくは祖先であるラテン語の音的傾向を失わずにいた結果、近代以降は再び母音が優勢な言語へと変化している。

　日本語は母音が優勢な言語であり、その傾向はラテン語よりも強く、撥音 /N/ と促音 /Q/ で終わる場合以外は、音節は開音節であるのが原則である。平安時代以前には、撥音や促音は音素としては存在しなかったと考えられるから、本来の日本語ではすべての音節が開音節であったのかも知れない。ただ、開音節ばかりだと区別される音節の種類は少なくなり、シニフィアンの数を増やそうとすると、音節数を多くしなければならなくなる。したがって、ある程度の閉音節があった方が、シニフィアンの音列を短くすることができるという効果は出てくる。平安時代中期に生じた「音便」は、四段活用動詞の連用形の最終音節にある /i/ を脱落させる現象として理解することができるが、この音便により、開音節は閉音節へと変化した。この時期に生じた音便の例は、次のようなもの

---

[185] フランス語の形成に、子音が優勢なゲルマン語に属するフランク語の上層が影響を与えた結果なのではないかと推測される。

である。

> tori-tari > tot-tari　（取りたり＞取ったり）＜促音便＞
> sini-tari > sin-dari　（死にたり＞死んだり）＜撥音便＞
> tobi-tari > tob-tari > ton-dari　（飛びたり＞飛んだり）＜撥音便＞

　現代日本語では、未然形や終止形の最終音節の母音が脱落するという、別の形の音便が生じつつある。

> wakara-nai > wakan-nai　（分からない＞分かんない）　＜撥音便＞
> wakaru-no > wakan-no　（分かるの＞分かんの）　＜撥音便＞

　千年という時期を隔てて、閉音節を新たに作り出すという音変化が生じていることの根本的な説明はできないが、母音が余りに優勢である状況を少しでも軽減し、シニフィアンの経済性を高めようという傾向が、日本語には潜在的に存在すると考えることもできるのかも知れない。

4.2. 地質や気候の条件

　地理的条件によって言語の特徴が決まってくると考える人は多い。Herder (1972) にも、気候が言語的特徴に影響を与えるという旨の記述がある。我が国でも、東北地方は気温が低いため、人々があまり大きく口を開けず、「ズーズー弁」のような発音になるのだと言われることがよくある。しかし、東北方言の音声的特徴は、高舌母音 [i] と [ɯ] が混同されて [ï] として実現するということなのであり、最も口の開きが大きい母音である [a] は、日本語の他の諸方言と同様に音韻体系に含まれているのだから、東北方言の音声が、口の開きを小さくする傾向に従っているということは全くない。

　生物の器官や形状などが、生息している地域の地質や気候に適応するように進化することは知られているから、人間を最も顕著に特徴づける言語が、居住地域の地理的条件に適応するように変化する傾向にあると考えたくなるのも、無理からぬところはある。しかし、音は記号としての語を構成する 1 つの側面であるシニフィアンに過ぎず、使用される場所や状況と直接の関連を持つこと

は考えにくい。シニフィエであれば、それは言語が使用される状況に含まれる無数の事物の集合に対応しているのだから、状況を構成する重要な要素である地質や気候の影響を受ける可能性はあり得る。ところが、シニフィアンとシニフィエの関係はあくまでも恣意的なのであるから、シニフィエの特徴がシニフィアンに反映されることはない。

　もちろん、言語は数学的・無機的な空間に存在するのではなく、具体的な感覚に訴えることができる何らかの場所で、そこに居住する人間によって使用されるものである。そして、音が言語を構成する必須の要素の1つであるのならば、音とその変化が地理的条件と全く関係がないと考えることに、本当に合理性があるのかという疑問も生じてくる。しかし、音と地理的条件を関連づけることができる論理的筋道は発見されておらず、これを証拠立てる言語的事実も知られていない。したがって現状では、音変化と地理的条件の間に何らかの結びつきを想定することは不可能であると考えざるを得ない。

4.3. 最小努力の法則

　言語を構成する様々の側面の規則に、「経済性」や「効率性」と呼ぶことができる性質があるのではないかということは、Martinet (1960) や、音韻に関する「最適性理論」、生成文法における「最小主義」(minimalism) などでも主張されている。本稿の筆者も町田 (2011) において、形態素を配列する規則は、文の産出と理解の過程が最も効率的になるように形成されると主張した。言語における経済性は、人間が言語を使用する際の努力を最小にする傾向だと言い換えることができるだろう。

　ただし、経済性や効率性を定義することは、言語に関しては数値化するための方法を考案することが難しいために、実行が可能でない場合が多い。このため、例えば最適性理論（Kager 1999 など）では、普遍的な制約に従って語の音列が出力されるとしながらも、現実の音列に合わせて制約の優先度を調整するというような、自らの説明力を失わせるような姑息的分析が行われている。生成文法の最小主義（Chomsky 1995 など）においても、それまでの理論で仮定されていた範疇や制約を取り除くことで経済性を達成しているとされているが、

それだけの理論的改変が経済的であることを証明する論理的根拠は提示されていない。本稿の筆者も、理解の過程における効率性を、形態素が与えられた段階で、事態がどの程度限定されるのかを数値化することにより、効率性の定量化を試みることにより、各言語類型が選択している形態素配列規則が最大の効率性を得るようになっていることを論証しようとしたが、必ずしも成功したとは言えない（町田 2011）。

　同様に音変化に関しても、音声を構成する周波数や振幅などの物理的特性を数値化することは可能であるが、音変化を数値化することは、変化を構成する素性をどのように設定するかが不明であるために、現状では可能ではない。したがって、例えば母音間の有声閉鎖音の摩擦音化、さらには有声摩擦音の脱落などは、確かに発音の際のエネルギー消費を軽減するかのようにも思える。しかし、このように理解された発音の経済性が完全に実現したとすれば、最終的には極めて少数の母音のみが音列を構成する要素になることになり、シニフィアンとしての音列が異なった語を区別する力を却って弱める結果を生み出す。しかも、『講義』で挙げられている、ドイツ語の短母音から長母音への変化の例（fater > Väter「父」，geben > gēben「与える」）が示しているように、エネルギー消費を増大させるように見える音変化も稀ではない。

　物体の落下や光の直進など、物理現象は運動する物体が消費するエネルギーが最小になるような法則に従っているように思える。言語が脳内で処理されており、脳内の作用も電気的信号の伝達によって実現するのだとしたら、やはり同様の物理法則に従っていると考えて差し支えない。だとすると、言語に関わる現象もすべて、最小のエネルギー消費を目指すような原理に支配されていると推測することは、必ずしも不合理ではない。ただ、音列に関して最小努力の法則が作用するとすれば、それは音列が相互に聴覚的に区別されるための労力が最小になるように、音列が作成されるという形になるはずで、音変化が同様の法則に従うとしても、やはり音列の要素としての機能を考慮に入れなければならない。したがって、有声化や摩擦音化などの個別的な音変化について、最小努力の法則を適用することはできないと考えなければならない。

4.4. 幼児期における発音の習得

　言語変化が生じるためには、同一の言語内に変異が存在することが必要であり、その変異の要因として最も有力なのは年齢である。若者の言語と年輩者の言語に相違が認められて、若者の言語がラングとして定着することが、言語が変化したということである。そして、年齢による言語の相違が、幼児期における不完全な言語習得に由来すると考えることもできそうな気がする。

　確かに、言語を学び始めたばかりの幼児の発音は、不完全であるのが普通である。日本語でも「ラ行」の子音 [ɾ] を [d] に置き換えたり、[ʃɯ] や [ʃo] の子音である摩擦音を破擦音 [tʃ] で代用したりする幼児は多い。しかし、このような発音の誤用は数年のうちには修正されて、大人になってまで誤った音を使用し続ける人間はいない。言語共同体が正しいと認定している言語規則をそのまま身につけることが言語習得であって、特別の障害がない限り、すべての人間が言語を習得するからである。

　だとすると、音変化の萌芽が成人にあるものと考えなければならなくなるが、確かに、そのような例が存在しないわけではない。現代日本語のアクセントは高低アクセントであり、アクセントの体系は方言によって異なる。標準日本語の基礎となっている東京方言のアクセント規則では、最初のモーラが高くて、2番目のモーラが低くなる場合と、最初のモーラが低くて、2番目のモーラが高くなる場合があり、それぞれ「頭高」、「平板」と呼ばれる。ところが最近では成人である若者の間で、本来は頭高のアクセントである語が、平板アクセントへと変化している例がよく見られる。「美人」や「彼氏」のアクセントが平板化していることはよく知られている。[186] 東京は日本の首都であり、文化的な影響力は大きいから、このようなアクセントの変化がラングとしての日本語に定着していく可能性はある。一部の語に関するアクセントの平板化が定着したとしたら、その萌芽は幼児の言語習得ではなく、成人の言語使用にあることになる。

---

[186] 国立国語研究所のホームページ（http://www.ninjal.ac.jp/publication/catalogue/kokken_mado/09/04/）では、アクセントの平板化の原因の1つとして、記憶の負担や発音の労力が軽減されることを挙げているが、音声の変化の場合と同様に、アクセントの変化についても、発音の際の労力を客観的に数値化することは難しいため、この説明が正しいかどうかを判定する根拠はない。

- 214 -

第IV章　*Cours*（講義）と歴史言語学

　4.1 節で述べた、現代日本語で進行中の音便（未然形語尾母音 /a/ と終止形語尾母音/u/の、-nai や -no の前での脱落）も、幼児の言語に端を発するのではなく、恐らくは成人の使用者集団の中で広まったものである。もちろん、これらの変化が幼児の言語で始まった可能性もないわけではないが、本稿の筆者が観察した限りでは、幼児のみがそのような母音脱落を使用していた時代があったという記憶はない。

　ラテン語からロマンス諸語が派生する際に、/i/ と /e/ に先行する /k/ と /g/ の [tʃ] [dʒ] への口蓋化が生じているのだが（Posner 1982）、これなどは「き」や「け」を「ち」「ちぇ」と発音する日本人の幼児の発音によく類似している。このような口蓋化は、日本語では数年のうちに修正されてしまうので、ロマンス諸語において規範的な発音として定着したのは不思議であるが、ローマ帝国末期あるいは帝国崩壊後の一定の時期に、これら幼児的な口蓋化発音が成人の間にも普及したという可能性もあり得るのかもしれない。ただ、口蓋化自体は世界の諸言語で広く観察される現象なので、これを単純に幼児の不完全な言語習得に結びつけるのは、もちろん危険である。

4.5. 国家の状態と音変化

　言語が使用される地域の政治的状態がいかなるものであるのかが、言語の状態や変化に大小の影響を与えることは確かである。古代ギリシア語に統一的な標準語が存在しなかったのは、ギリシアがアテネやスパルタなどの都市国家の集合体であって、互いに抗争していたからであるし、ロマンス諸語が西ヨーロッパに誕生したのは、地中海世界を政治的に統一していたローマ帝国が崩壊したからである。ロマンス諸語のうちでも、9 世紀から 12 世紀頃のフランス語で独特の語順 [187] が採用されていたのは、ゲルマン民族の 1 つフランク族の言語が、形成期のフランス語に影響を与えたからである。

　現代日本語の標準語は首都である東京の方言を基礎としているが、それまでの日本語文献は、すべて京都の方言を用いて書かれていたし、日本語に標準語

---

[187] 現代ドイツ語や古英語と同様の、文頭には主語だけでなく目的語や副詞などの要素が置かれることができて、動詞が 2 番目に来るという語順の規則。

- 215 -

は存在しなかった。日本語に標準語が制定されたのは、明治政府が国家の運営に必要だとし、学校で教える教科書の言語として全国に普及させたからである。

　したがって音変化に関しても、その形成と普及に国家の状態が関与することは十分にありうる。しかし、国家の状態とは無関係に音変化が生じることも稀ではない。日本語に音便や「ハ行転呼音」と呼ばれるハ行子音 [ɸ] の [w] への変化が生じたのは平安時代中期であるが、この時代の日本は、いくつかの争乱はあったにしても、藤原氏の強大な権力のもと、政治的には比較的安定していた。フランスは、18 世紀の終盤にフランス革命という大きな変革の時期を経験したが、17 世紀にほぼ確立し、辞書や規範文法も整備されていた近代フランス語にほとんど変化はなかった。

　歴史が知られている言語の事実をこのように見てみても、音変化と国家の状態の間には関係がないことが分かる。しかも、どのような国家の状態が、どのような音変化を引き起こすのかということについて、何らかの規則が存在することを想定することすら難しい。国家が混乱している時期に音変化が生じた場合、その変化が広い地域に伝搬しやすいだろうという推測ができる程度である。

4.6. 言語基層の作用

　ある言語が使用されている地域に、別の言語を使用する民族が移住してきて、2 つの言語が接触することは、民族の移動が日常的に生じている世界では、特に珍しいことではない。言語接触によってその地域で前に使用されていた言語が消滅した場合、その言語を「基層」(substratum) と言う。移住してきた方の民族が、その地域の言語を新しく使用するようになり、自分たちの言語を捨て去った場合、その捨てられた言語を「上層」(superstratum) と呼ぶ。

　よく知られている基層は、ガリア地域にローマ人が侵入する以前にこの地で話されていたケルト語の一種ガリア語である。ガリア人たちは、ローマに制服された後、自らの言語であるガリア語を捨てて、ローマ人の言語であるラテン語を使用するようになった。ケルト語とラテン語は比較的近い関係にあったとされるが、それでも異なった言語なのだから、ラテン語がガリア人たちによって習得される際に、ガリア語の影響がこの地域で新たに使われるようになった

- 216 -

ラテン語にもたらされたことは十分に考えられる。この地域のラテン語が変化してフランス語が形成された際に、このガリア語基層が、地名を含めたフランス語の語彙に影響を与えたことは知られている。しかし、ガリア人たちは文字を持たず、当時のガリア語の文献が残っていないため、ガリア語がどのような言語であったのかは分からない。したがって、フランス語の音韻に対してガリア語基層がどのような影響を与えたのかも、ほとんど分かっていない。

ラテン語の [u] が、ガリア地域でラテン語から派生したフランス語とオック語では [y] に変化していて、ケルト語基層がないか、ケルト人の密度がガリアよりも少なかった他の地域のロマンス諸語ではこのような変化が起きておらず、ケルト語の一種であるウェールズ語に中舌の [i] があることから、[u] から [y] への変化はガリア語基層の影響なのではないかと推測されている。ただこれも、ガリア語の音韻が知られていないため、影響した可能性があることが推測されているに過ぎない。

上層に関しても、フランス語に対するフランク語の上層の影響はよく知られている。ローマ帝国末期に始まったゲルマン民族の移動で、フランク語を話すフランク族が、ガリア北部に侵入してこの地域を征服した。ガリアではラテン語が使用されており、ラテン語はローマ文化を背景とする偉大な言語であったし、侵入したフランク族の人口は、この地のローマ人に比べると少数であったため、フランク族は自らの言語を捨てて、ラテン語を伝達の道具として採用した。被支配者の民衆たちはラテン語の口語を使用していたのだが、徐々に消滅へと向かってはいたものの、まだ支配階級によって使用されていたフランク語の影響を受けて、他の地域のラテン語とは異なる変化を遂げ、こうしてフランス語が形成された。音変化の面では、フランク語では強勢が置かれる母音が、他の母音よりもかなり強く発音されていたと推測され、このためフランス語では、アクセントのある母音の二重母音化や、アクセントの置かれない母音、特に語末母音の弱化や脱落が生じたと考えられる。

言語接触は、複数の言語が隣接した地域で使用されている限り必ず生じるから、基層言語や上層言語が、被接触言語の音変化を促す可能性は十分にある。ただし、ガリア語について述べたように、基層言語は文献を残さずに消滅する

場合が多いので、基層言語のどの特徴が変化の原因になったのかを明らかにすることは困難であるのが通常である。

4.7. 音と流行

　音は流行と同様に、変化するようになっているのだと述べることは、音変化の原因を何も説明しないことと同じである。ソシュール自身も「ほとんど説明という名には値しない」と述べている。ただ、服装の流行が絶えず変化していることは事実である。衣服の基本的機能は、身体を外の環境から保護することなのだから、古代ローマの貫頭衣のような形状で十分である。ところがどの社会でも、単純な形状で満足することはせず、様々の装飾を施した衣服を考案して身につけてきた。しかも、同じ社会においても、衣類が時代ごとに変化しているのは、我が国の衣服の歴史を見てもよく分かる。衣服もやはり、変化する必要がないのに変化するという特性を持っている。しかし、衣服の流行は現実に変化してきているのだから、そこには何らかの必然性があるはずである。ソシュールは、人間には他者を模倣したいという心理が働くからかも知れないと述べているが（p.212）、確かに模倣によって新しいデザインの服が流行するのであるが、そもそもどうしてデザインの改変が生じるのかは、あまりよく分からない。

　人間には真理を追究したいという飽くなき欲求があり、この欲求に突き動かされて学問の発展、つまり、よりよい方向への変化が起きるのだと考えることはできよう。デザインの改変も、人間に新たな美を求めたいという欲求があるからだと説明することができるかもしれない。したがって、人間の本性に属する知や美への欲求が、衣服や学問の変化を引き起こすのだという説明は可能である。しかし音の場合は、人間に新しい音を作り出したいという欲求があるとは考えられない。ただ、他人の発音の仕方が気になる人間が多いことからも分かるように、人間には音への関心が本来的にあることは確かである。言語音とは異なるが、人類が恐らくはその誕生時から有している音楽も、同様に音への関心の産物である。このような音への関心が、音変化に関係している可能性はあるが、それを証明することは難しい。

5. 類推と民間語源

5.1. 類推

類推は、青年文法学派で音法則と並ぶ言語変化の原理であり、『講義』でも第2部の第4章と第5章で詳細に解説されている。有名な例は、ラテン語の honor「名誉」という語形の類推による形成である。

$$\text{ōrātōrem} : \text{ōrātōr} = \text{honōrem} : x$$

$$x = \text{honor}$$

フランス語で、幼児が venir「来る」の誤った不定詞を類推によって形成するという例も挙げられている。

$$\text{éteindrai} : \text{éteindre} = \text{viendrai} : x$$

$$x = \text{viendre}$$

このような例を見ても分かるように、類推は形態の統一性を確保するような変化である。[188] 動詞や名詞の範列（パラダイム）は、形態が統一されていた方が記憶への負担が小さい、すなわち効率性が高いから、範疇に形態変化がある場合には、類推による変化が生じる可能性がある。

日本語の「変格活用」は、語幹が一様ではない不規則変化であり、中古の時代には現代のようなカ行とサ行だけでなく、ナ行とラ行にも変格活用があった。しかし、「死ぬ」、「あり」のような変格活用の動詞は、五段活用へと規則化した。現代の北部九州方言では「見らん」{mir-aN}、「起きらん」{okir-aN} のような、一段活用の五段活用化が生じつつあり、これも動詞語幹を子音語幹に統一しようとする類推の作用の一種だと見なすことができる。日本語のように、動詞の形態変化が比較的単純な言語においてすら、不規則動詞の規則動詞化が生じるのであるから、類推は言語変化において強力な働きをする要素だと言える。

類推は、形態変化をする語において観察されることが一般的なのだが、英語で translation「翻訳」という名詞から translate「翻訳する」という動詞が作られ

---

[188] ソシュールは、類推は変化ではないと述べているが (p.229ff.)、honos という形態が honor という形態に置き換えられていることは事実であるから、置き換えも変化の一種だと考えて差し支えない。

- 219 -

たり、sightseeing「観光」という名詞をもとに sightsee「観光する」という動詞が作られたりする、いわゆる「逆成」(backformation) という語形成の方法も、-tion や -ing という語尾から、名詞よりも前に動詞が存在しているはずだという推測を行った結果なのだから、類推の一種だと見なすことができる。日本語で「トラブル」という英語由来の名詞の最後の音節「ル」を、動詞の活用語尾だと誤解して、「トラブった」のような活用形を作り出すのも、類推の作用が働いた結果である。

　このように類推は、言語の幅広い側面に観察される現象であり、言語変化の重要な要因であるが、不規則な語形変化のような条件があっても、類推が起こる場合とそうではない場合があるので、類推作用がいつ働くかを予測することは難しい。「アクセル」や「バーベル」も語末が「ル」であるが、「アクセルを踏んだ」、「バーベルを上げた」の意味で「アクセった」、「バーベった」などと言うことはない。ただ、日本語の「見れる」、「食べれる」のような、いわゆる「ら抜き言葉」は、五段活用動詞から作られる「行ける」、「読める」のような可能動詞からの類推によって形成された語形であり、「見られる」、「食べられる」のように、受け身、尊敬、可能という複数の意味を表す語形に比べて、可能だけに意味が特化しているという点で、伝達の効率性が高い。したがって、江戸時代初期に五段活用の動詞から可能動詞が派生した時点で、一段活用をもとにした可能動詞が日本語に登場するだろうことは、かなりの確度で予測できたのではないかと考えられる。ただし、ら抜き言葉が現実に日本語の中で普及したのは、かなり最近のことであるから、類推の作用が働くことは予測できても、その時期を確実に予測することは極めて難しいことが分かる。

5.2. 民間語源

　人類最初の言語がどのようなものであったのかは永遠に知ることができないので、どんな言語であっても、究極の語源は不明である。しかし、印欧諸語のように、祖語を再建することができる言語群の場合は、祖語形まで遡ることができれば、それが最終的な語源となる。一方、日本語のようにどの語族にも属

さない言語の場合は、確実な語源が分からない語が非常に多い。[189]

　「民間語源」という分類が適用できるのは、したがって印欧諸語のように、言語学的に語源を突き止めることができる言語で、その正しい語源とは異なる語源解釈を、一般の言語使用者が行う場合である。ただし、民間語源は、単に語源解釈が誤っているというだけであるから、言語変化を引き起こす重要な要因ではない。日本語の「イヌ」という語の語源が、この動物に対して「去ね（行ってしまえ）」と言うからだと、誤って理解したからと言って、この語に変化が生じるわけではない。

　『講義』で取り上げられている民間語源の例も、言語変化というよりは、表記や語形に関する、以下のような偶発的なものである。

　中高ドイツ語の ābentüre「冒険」は、フランス語の aventure からの借用語で、現代ドイツ語では Abenteuer という表記である。しかし、過去の一時期、ābent という部分が、Abend「晩」であるという誤った解釈がなされ、Abendteuer という表記が用いられたことがある。

　ドイツ語の Sauerkraut「ザウアークラウト」（発酵させた塩漬けキャベツ）を借用したフランス語の語形は choucroute であるが、ドイツ語の sauer「酸っぱい」と Kraut「野菜の葉」には正しく対応していない。これは、フランス人が sauer から chou「キャベツ」を、Kraut から croûte「外皮」を誤って連想した結果、音形は似ているが語構成は全く異なる借用語が出来上がったということである。

6. 言語の地理的多様性

　言語変化は、一定の範囲で均質的に生じることは通常ない。地形、交流の程度、共同体の性質など、様々な要因で変化の様態が異なってくるからである。最初は恐らくは1つであった人間の言語が、7000とも8000とも言われるほどの数に増加したのも、言語に地理的な変異が本質的に備わっていたからである。ただ、言語変化の場合と同様、地理的に離れた地域に居住する集団であっても、同一の言語を使用していれば、互いに交流する必要が起こった場合に、伝達に

---

[189] 『日本国語大辞典』（小学館）の語源項目では、基本語の語源として数多くの説が紹介されているのが普通である。

支障が生じることはないのだから、言語には地理的な変異が存在しない方が、言語の本来的な機能を果たすためには都合がよい。

したがって、変化しない方がよいのに変化するという言語の性質と同様の、地理的な変異がない方がよいのに変異があるという矛盾が、言語には内包されているということになる。

　言語の地理的変異に関しては、『講義』でも第4部を使って論じられている。ただし、言語変化の場合は、同一の言語共同体で同一の言語を使用しているのだから、共同体内部での交流は頻繁かつ密接であり、言語変化が生じることによる伝達の効率性の逓減(ていげん)は著しい。したがって、言語変化が孕む本質的矛盾の程度は大きい。これに対して、言語の地理的変異は、一定の範囲に広がって使用されている言語に関するものであるから、異なった言語変種を使用している、互いに離れた地域に暮らす人々が交流する程度は、同一または隣接した地域で同一の言語変種を飼養(しよう)している人々の交流に比べると、それほど大きいとは限らない。このことから、言語が地理的に変異することに矛盾があることは確かであるが、その矛盾が言語の伝達機能を必然的に甚だしく毀損(きそん)するというわけでもない。

　恐らくこのような理由で、また、ソシュールが印欧語比較言語学の研究に携わっていたこと、そして言語地理学という、言語変異を対象とする分野の分析手法がまだ十分には発達していなかったこと[190]などもあって、『講義』で展開されている言語の地理的変異に関する考察は、以下のように図式的、抽象的であって、具体性を欠いている。

　地理的に連続した領域における時間の作用については、次の特徴がある。

　　a.　ランガージュに関して、絶対的な不変性は存在しないから、一定の時間が経過すると、言語は変化する。

　　b.　領域の全体で、進化が一様であることはなく、場所によって変異がある。

　言語の多様性が作り出される際の特徴は、以下のようなものである。

---

[190] ジュール・ジリエロン（Jules Gilliéron, 1854–1926）による『フランス言語地図』は、1902年以降刊行されている。

進化は、連続的で明確な改変という形を取り、その性質によって分類できるのと同じだけの部分的な事実（語彙、形態、統語）を構成する。

改変は、一定の地表面で、明確な範囲において達成されるが、次の 2 つの種類がある。

a　改変の範囲が領域全体にわたり、方言的な違いが生じない。

b.　変化が領域の一部にしか及ばず、方言的な違いが生じる。

『講義』における以上のような記述は、要するに言語は変化して、言語には変異があるという性質を改めて確認しているに過ぎない。方言的な違いが生じるか生じないかという区別は、言語が分化する契機となるか否かを決定する要因になるから、言語変化にとっては重要な性質であるが、その条件についての具体的な考察はなされていない。

ただ、言語の改変が生じる様態については、「交流（インターコース）」と「郷土愛」という、いささか奇妙な用語が提示されている。

「交流」は、言語使用者の間に関係が生じることであるが、交流によって改変が阻止されるという否定的な作用もあれば、改変を受け入れて広めるという肯定的な作用もある。「郷土愛」は、自分が居住している地域、そして方言への愛情だから、方言の個別化を推進する働きがある。

ある共同体の言語を構成する諸方言がある場合、各方言話者の間に交流があるのは通常のことである。そして、ある方言に生じた変化が、地域の交流によって拡大することがあるのは、言語地理学の教えるところである。一方で、変化が生じた方言の威信が低い場合には、同じ共同体で威信の高い方言にそのような変化が生じていなければ、変化が受け入れられずに消滅することもあるだろう。

変化が言語の本質であり、言語が一定の地域に渡って使用されており、地域の間に何らかの境界（河川、山脈、行政、国家など）が存在していれば、境界に隔てられた区画内で、独自の言語変化が生じる可能性はある。こうして異なった言語変化が、それぞれの区画で進行した結果、異なった方言群が生まれ、方言の中には、異なった言語として認定すべきほどの相違を示すようになるも

のもあるだろう。

いずれにしても、言語や方言の多様性は、言語に変化するという性質がなければ生じない。したがって、言語の本質を究明することを目的とする言語学が追究しなければならないのは、結局のところ言語変化の原因というアポリアなのである。

7. 言語変化の理由

『講義』では、言語が何故に変化するのかということに関して、結局のところは言語が時間の中に存在するからだと述べているに過ぎない。ソシュール以降も、歴史言語学、比較言語学は、言語が変化してきた様態を、証拠に基づいて可能な限り正確に辿ることを目指し、一定の成功を収めてきた。しかし、言語が変化する根本的な理由についての説得的な議論が展開された訳ではない。したがって現在でも、言語変化の理由が解明されているとは、残念ながら言うことはできない。以下では、『講義』で主張されている言語の本質に依拠しながら、言語変化の理由についての考察を試みることにする。

7.1. 語彙の変化

語や形態素（ソシュールにとっての言語記号）の集合としての語彙は体系である。体系とは、集合のうちでその要素がすべて異なっているものを指すと考えることができる（遠山 1959）。集合の要素がそれぞれ異なっているのであれば、要素の性質（価値）が、数学的な数のように絶対的に値を定義することができないのであれば、要素の価値は他の要素の価値との相違によってしか決定することができない。言語記号は数値ではないので、やはり体系内の他の記号との相違によって、価値が決定されると考えなければならない。言語記号は、シニフィエ（意味）とシニフィアン（音列）が結合した単位なので、その価値を決定するためには、両者を考慮に入れる必要があるのだが、記号にとってより重要なのは意味であるし、シニフィアンは音列であって、この変化は音変化とも密接に関係していて、別に取り扱う必要があるので、以下ではまず記号の意味に特化して、その変化について考えることにする。

- 224 -

第IV章 *Cours*（講義）と歴史言語学

　語（以下形態素を含む）の意味を、ソシュールは「概念」と呼んでいるのであるが、概念の正体は明らかではない。哲学的意味論のうち、形式意味論では、語の意味は指示対象の集合の特性であると考えられている（Montague 1974）。語が何らかの事物を指示することは確かであり、語が具体的な状況で使用された場合、その指示対象を特定することができなければ、その語の意味を知っているとは言えない。例えば、動物園で「あそこにジャガーがいる」と言われて、何頭かいる動物の中で当該の物を指し示すことができなければ、「ジャガー」という語の意味を知らないということになる。この場合「ジャガー」は、単一または有限個の個体を指示するが、「ジャガーは哺乳類である」という表現では、この語がすべてのジャガーである個体を指示していることからも分かるように、語は事物の集合を表示するのが原則である。そして、事物の集合の特性をしらなければ、その集合に属する要素を指示することはできないのだから、語の意味とその語が表示する事物の集合の特性は等しいことになる。

　さて、事物は宇宙全体、そして人間の脳を含めた世界に存在している。宇宙、宇宙空間を構成する天体、人間が形成する社会、そして人間の思考が作り出す存在など、世界を作り上げている事物は、究極的な理由は分からないにしても、必ず変化する。そして、人間が事物を分類して形成した集合が語が表示する対象であるのだから、世界を構成する事物が必然的に変化するのであれば、事物の集合もこれに応じて必然的に変化する。そして事物の集合が語の表示する対象に他ならず、語が表示する事物の集合の特性が語の意味なのだから、語の意味が変化することも必然であるということになる。このように意味が変化する語は、世界を構成する事物が無数である以上、無限ではないが膨大な数に上る。語彙を構成する要素としての語の意味が変化することは、語彙体系全体が変化することに等しい。こうして、語が事物の集合を表示するという性質から、語彙体系の必然的変化が証明される。

7.2. 音素の変化

　音変化については、上述のように『講義』でも様々な説が紹介されているが、いずれも説明としては不十分であり、現在でも、音変化の理由が本質的に解明

- 225 -

されているとは言えない。

　ただ『講義』では「音素」という用語が使われていたものの、そこでは、具体的に調音される音声と、ラングにおける抽象的な単位としての音素が厳密に区別されてはいなかった。『講義』で「音素」(phonème) と呼ばれている音的単位は、どちらかと言えば音声に対応している。

　現代の構造主義的音韻論に従えば、音素は異音としての音声の集合であり、記号のシニフィアンを構成し、ある記号を他の記号と区別する機能を持っている。そして、音素は語と同様に体系をなし、それぞれの音素は、他の音素と異なる特性を持つという点で対立している。さて、音素の要素としての音声は、ラングではなくパロールに属する要素である。ソシュールも考えていたように、音声が変化する要因はパロールの中にある。パロールは個々の人間が具体的な状況で発する言語であり、前節で世界について述べたのと同様に、状況も世界の一部なのだから、絶えず必然的に変化している。そして、これはいささか説得力を欠くのだが、流動する状況において使用されるのだから、音声も絶えざる変化にさらされていると考えることができるだろうと思われる。実際、異なった個人は、異なった音声を発しているのだし、同じ個人でも、状況によって様々の異なった音声を発している。したがって、音声が時間を経て変化することは、必然に属するのだと考えたとしても、大きく不合理だとは言えない。

　具体的な音声はいずれかの音素に対応する異音の集合中に含まれている。事物の集合の場合と同様に、集合を構成する要素に変化が生じれば、集合の特性が変化する。音素の場合も、それを構成する 1 個または複数の異音に変化が生ずることにより、音素としての特性が変化する。音素は体系をなしているのだから、体系中の要素としてのどれかの音素に変化が生じれば、その音素との関係で価値が決定される他のすべての音素の特性にも変化が起きる。こうして、音素の体系全体が変化する。

7.3. 構造規則の変化

　文を構成する語や形態素を配列する規則を、本稿では「構造規則」と呼ぶ。発信者が意図した事態と同一の事態を受信者が理解することを保証するために、

第IV章　*Cours*（講義）と歴史言語学

どんな言語にも構造規則が存在する。[191] 町田 (2011) で詳しく考察しているが、構造規則を決定する上で最も重要な要素は、事態を構成する事物の意味役割（主体、対象、受益者、場所、道具など）を表示する方法である。意味役割を表示する方法は、以下のように分類される。

    a.　特別の形態素を用いる。

    b.　名詞が語形変化する。

    c.　語順を用いる。

  a. にある意味役割を表す特別の形態素とは、日本語で主体を表す「が」、対象を表す「を」、道具を表す「で」のような、日本語文法では「格助詞」と呼ばれている形態素である。この方法を用いる言語は、日本語以外にも朝鮮・韓国語、モンゴル語、トルコ語など、世界に数多く存在し、古典的類型では「膠着語」と呼ばれる。

  b. 名詞の語形変化とは、伝統文法で「曲用」と呼ばれる現象であり、ラテン語、ギリシア語、サンスクリット語など、古い印欧諸語は、この方法で主要な意味役割を表示していた。この種の言語は、動詞も人称・数・法・時制・態などに応じて語形変化し、伝統的には「活用」と呼ばれる。曲用と活用を合わせて「屈折」と呼び、屈折によって名詞や動詞の文法的特性を表す諸言語が「屈折語」である。

  c. 意味役割で最も重要なのは「主体」と「対象」である。事態の基本は、2つの事物とその間の関係であり、関係を表すのが動詞であるが、動詞そのものまたは動詞の語形（能動態、受動態、使役形など）を決定するのが主体、主体と関係を取り結んでいる事物が対象である。伝統文法では、主体を表示する事物を表す名詞を「主語」、対象を表示する事物を表す名詞を「目的語」と呼んでいる。主語と目的語が、特別の形態素でも、語形変化でも表されることがない言語は、中国語を代表とする「孤立語」と呼ばれる類型に属するが、これらの言語では、「主語＋動詞＋目的語」という構造規則によって、主体と対象が区別さ

---

[191] 古典ギリシア語やラテン語のような屈折語は、構造規則を明確に定式化できないことが多い。ただし、語順が完全に自由であるわけではなく、一定の傾向は存在する（Marouzeau 1922）。

- 227 -

れる傾向にある。どうして孤立語においてこの規則が用いられるのかを合理的
に説明することはまだできていないのだが、主語は動詞を決定する最も重要な
語であり、動詞は事態の特性を決定する次に重要な語であることから、重要度
の高い順に配列される規則が選択されているのではないかと推測される（町田
2011）。

　意味役割を表すために格助詞のような形態素を用いる言語については、「名詞
＋格助詞」、「主語＋目的語＋動詞」という構造規則が用いられる傾向がある。
この種の言語では、格助詞の形態や機能に変化が生じることはあっても、[192] 構造
規則は変化しない傾向にある。名詞と格助詞の間には、明確な境界が存在し、両
者が異なった 2 つの形態素だと認定されているため、言語が別の類型に移行す
るというような大きな変化でも生じない限り、意味役割はこの方法で正しく理
解されるため、構造規則が変化する誘因がないからであろう。
　語形変化によって意味役割を表す言語の場合、名詞は「語幹＋格語尾」とい
う構造をなす。ラテン語の lupus「オオカミ」の語形変化は以下の通りであった。

	単数	複数
主格	lupus	lupī
対格	lupum	lupos
与格	lupō	lupīs
奪格	lupō	lupīs
属格	lupī	lupōrum

　ところが、俗ラテン語における音変化の結果、単数形は、主格 lopos、属格 lopi
以外はすべて lopo という形、複数形は、主格 lopi, 対格 lopos, 与格・奪格 lopis,
属格 loporo という形になった。特に単数で語形の種類が大きく減少したため、
格変化形だけで意味役割を表示することが難しくなった。ただ、語末の -s が保
持されている限りは、単数でも複数でも主格と対格が形態的に区別されるため、

---

[192] 奈良時代、平安時代の日本語で「が」は主体ではなく所有を表示していたし、動作が行
われる場所は「で」ではなく「にて」が表していた。

他の意味役割について前置詞の使用が必要になった以外は、構造規則に大きな変化を加える必要はなかった。

　しかし、ロマンス諸語が形成されるようになると、フランス語やオック語など一部の言語を除いては、語末の子音が脱落することにより、主体と対象を形態的に区別することができなくなった。そうなると、孤立語のように構造規則によってしか、これらの重要な意味役割を区別することができなくなる。この結果、ロマンス諸語でも、孤立語と同様の「主語＋動詞＋目的語」という構造規則へと変化していったのだと考えられる。

　構造規則の変化は、ここで述べたような言語類型に依拠するものだけでは、当然説明し尽くすことは不可能であるが、類型によって構造規則に一定の傾向があることは確かなので、構造規則の歴史的変遷を説明する1つの方法だと見なすことはできる。

晩年のソシュール

第 V 章．座談会抄録

神山　では座談会を開始させていただきます。まずは、質問にお答えいたしましょう。僭越ながら、私がいただいたものからお答えしたいと思います。

　ゲルマン語がご専門の方から、印欧語に誕生した第 2 の母音が o である理由をお尋ねいただきました（133 頁以下参照）。はじめからあった母音が前舌の響きを得て e に発達しましたから、簡単に言えば、それと差が大きな、後舌の母音が次の母音として発生しやすかったのだろうと考えております。

　また、進化生物学をご専門とする方から、日本で歴史言語学の研究が振るわない原因についてご質問いただきました。これは歴史言語学を学ぶ方が少なくなったことが主因でしょう。かつて泉井久之助先生や高津春繁先生がおいでになり、本会の名誉会員である風間喜代三先生、松本克己先生たちの世代が巣立ち、そして本会前会長の後藤敏文先生、千種眞一先生の世代、次いで我々の世代以下が脈々と生まれているわけでありますが、どうも 20 世紀の終わりごろから、わが国の言語研究が合衆国発の研究に過剰に影響を受けるようになってしまいました。これこそがそもそもの原因でしょうか。今では言語研究者と言えば生成や認知をやる方が大半を占めます。言語学を学ぼうと思っても、先生がこれらを専門とする場合が圧倒的で、言語学を学ぼうという方が歴史言語学に触れる機会が必然的にどんどん減っている。今の英語（の特に統語論）しか知らない言語学の先生が増えすぎているのも大問題です。これでは若い言語学徒も、仏独をはじめとして、場合によっては露や伊など、重要な情報源となる言語を、若いうちに学ぶ必要性を感じにくいと思いますし、英語に専心する場合であっても、そのルーツを学んで、どういう経緯から今のような英語が出来上がったのかを解明しようという健全な視点も出てきにくくなっています。対象言語が何であれ、日本歴史言語学会の活動を通じて言語研究に占める歴史言語学の割合が増え、歴史言語学を志す若い方々が徐々に増えることを熱望するのは、そのような事情からです。

　さて、専門的な質問がございました。ラリンガルの硬化（122 頁以下参照）は二重のラリンガル以外でも生じるのかお尋ねです。はい、生じます。例えばド

イツ語における「摩擦音＋摩擦音」というつながりがしばしば「閉鎖音＋摩擦音」として発音されることに硬化が見られます。nichts [niçts] "nothing" を例に取りますと、口語でしばしば [t] が脱落しますが、そうなると [niçs] という発音になるかと思いきや、よく行われる発音は [niks] です。すなわち、[niçs] が [niks] になる。摩擦音の連続 [çs] が [ks] として発音され、摩擦音の一方が閉鎖音に硬化していることが確認されます。同様に am wenigsten は [am've:niçstn̩] とも [am've:nikstn̩] とも発音されます。

　私のところですぐに答えられるのは以上です。町田先生、お願いします。

町田　難しい質問が来ました。ソシュールが言語学を研究する際に非常に重要な概念を提供してくれていることは間違いないが、大事なところを解説してくださいとのことです。難しいので正直あまり解説したくありませんが、現代言語学の様々な学説を検討してみても、ソシュールを使うのが一番安心だと思います。他のを使うと偏りますから。共時態、通時態の厳密な定義というのはなかなか難しいのですが、私はソシュールが提示した概念で一番大事だと思うのは関係性です。連辞関係や範列関係によって言語が体系を作り、その体系を構成する要素が構造を作るというのが言語の最も本質的な機能であって、それを記述し説明するための最も基本的な概念が関係性ということですので。もちろん、どのような関係が具体的に要素の間に存在するのかというのは連辞と範列というただ 2 つの基本的な関係だけで区別するのはできませんので、それをさらに厳密に定義し細かく区分して行くということこそが、私は言語学のやるべき課題だと思っておりまして、それをぼやっと考えているのがアメリカの言語学者だと思います。アメリカは言語学を悪くしているというふうに私は感じています。非常に重要な概念を簡単に説明するような力はありませんで、この程度にさせてください。

　あとですね、私の『**講義**』訳の中に「言語学の唯一にして神聖な対象はそれ自身で、それ自身のために考察される言語である」という箇所があるのですが、ここで「言語」とは「ラング」のことではないかというご質問をいただきました。確かにその通りです。言語の研究というのはソシュールにとっては「ラング」の研究ですので、わざわざラングとパロールを区別しなければいけないと

きには、私はラングとパロールというふうにカタカナを使いまして、そうではないときには「言語」というふうにすればいいのではないかと思った次第です。本当はラングとパロールも使いたくなかったのです。あまり横文字は好きではないので、何かうまい、それこそ小林英夫さんの「言語」と「言」とか、そういうことばを使いたかったのですが、一般的にはカタカナを使うことも多いのでラングとパロールをあえて使いました。けれども、それをわざわざ区別する必要がないように見えた文脈では、「言語」と訳したということであります。それぐらいだと思ってください。

　次は音素体系、音韻体系の変化と構造規則の変化が関係しているのはどういうことかというご質問ですが、これにはラテン語からフランス語への例を挙げることができると思います。要するに、ラテン語の音韻体系というのは短母音と長母音が音素として区別されていたけれども、フランス語ではそれが長短の対立がなくなってしまって、音素の数は増えましたけれども、ラテン語の奪格のようにですね、a の場合には主格であって、ā の場合には奪格であるというような区別が行われていたわけですが、そういうものが全部なくなってしまった。異なった意味役割を、もちろん母音だけじゃありませんが、音韻的に表すという手段がラテン語で使われていたのがフランス語ではなくなってしまった。そうすると、主語と目的語、まあ、今の例は奪格でしたけれども、主語と目的語を区別する音韻的な手段がなくなってしまうと中国語のようになる。中国語のようになれば、SOV という基本語順から SVO に変わってしまうという、そういう例が挙げられると思います。多分、英語でもそうだろうと思いますね。古英語でやっていた形態的な変化が、音韻体系の変化の結果なくなってしまったので、英語でも SVO の語順になってしまった。そんな例がありますので、音韻体系の変化と構造規則の変化が関連している例が、特に印欧語には見られると思います（226–229 頁）。私に対するのはこれぐらいです。

神山　柳沢先生、よろしくお願いします。

柳沢　はい。では、どういう経緯からソシュールはリトアニア語に着目したのかというご質問からお答えいたします。私もソシュールとリトアニア語のアクセントとの関係はあまり考えたことがなかったのですが、今回のシンポジウム

の準備で色々と論文を読みました。ジョウゼフ Joseph (2009) にも記載されているように、ソシュールは、自身が仮定した印欧語の未知の「ソナント的付加音」すなわちラリンガルが、リトアニア語の acute 音調に反映されていると、残滓として保存されていると考えたのだと思います（141 頁以下）。

　以後は私の推測ですけれども、本日のお話にもあったようにソシュールは青年文法学派の人々からほとんど無視されていたので、「ソナント的付加音」が何らかの形で存在したという証拠を探していたように思います。

　また、ソシュールの時代はシュライヒャーSchleicher とかレスキーン Leskien とか、リトアニア人のクルシャト Kurschat などによるリトアニア語の研究が出てきた時代で、リトアニア語は言語的にたいへん古風であるということが知られるようになってきた。そういう大きな流れの中でソシュールはリトアニア語に関心をもったのだと思います。

　それから、フォルトゥナートフ Фортунатов が印欧語の長音とリトアニア語の音調との関係を明らかにしたこともあり、ソシュールは、自分が理論的に考えたものが何らかの形でそこにあるのではないかと考えたと思うのです。もちろん、それ以外にも理由があるかもしれません。

　ソシュールはリトアニア語のアクセントの本を書くつもりだったと思われますが、ソシュールがそれをなぜやめてしまったかが私にとって大きな疑問です。そこまで研究した、10 年間ぐらい研究したと思いますが、それをなぜプツリとやめたのか。ちょうどジュネーブ大学の教授になって、**第 2 論文**（Saussure 1896）を書いてからやめてしまいました。大学教授になったからやめたということはないはずですが、何か関心が薄れてしまったということだと思うのです。

　ですから、ソシュールの情熱がリトアニアのアクセント研究に向かったのは理解できるのですが、なぜそこで急にやめたのかが不思議なのです。ソシュールの伝記を研究したことはありませんが、1996 年にソシュール邸で発見された文書にリトアニアのアクセントに関するノートが 500 頁ぐらい含まれているということですから、それを調べれば何かわかるのではないかと思います。その一部がプティ Petit (2010) に引用されています。

　第 2 論文はソシュールのリトアニア語アクセント研究の氷山の一角ですが、

あれを読むと、ソシュールがリトアニア語のアクセントを深く理解していたことがわかります。今日ではアクセントパラダイムが知られていますが、そういう情報を記した辞書もない時代に、ソシュールはフィールド調査やリトアニアの学者への往復書簡から得た情報によって深い理解に到達したわけです。

神山　一点補足させてください。柳沢先生がおっしゃる通り 19 世紀にはリトアニア語に注目が集まりました。紀元前 10 世紀までさかのぼろうというアヴェスタ、サンスクリットに匹敵するぐらい古い言語が現代のバルト語に残っているとわかって、一種のブームになったんですね。そしてシュライヒャー、レスキーンが挑み、レスキーンにソシュールは手ほどきいただいて、『覚え書』の場合と同じく同時代人を大きく凌駕するところまで達した。しかし、彼はその後フランス語の方言調査と地名研究に進み、次にはゲルマン神話のフィロロジーにしばらく傾倒するようです。彼は何かを極めたと思うと、さっさと次の関心に移るという癖をお持ちだったようです。失礼しました。お続けください。

柳沢　では次の質問です。リトアニア語の acute 音調の起源はラリンガルなのかとお尋ねですが、その通りです。確かにラリンガルが acute 音調の起源なのですが、ソシュールの法則を廃して、ラリンガルとの関係だけでアクセントの移動を理論づけようとする人が色々いるのです。クリウォヴィッチも含めて、他のヨーロッパの学者もそのような説明を試みています。私も若いときは色々考えたのですけれど、結局、何か分からなくなってやめてしまいました。今は、単純にソシュールの法則を認めると、単純に説明できると思っています。

　もうひとつはかなり専門的でして、Lith. rankà「腕」のアクセントにはソシュールの法則が働いたのに、R. головá「頭」に働いていないのはなぜかとお尋ねです。この головá（Lith. galvà に当たる）の方は移動アクセントタイプなので、移動アクセントタイプとソシュールの法則とは全然関係ないのです。ですから女性名詞 головáの語尾アクセントはソシュールの法則によるのではなくて、移動アクセントタイプに従ってアクセントが語尾に移動しています。単数の主格と具格は語尾にアクセントがあり、与格と対格は語幹にアクセントがある。より正確には語頭にアクセントがあるのが、バルト・スラヴ語の移動アクセントタイプのプロトタイプです。ソシュールの法則と移動アクセントタイプを混同

するのは間違いです。ソシュールはそれを非常にうまく分離するわけです。ソシュールの論法によりますと、要するに、この体系の中で非常に古いアクセント移動の原理と新しく変化してきた原理（ソシュールの法則によるもの）とをはっきり分けて、そして名詞とか動詞、派生語においてこういった原理が働くということで、リトアニア語内部で体系的に説明しています。ソシュールの論文の作り方はそうだと思います。『覚え書』もそういうやり方で、自分が考えていた古い形とそうではないそれに例外的なものとを分けてうまく説明している。ソシュールは、そういう研究手法を使っているのです。

神山 ご質問の後半は小生宛ですので続けてお答えいたします。印欧祖語の一番はじめは、恐らく孤立語のように、一音節＝一単語＝一概念であったと考えられます。その後、それに接辞が付着して、複数音節から成る語が誕生し、アクセントのある音節とアクセントのない音節という区別ができるわけです。そのときから、我々が知る階梯（正常階梯、o階梯、ゼロ階梯）というものができます。しかし、その後の新たな語形成ではゼロ階梯のところにアクセントが来るということもございます。ゼロ階梯のところにアクセントがあるのは想像できないじゃないかというご質問なんですが、印欧祖語の時代性、歴史性というものを考えますと、こういったものが、最初期以降には考えられます。

町田 次の質問として、言語学の門外漢がまず手に取るべき言語学の入門書として何か推薦せよとのお達しです。手前味噌で恐縮ですが、拙著『言語学が好きになる本』（研究社）をお薦めさせてください。あとはどうしましょうか。

柳沢 言語学の入門書を除けば、自分の専門以外の外国語をやるということは言語学の勉強になるのではないかと思います。特に、印欧語に主眼を置く場合には印欧語以外の全く馴染みのない外国語を勉強するのは、言語を音声からシンタクスまでやりますので勉強になると思います。そういう方法をとってみるのもひとつかなと思います。

神山 アブハズ語の関係を含めて、もう少しお続けください。

柳沢 私、最初は学部でロシア語をやりました。ロシア語もアクセントがパラダイムの中で移動が激しくて、かなり複雑なのです。その歴史的な研究をやろうと思って、バルト・スラヴ語アクセント学の専門家である矢野通生先生がお

られた名古屋大学に参りました。そこでロシア語のアクセント史を研究するために、リトアニア語やバルト・スラヴ語のアクセント史を学んだわけなのですが、バルト・スラヴ語のアクセント史の論文を書いても、神山先生ぐらいしか評価してくれなかったですね。(笑) ほとんどのスラヴ語やロシア語の研究者の方は全然読んでくれないわけです。彼らの関心はシンタクスとかにありますから、全然相手にされないのです。

　西欧ではバルト・スラヴ語アクセント学の研究はかなり長い歴史があって複雑で、この分野でオリジナリティーのある研究をするのは難しいのです。就職の後、オリジナリティーのある研究をしようと、コーカサスの言語を調査しました。ちょうどソ連邦が崩壊した後なので、民族紛争はありましたが、それまで外国の研究者がなかなか入ることができなかったコーカサスに入れるようになったんです。それでコーカサスの言語の中でも動詞構造が極めて複雑なアブハズ語を調査しまして、一応、辞書と文法書を出しましたので、ソシュールと同じでもうやる気がなくなりました。(笑) ロシア語についてもギャルド Garde の『ロシア語文法』の翻訳（ひつじ書房）を出して一段落しました。あと残っているのはリトアニア語を含めたバルト・スラヴ語のアクセント研究なので、これだけは何とか始末をつけたいと思い、また2〜3年前にリトアニア語に戻ってきました。

神山　ありがとうございました。さて、小生も何か申し上げねばなりません。印欧語についてですと、例えば『覚え書』なりを前提知識なく読めるはずがありませんので、いきなりそういう名著をお薦めするわけにはいきません。やっぱり相当砂を噛むようなことをやって、出てくる言語のことをある程度勉強して、様々な不適当な箇所を訂正しながらでないと、そういう名著は読めません。新しいものでも怪しいところは結構ありますから、直しながら読まなくてもいいようなものとなると... ないかもしれませんね。それではあまりに不親切ですから、印欧語比較言語学の入門書としては小生もかかわったマルティネさんのもの（Martinet 2003）を一応挙げさせていただきましょうか。

　さて、いただいた質問へのお答えはこれで終わりました。コメント等につきましてはお答えは控えさせていただきます。どうぞご容赦ください。

- 237 -

次に先生方にお尋ねいたしますが、歴史言語学におけるソシュールの貢献と
お考えの点、あるいは評価する点をご披露いただけますか?

町田　はい、ソシュールはもともと歴史言語学者ですから、歴史言語学への貢
献については言うまでもありません。『講義』の中にも類推や音韻法則も含めて
非常にたくさんの特に印欧語の歴史的な事実が言及されています。加えて言え
ば、アラビア語とかアフロ・アジア語族についての記述もあります。これを読
むことによって、印欧語学の進展、あるいは理論的な基礎を学ぶことができま
すので、この点については、『覚え書』と『講義』を含めて、歴史言語学に対す
るソシュールの偉大なる貢献であることは疑い得ないと思います。

　ちょっと余談ですが、実は『講義』には「我々はギリシア・ラテンを話すた
めに勉強しているのではない」という趣旨の記載があります。しゃべりたいと
思ってギリシア・ラテンを勉強している私からしますと、ソシュールはどうし
てギリシア・ラテンを自分で使いたいというふうに思わなかったのか、とても
不思議ですね。以上、余談です。

　いずれにしても、歴史言語学だけではなくて、言語の本質について考察した
書物の中では、私はやっぱりソシュールの書物は最も優れていると思います。
歴史言語学の研究を基礎に人間の言語というものの本質を追求しようとしたと
いう点ではソシュールは今までにない言語学者だと確信しております。

柳沢　先ほど言いましたように、ソシュールの研究は、百数十年を経てもまだ
生きている。これは驚くべきことだと思います。ソシュールから何を学ぶかに
ついてはもちろん色々なことが言えるかと思いますが、先ほど神山先生がおっ
しゃったように、例えば『覚え書』を読みなさいと言っても学生にはなかなか
難しい。先ほど言及した第2論文も、短いから読んでみようと思っても、リト
アニア語のことを知らないとほとんど理解できないでしょう。ソシュールを理
解することはなかなか難しいことだと思います。

　まあ、やってるうちにそのうちだんだんと分かってくるとしか言いようがな
いですね。すぐ分かるということは無理ですから。ソシュールは20歳ぐらいで
あの『覚え書』を書いたのですが、私のような凡人はやっと定年間近になって
何とかソシュールが分かるところまで到達したような次第です。まあ、勉強し

ていればそのうち分かるんじゃないかと。（笑）　ですからソシュールは読む価値はありますね。彼は間違っていません。これは大きなことです。

　バルト・スラヴ語学のアクセント研究に関しても、ソシュールは今でも一番の巨星ですね。輝きは失っていません。色々な人が理論を立てようとしますが、またソシュールに帰っていくような気がします。ヒッタイト語との関係を指摘したクリウォヴィッチは、バルト・スラヴ語学では、なぜか間違った方向に行ってるような気がします。学者には正しい方向に行く人と、間違った方向に行く人があるように思いますが、ソシュールはいつも正しい方に行っていますね。別にソシュールが非常に勘が良かったっていうんじゃなくて、やっぱりリトアニア語に関して非常に深い理解をしています。500 ページのノートを残していますから、それだけの理解をしているわけです。しかし、論文としては 10 ページぐらいしか書いていない。だから我々はその 10 ページぐらいしか見ていないのですが、その奥にはすごい研究があって、彼の理解はほぼすべての点で驚くほど正しい。動詞の変化についても正しい、移動と固定というアクセントを正しく見ています。彼には正しい理解がまずあって、それから資料を集めてたというのが実際だと思います。リトアニアの研究者に質問する場合にも、正しいアクセントはこうなるはずだと予想しているように私は見ました。ですから、2 つのアクセントパラダイムがあることに気づいているんです。だから、ソシュールを研究する人はそういう面で研究すると面白いと思います。

町田　神山さん、まだ言ってないですよ。

神山　はい。柳沢先生のお話を聞いていると、私もかつて同じような勉強を多少ともやりましたので、その通りだと思います。実際、『**覚え書**』でもアクセントロジーでも彼の洞察力は大したものだと思います。しかし、その反面、今から見れば細かいところで結構ぽかもございますね。ですから、彼は決して神様ではありません。女性を愛し、博打にもはまる生身の人間です。ぽかについてもきちんと把握した上で、例えば彼の本を読むときにはですね、いちいち例が出てきたならその例をこれでいいのかと、ちゃんと確かめる必要はありますが、ソシュールの本は未だに後進をガイドする本になると思います。

　さらに彼の音声学についてもひとこと言わせていただきましょう。彼が活躍

した時代には音声学がまだまだ未発達でありまして、ジーヴァースの時代とパシーやイェスペルセンの時代を繋ぐのはやっぱりソシュールだと言えると思います。『講義』の音声学のところも立派なものだと思いますね。音に強いからこそ、音の変化を感知するアンテナが鋭いのだと思います。

　例えば、彼の音節理論は見直されてしかるべきでしょう。実際、音節の定義は難しくて、イェスペルセンの「きこえ」に基づく方法が広く知られていますが、この方法では大事な音節の切れ目が定義できません。音節の切れ目を定義するには、結局、『講義』の中にあるように、内破音と外破音という概念によるしかなさそうです。開放に向かう音（外破音）と、閉鎖に向かう音（内破音）というように、瞬間的には同じ物理的な音であっても、流れの中では振る舞いが異なるとする視点。鋭いですね。パリでの教え子グラモンが漸強、漸弱と呼び替えていることを含めて服部四郎博士の『音声学』（岩波書店）に解説がございますので、そちらで確認いただければと思います。いずれにせよ、音に強いことが彼の大きな強みであることは間違いありません。

　さて、ソシュールは決して神様ではないけれども極めて優れた言語学者であることは明らかです。しかし、反面だめなところもありましょう。ちょっとここはいただけないねってお感じのところがありましたら、伺いたいと思います。

町田　それは誰でも思いつきますよね。ラングの中に文が入ってないっていうのはだめですよ。言語は文によって伝達をするわけですから。ソシュールは文は色々なのでラングの中には入れないとしていますが、それはもうやっぱり絶対批判しなければいけないところです。構造についても、文を作っている要素は連辞関係であるというふうに言っているだけで、連辞関係の性質がどういうふうになっているのかというのはわかりません。そういう提案をしただけであって、もちろんそれは間違っていないのですが、言語の一般的な構造をとらえるための道具立ては何も定義してくれなかったというのはあります。それをもとに発展をしたかのように見えて、まだ発展していないという言語学の現状です。まあ、そういう一般言語学的には大きな問題が『講義』の中にはあります。

神山　なるほど。柳沢先生、どうですか。

柳沢　リトアニア語アクセントの論文は非常にわかりにくいです。私も100％理

解したと言えないかもしれませんが、彼の書き方は不親切というか、人に読ませる気がないのかと思わせますね。『覚え書』は少し違うかもしれません。論文という制約があったのでしょうが、非常に読みにくいことは確かです。

町田 そうそう、例の草稿（Saussure 2002）が出てきて、フランスで出版されたので一生懸命読みましたけども、何が書いてあるかよくわかりませんね。ソシュールが『講義』を書いたらこんなに有名にならなかったんじゃないかと。（笑）つまり弟子が偉かった。いい弟子を持つべきであるとというのがソシュールが教えてくれた最も偉大な教訓だと思いますね。

神山 なるほど。面白い視点ですね。確かに『講義』はほかのものに比べるとはるかに読みやすい。バイイとセシュエが噛み砕いてくれたんですね。

　さて、私は彼の気位の高さと精神的な弱さを指摘させていただきましょう。例えば『覚え書』の冒頭部分に少しだけ先達、特にブルークマンの貢献について触れた部分がありますが、それを書くために彼はとても悔しい思いをしたというのです。この程度のことで悔しい思いを抱くというのが小生などには理解できない。授業や「文法の集い」でお世話になっているわけですし、ブルークマンには尊敬の念を抱いていたようですから（32 頁以下）、ちょっとぐらい社交辞令があってもいいじゃないかと思うのです。ジュネーヴ大学で言語学の教授だったヴェルテメールのことは終生蔑視したようですし、18 歳で書いて最初に活字になった論文では恩人となるブレアルに対し礼を失しています（19–20 頁）。ライプツィヒに留学して鼻音ソナントのことに聞き及ぶと、それは特に新しい発見ではないと言い放っていますし（22 頁）、20 歳前からとても自尊心が高かったように見えます。

　反面、精神的にちょっと弱いところがある。青年文法学派が『覚え書』以降のソシュールに総スカンを食らわせたことは確かに褒められたことではないし、やっかみもあったのでしょう。でも、著書が出たからといって特に反応がなくともしかたがない。少なくともアヴェとブルークマンから一定のお褒めの言葉をもらったのだから充分だろうと思うのです（42–45 頁）。敬愛するホィットニーもちゃんと読んでくれたようだし（39–40 頁）、「あの有名なソシュール」の親戚と勘違いもされている（48 頁）。表立って称賛されなくとも、ちゃんと知られ

ていたんですよ。ところが彼は落ち込んでへそを曲げてしまう。

　結果、しばしば里帰りしつつもドイツに足掛け4年留学したのに学者の友達はシュトライトベルクの一人だけ。ブルークマンとも一時期信頼関係がありましたが、博士取得を一緒に祝ったのが最後です。

　いずれにしても、先生方はソシュールのファンだと思います。町田先生は『講義』大好き、小生も大好きです。町田先生の新訳は小林英夫氏の訳と時々見比べますが、今風のわかりやすい日本語になって、本当によかったと思います。

　おっしゃるようにバイイ・セシュエ編の『講義』はかなり読みやすくなっていますが、柳沢先生ご指摘の通り、ほかは必ずしもわかりやすいわけではない。したがって色々調べながら事細かに読むしかありません。バイイとセシュエが編集する前の第1～3回「講義」ノートの訳が出ていますが、訳文は理解しにくく例の取り扱いも不十分ですからほとんど役に立ちません。これを反面教師として、立ち向かう際には例を含めた細部に細心の注意を払いたいものです。決して読者に親切な書き方ではありませんが、ソシュールの著作は未だに価値を失っていないと言えることでしょう。

　結論らしきものに到達したところで定刻となりましたので座談会をお開きにさせていただきます。では、町田先生から閉会のおことばを頂戴いたします。

町田　はい、僭越ながら私が閉会の挨拶をさせていただきます。本日はこれほど多くの方々においでいただけるとは思っておりませんでしたが、たいへん盛会になりましてどうもありがとうございました。私はずっとソシュールが好きで、一般言語学的なところをずっと考えてきたのですが、今回、神山歴史言語学会会長のご尽力で歴史言語学についてのソシュールを話題としました。ソシュールを読めば読むほど彼の専門はやはり歴史言語学だとわかりますので、そういう観点からのこのようなシンポジウムが開けたことをたいへん嬉しく思っております。みなさんも歴史言語学にご関心のおありの方ばかりでしょうから、これからも、ソシュールのみならず、歴史言語学についての研究がますます進展していくことを祈念して私の閉会の挨拶に代えさせていただきます。どうもありがとうございました。（拍手）

（文字起こし協力　北岡千夏）

- 242 -

第Ⅴ章　座談会抄録

弟オラスの描いたソシュール

略語：文献

AslPh	*Archiv für Slavische Philologie* (begründet von Vatroslav Jagić)
BB	*(Bezzenbergers) Beiträge zur Kunde der indogermanischen Sprachen*
BSL	*Bulletin de la société de linguistique de Paris*
Cahiers/CFS	*Cahiers Ferdinand de Saussure*
Cours	= Saussure (1916)
Curtius Studien	*(Curtius) Studien zur griechischen und lateinischen Grammatik*
DÉLG	= Chantraine (1999)
DLKŽ	= Keinys (2012[7])
DLKŽ-II / DŽ²	*Dabartineės lietuvių kalbos žodynas.* Antras papildytas leidimas. Vilnius: Mintis. 1972.
EDBIL	= Derksen (2015)
EDSIL	= Derksen (2008)
GEW	= Frisk (1960–1970; 1973–79²)
IF	*Indogermanische Forschungen* (begründet von Karl Brugmann und Wilhelm Streitberg)
JIES	*Journal of Indo-European Studies*
KZ	*(Kuhns) Zeitschrift für vergleichende Sprachforschung*
LKŽ	*Lietuvių kalbos žodynas.* I-XX. 1941–2002. Elektroninis variantas.
Mémoire	= Saussure (1879)
MSL	*Mémoire de la société de linguistique de Paris*
MU	*Morphologische Untersuchungen auf dem Gebiete der indogermanischen Sprachen* (hrsg. von Hermann Osthoff und Karl Brugman(n))
PBB	*(Pauls und Braunes) Beiträge zur Geschichte der deutschen Sprache und Literatur*
Recueil	= Saussure (1922)
『覚え書』	= Saussure (1879)
「回想」	= Saussure (1960)
『講義』	= Saussure (1916)
『語源研究』	= Curtius (1858–1862, 1866², 1869³, 1879⁵)
「試論」	= Saussure (1978)
第1論文	= Saussure (1894a)
第2論文	= Saussure (1896)
『比較文法』	= Bopp (1833–1852; 1857–1861; 1866–1874)

略語：その他

acc.	accusative (case)	Hitt.	Hittite	ON	Old Norse
Aeol.	Aeolic (Greek)	*ibid.*	*ibidem*	OP	Old Persian
aor.	aorist (tense)	*id.*	*idem*	op.cit.	opere citato
AP	accent paradigm	Ind.	Indic/Indian	OPr(uss)	Old Prussian
Arm.	Armenian	Indo-Iran.	Indo-Iranian	OR	Old Russian
Att.	Attic (Greek)	inf.	infinitive	p.p.	past participle
Av.	Avestan	instr.	instrumental (case)	pf.	perfectum (tense)
Balt.	Baltic	IPA	the International	(P)IE	(Proto-)Indo-European
Bel.	Belorussian		Phonetic Alphabet	pl.	plural (number)
Br.	Breton	Ir.	Irish	Pol.	Polish
BSl.	Balto-Slavic	It.	Italian	PSl.	Proto-Slav(on)ic
Bulg.	Bulgarian	Lat.	Latin	r	radical faible
c.	circa	Latv.	Latvian	R	radical fort
Celt.	Celtic	Lith.	Lithuanian	R(uss).	Russian
Cz.	Czech	LL	low Lithuanian	s	suffixe faible
dat.	dative (case)		(Žemaitian)	s-	suffixe dominant négatif
Dor.	Doric (Greek)	loc.	locative (case)	S	suffixe fort
E.	English	ME	Middle English	S+	suffixe dominant fort
et al.	*et alii*	MHG	Middle High German	SCr.	Serbo-Croatian
Eur(op).	European	mid.	middle (voice)	sg.	singular (number)
F.	French	nom.	nominative (case)	Skr./Skt.	Sanskrit
f.	& the following page	OCS	Old Church Slav(on)ic	SL	standard Lithuanian
ff.	» pages	OE	Old English	Sl(av).	(Proto-)Slav(on)ic
G.	German	OF	Old French	t	thème faible
gen.	genitive (case)	OHG	Old High German	T	thème fort
Gk.	Greek	OInd.	Old Indian	Ved.	Vedic (Sanskrit)
Gmc.	(Proto-)Germanic	OIr.	Old Irish	verb.adj.	verbal adjective
Go(th).	Gothic	OLat.	Old Latin	W.	Welsh

参考文献

Ambrazas, Vytautas (Амбразас, В.) (ред.) 1985 *Грамматика литовского языка.* Вильнюс: Мокслас.

—— (ed.) 1997a *Lithuanian Grammar.* Vilnius: Baltos lankos.

—— (ed.) 1997b *Dabartinės lietuvių kalbos gramatika.* Trečiasis pataisytas leidimas. Vilnius: Mokslo ir enciklopedijų leidybos institutas.

Andronov, A. (Андронов, Алексей Викторович) & Derksen, Rick 2002 Lithuanian linguistics 1998–2002: Studies published outside Lithuania. *Acta Linguistica Lithuanica* 46.

Ascoli, Graziadio Isaia 1870 *Lezioni di fonologia comparata del sanscrito, del greco e del latino* (= Corsi di glottologia I). Torino e Firenze : Ermano Loescher.

Bechtel, Friedrich (Fritz) 1892 *Die Hauptprobleme der indogermanischen Lautlehre seit Schleicher.* Göttingen: Vandenhoeck & Ruprecht.

Beekes, Robert 2010 *Etymological Dictionary of Greek.* 1–2. Leiden: Brill.

Benfey, Theodor 1837 Rezension: Pott (1833–36). *Ergänzungsblätter zur Halleschen allgemeinen Literatur-Zeitung*, Dezember.

—— 1890–92 *Kleinere Schriften.* I–II. Ausgewählt und herausgegeben von Adalbert Bezzenberger. Berlin: Reuther.

Benveniste, Émile 1935 *Origines de la formation des noms en indo-européen.* I. Paris: Adrien-Maisonneuve.

Bezzenberger, Adalbert 1883 Grammatische Bemerkungen. *BB* 7.

—— 1891 Zum baltischen Vocalismus. *BB* 12.

Bopp, Franz 1816 *Über das Conjugationssystem der Sanskritsprache in Vergleichung mit jenem der griechischen, lateinischen, persischen und germanischen Sprache.* Frankfurt am Main: Andreäsche Buchhandlung.

—— 1820 Analytical Comparison of the Sanskrit, Greek, Latin, and Teutonic Languages, shewing the Original Identity of their Grammatical Structure. *Annals of Oriental Literature* 1.

—— 1827a Über J. Grimm's deutsche Grammatik. Erster Artikel. *Jahrbuch für wissenschaftliche Kritik*, Februar.

—— 1827b Über J. Grimm's deutsche Grammatik. Zweter Artikel. *Jahrbuch für wissenschaftliche Kritik*, Mai.

—— 1833 (I); 1835 (II); 1837 (III); 1842 (IV), 1849 (V), 1852 (VI) *Vergleichende Grammatik des Sanskrit, Zend, Griechischen, Lateinischen, Litthauischen, [Altslawischen, — II–VI] Gothischen und Deutschen.* Berlin: Dümmler ; Zweite Auflage 1857–1861 ; Edition française par Michel Bréal (sur la deuxième édition) 1866 (I); 1868 (II); 1869 (III); 1872 (IV); 1874 (V) *Grammaire comparée des langues indo-européennes comprenant le sanscrit, le zend, l'arménien, le grec, le latin, le lithuanien, l'ancien slave, le gothique et l'allemand.* Paris: Imprimerie impériale.

—— 1834, 1845², 1863³, 1868⁴ *Kritische Grammatik der Sanskrita-Sprache in kürzerer Fassung.* Berlin: Nicolaische Buchhandlung.

—— 1836 *Vocalismus oder sprachvergleichende Kritiken über* J. Grimm's *deutsche Grammatik und* Graff's *althochdeutschen Sprachschatz mit Begründung einer neuen Theorie des Ablauts.* Berlin.

Bouquet, Simon 2003 *Saussure.* Paris: L'Herne.

Bourciez, Édouard 1921⁵ *Précis historique de phonétique française.* Paris: Klincksieck.

Brugman, Karl 1876a Zur Geschichte der stammabstufenden Declinationen. Erste Abhandlung : Die Nomina auf -*ar*- und -*tar*-. *Curtius Studien* 9.

—— 1876b Nasalis sonans in der indogermanischen Grundsprache. *Curtius Studien* 9.

—— 1878 Das verbale suffix *â* im indogermanischen, die griechischen passivaoriste und die sogen. aeolische flexion der verba contracta. *MU* 1.

—— 1879a Sprachkunde. Literaturgeschichte (Rezension): Saussure (1879). *Literarisches Centralblatt*. No. 24. 14. Juni.

—— 1879b Die schwache form der nominalstämme auf -n in suffixalen weiterbildungen und zusammensetzungen. *MU* 2.

—— 1879c Vorwort. *MU* 2.

—— 1879d Nachschrift. *MU* 2.

—— 1880 Zur beurtheilung der europäischen vocale *a, e, o*. *MU* 3.

Brugmann, Karl 1897 *Vergleichende Laut-, Stammbildungs- und Flexionslehre der indogermanischen Sprachen* (= Grundriss der vergleichenden Grammatik der indogermanischen Sprachen. I/1, I/2). Straßburg: Trübner.

—— 1904 *Kurze vergleichende Grammatik der indogermanischen Sprachen.* Straßburg: Trübner; Edition française par J. Bloch, A. Cuny et A. Ernout sous la direction de A. Meillet et R. Gauthiot 1905 *Abrégé de grammaire comparée des langues indo-européennes: d'après le Precis de grammaire comparée.* Paris: Klincksieck.

—— 1906 *Vergleichende Laut-, Stammbildungs- und Flexionslehre nebst Lehre vom Gebrauch der Wortformen der indogermanischen Sprachen* (= Grundriss der vergleichenden Grammatik der indogermanischen Sprachen. II/1); Zweite Bearbeitung. Straßburg: Trübner.

—— 1913 Zu den Ablautverhältnissen der sogenannten starken Verba des Germanischen. *IF* 32.

Būga, Kazimieras 1923 Die metatonie im litauischen und lettischen. *KZ* 51.

—— 1924a Die metatonie im litauischen und lettischen. *KZ* 52.

—— 1924b *Lietuvių kalbos žodynas*. I. sąsiuvinis. Kaunas.

—— 1959–1961 *Rinktiniai raštai*. II–III. Vilnius: Valstybinė politinės ir mokslinės literatūros leidykla.

Bulygina, T. V. (Булыгина, Т. В.), Sinyova, O. V. (Синёва, О. В.) 2006 Литовский язык. *Языки мира. Балтийские языки.* Москва: Academia.

Burrow, Thomas 1950 "Shwa" in Sanskrit. *Transactions of the Philological Society, 1949.*

—— 1955 *The Sanskrit Language.* London: Faber & Faber.

—— 1979 *The Problem of Shwa in Sansktrit.* Oxford: Clarendon Press.

Chantraine, Pierre 1999 *Dictionaire étymologique de la langue grecque. Histoire des mots.* Paris: Klincksieck.

Chigusa, Shin'ichi（千種眞一）2001『古典アルメニア語文法』大学書林.

Chomsky, Noam 1995 *The Minimalist Program.* Cambridge: MIT Press.

Collitz, Hermann 1878 Ueber die annahme mehrerer grundsprachlicher a-laute. *BB* 2.

—— 1879 Die entstehung der indoiranischen palatalreihe. *BB* 3.

—— 1886 Die neueste sprachforschung und die erklärung des indogermanischen ablautes. *BB* 11.

Congrès international des Orientalistes 1897 *Les Actes du dixième Congrès international des Orientalistes. Session de Genève 1894.* 1ᵉ partie. Leiden: E. J. Brill.

Couvreur, Walter 1935 *De hettitische ḫ.* Teksten en verhandelingen Nr. 12. Philologische Studiën. Leuven (Louvain): Katholieke Universiteit te Leuven.

—— 1937 *De Hettitische ḫ : Een Bijdrage tot de Studie van het Indo-Europeesche Vocalisme.* Bibliothèque du Muséon 5. Leuven (Louvain).

—— 1943 Le ḫ hittite et les phonèmes laryngaux en indo-européen. *L'antiquité classique* 12.

Cuny, Albert Louis Marie 1909a Compte rendu: Saussure (1908). *Revue des études anciennes: Annales de la Facultés des lettres de Bordeaux et des universités du Midi* 11.

—— 1909b Compte rendu: Möller (1906 ; 1909a). *Revue des études anciennes : Annales de la Facultés des lettres de Bordeaux et des universités du Midi* 11.

—— 1910 Compte rendu: Möller (1909b). *Revue des études anciennes : Annales de la Facultés des lettres de Bordeaux et des universités du Midi* 12.

—— 1912 Notes de phonétique historique: indo-européen et sémitique. *Revue de phonétique* 2.

—— 1918/1919 Compte rendu: Möller 1917. *BSL* 21 (No. 66).

—— 1924 *Études prégrammaticales sur le domaine des langues indo-européennes et chamito-sémitiques.* Paris: Champion.

Curtius, Georg 1858–1862, 1866², 1869³, 1879⁵ *Grundzüge der griechischen Etymologie.* Leipsig: Teubner.

—— 1864 Über die Spaltung des *a*-Lautes im Griechischen und Lateinischen mit Vergleichung der übrigen europäischen Glieder des indogermanischen Sprachstammes. *Berichte über die Verhandlungen der Königlichen Sächsischen Gesellschaft der Wissenschaften zu Leipzig. Philologisch-historische Classe* 16.

Derksen, Rick 1996 *Metatony in Baltic.* Amsterdam/Atlanta: Rodopi.

—— 2008 *Etymological Dictionary of the Slavic Inherited Lexicon.* Leiden/Boston: Brill.

—— 2015 *Etymological Dictionary of the Baltic Inherited Lexicon.* Leiden/Boston: Brill.

Dybo, V. A. (Дыбо, Владимир Антонович) 1962 О реконструкции ударения в праславянском глаголе. *Вопросы славянского языкознания*. 6.

—— 1977 Работы Ф. де Соссюра по балтийской акцентологии. Saussure (1977).

—— 1981 *Славянская акцентология. Опыт реконструкции системы акцентных парадигм в праславянском*. Москва: Наука.

—— 1989 Типология реконструкция парадигматических акцентных систем. *Историческая акцентология и сравнительно-исторический метод*. Москва: Наука.

—— 1998 О системе акцентных парадигм в прусском языке (материалы к акцентолонии прусского языка. I). *Славяноведение* 3.

—— 2000 *Морфонологизованные парадигматические акцентные системы. Типология и генезис*. Том I. Москва: Языки русской культуры.

—— 2002 Balto-Slavic Accentology and Winter's Law. *Studia Linguarum* 3.

—— 2005 Балтийская сравнительно-историческая и литовская историческая акцентологии. Аспекты компаративистики 1. Ред. А. В. Дыбо, В. А. Дыбо и др. *Orientalia et Classica: Труды Института восточных культур и античности*. VI.

Ebel, Hermann 1856a Zur griechischen Lautlehre. *KZ* 5.

—— 1856b Zur lateinischen Lautlehre. *KZ* 5.

Endzelīns (Endzelin), Jānis 1922a Über den lettischen Silbenakzent. *BB* 25.

—— 1922b Les intonations lettonnes. *Revue des études slaves* 2.

—— 1923 Zur Betonung der litauischen Präsentstuamme. *KZ* 51.

—— 1971, 1974, 1979 *Darbu izlase*. I. II. III. Rīga: Zinātne.

Fehr, Johannes 1996 Saussure: cours, publications, manuscrits, lettres et documents. Les contours de l'oeuvre posthume et ses rapports avec l'oeuvre publiée. *Histoire Épistémologie Langage* 18 (2).

Fick, August 1873 *Die ehemalige Spracheinheit der Indogermanen Europas: Eine sprachgeschichtliche Untersuchung*. Göttingen: Vandenhoeck & Ruprecht.

—— 1879 Schwa indogermanicum. *BB* 3.

Fleury, Michel 1964 Notes et documents sur Ferdinad de Saussure (1880–1891). *École pratique des hautes études. 4e section, Sciences historiques et philologiques. Annuaire 1964–1965*.

Fortunatov, F. F. (Фортунатов, Филипп Федорович) 1880 Zur vergleichenden Betonungslehre der lituslavischen Sprachen. *AslPh* 4.

—— 1881 L + dental im Altindischen. *BB* 6.

—— 1897 Критический разбор сочинения Г. К. Ульянова „Значения глагольных основ в литовско-славянском языке". Отчет о присуждении Ломоносовской премии в 1895 г. *Сборник Отд. русского зыка и словесности АН*. т. LXIV, № 11.

—— 1900 Die indogermanischen liquiden im Altindischen. *KZ* 36.

Fraenkel, Ernst 1962–1965 *Litauisches etymologisches Wörterbuch*. I–II. Heidelberg: Winter.

Frisk, Hjalmar 1960–1970, 1973–79² *Griechisches etymologisches Wörterbuch*. Heidelberg:

Winter.

Gamkrelidze, T. V. (Гамкрелидзе, Тамаз Валерианович), Ivanov, V. V. (Иванов, Вячеслав Всеволодович) 1984 *Индоевропейский язык и индоевропейцы*. I. Тбилиси: Изд-во тбилисского университета.

Garde, Paul 1976 *Histoire de l'accentuation slave*. I–II. Paris: Institut d'études slaves.

―― 1990 La methode historico-comparative en accentologie. *Cercle linguistique d'Aix-en-Provence, Travaux* 8.

―― 1998² *Grammaire russe: Phonologie et morphologie*. Paris: Institut d'études slaves ; 柳沢民雄訳編 2017『ロシア語文法：音韻論と形態論』ひつじ書房.

―― 2006 *Le Mot, l'accent, la phrase. Études de linguistique slave et générale*. Paris: Institut d'études slaves.

Godel, Robert 1973 À propos du voyage de F. de Saussure en Lituanie. *CFS* 28.

Grassmann, Hermann 1863 Über die aspiration und ihr gleichzeitiges vorhandensein im an- und auslaute der wurzeln. *KZ* 12.

Grimm, Jakob 1812 Review of Rask (1811). *Allgemeine Literatur-Zeitung* 31–34.

―― 1816 Review of G. F. Benecke (ed.) *Bonerius* (Berlin, 1816). *Heidelbergische Jahrbücher der Literatur* 1/20, 21.

―― 1819 *Deutsche Grammatik* I. Göttingen: Dieterichsche Buchhandlung.

―― 1822² *Deutsche Grammatik* I. Göttingen: Dieterichsche Buchhandlung.

―― 1840³ *Deutsche Grammatik* I. Göttingen: Dieterichsche Buchhandlung.

―― 1869 *Kleinere Schriften* IV. Berlin: Drümmler.

―― 1882 *Kleinere Schriften* VI. Berlin: Drümmler.

―― 1884 *Kleinere Schriften* VII. Berlin: Drümmler.

Grinaveckis, Vladas 1973 *Žemaičių tarmių istorija (fonetika)*. Vilnius: Mintis.

Hashimoto, Shinkichi（橋本進吉）1980 『古代国語の音韻に就いて』岩波書店.

Herder, Johann Gottfried von ; 木村直訳 1972 『言語起源論』大修館書店.

Hirt, Hermann 1895 *Der indogermanische Akzent*. Straßburg:Trübner.

Hjelmslev, Louis 1932 *Etudes baltiques*. Copenhague: Levin & Munksgaard.

Hoffner, Harry Angier & Melchert, Harold Craig 2008 *A Grammar of the Hittite Language. 1: Reference Grammar*. Eisenbrauns: Winona Lake, Indiana.

Hübschmann, Heinrich 1877 g¹, gh¹ im sanskrit und iranischen. *KZ* 23.

―― 1885 *Das indogermanische Vokalsystem. I : Die schwere Vocalreihe des Sanskrit ; II : Die Vocalreihe der indogermanischen Ursprache*. Straßburg: Trübner.

Illič-Svityč, V. M. (Иллич-Свитыч, Владислав Маркович) 1963 *Именнная акцентуация в балтийском и славянском. Судьба акцентуационных парадигм*. Москва: Изд. АН СССР.

Joseph, John E. 1988 Saussure's Meeting with Whitney, Berlin, 1879. *CFS* 42.

―― 2009 Why Lithuania Accentuation Mattered to Saussure. *Language and History* 52(2).

―― 2012a *Saussure*. Oxford University Press.

—— 2012b Les «Souvenirs» de Saussure revisités. *Langages* 2012/1 (n°185).

Kager, René 1999 *Optimality Theory*. Cambridge University Press.

Kalbininko Kazimiero Jauniaus rankraštinis palikimas. Katalogas ir publikacijos. Vilnius. 1972.

Kamantauskas, Viktoras 1930 *Trumpas lietuvių kalbos kirčio mokslas.* I dalis: *Teorija.* Kaunas: "Švyturio" bendrovės leidinys.

Kamiyama, Takao（神山孝夫）1995『日欧比較音声学入門』鳳書房.

—— 2001「印欧祖語の成節流音をめぐって：スラブ語前史における『開音節法則』とメタテーゼ」『ロシア・東欧研究』5

—— 2003「印欧祖語のアップラウトと文法構造の発達」『大阪外国語大学論集』27.

—— 2006『印欧祖語の母音組織：研究史要説と試論』大学教育出版.

—— 2009 Laryngales et schwa indogermanicum.『待兼山論叢』43.

—— 2012『ロシア語音声概説』研究社.

—— 2014「ヨーロッパ諸語における様々な *r* 音について」『待兼山論叢』48.

—— 2015「OE byrðen "burden" vs. fæder "father"：英語史に散発的に見られる [d] と [ð] の交替について」『言葉のしんそう(深層・真相)：大庭幸男教授退職記念論文集』英宝社.

—— 2016「名誉会員の業績に学ぶ：松本（2014; 2016）」『歴史言語学』5.

—— 2017 (to appear)「印欧諸語における rhotacism の発生原因について」（研究発表要旨）『歴史言語学』6.

Kanazawa, Tadanobu（金澤忠信）2009「16歳の処女論文：ソシュールの伝記的一事実について」（研究発表要旨）『フランス語フランス文学研究』95.

Kawamoto, Mitsuru（川本 暢）2012「ソシュールの未完の草稿の作成年代」*Azur*（成城大学）13.

Kazama, Kiyozō（風間喜代三）1963「PIE. e, a, o の仮定について」『名古屋大学文学部研究論集』31.

—— 1964「最近の印欧語の ə の解釈について」『言語研究』45.

—— 1978a『言語学の誕生』岩波新書.

—— 1978b「ソシュール『覚え書（メモワール）』の位置」『言語』7 (3).

Kazlauskas, Jonas 1968 *Lieruvių kalbos istorinė gramatika. (Kirčiavimas, daiktavardis, veiksmažodis.)* Vilnius: Mintis.

Keinys, Stasys (ed.) 2012[7] *Dabartinės lietuvių kalbos žodynas.* Vilnius: Lietuvių kalbos institutas. [= DLKŽ]

Kloekhorst, Alwin 2008 *Etymological Dictionary of the Hittite Inherited Lexicon.* Leiden: Brill.

Kōdzu, Harushige（高津春繁）1939「印歐語母音變化の研究と Laryngales の發見」『言語研究』3.

—— 1954『印歐語比較文法』岩波全書.

—— 1960『ギリシア語文法』岩波書店.

Komatsu, Ēsuke（小松英輔）1987「ソシュール自伝：三宅徳嘉教授退官記念論文」『学習

院大学言語共同研究所紀要』10.

―― 1989「ソシュール『一般言語学講義』はどのようにして書かれたか」『研究年報』学習院大学文学部.

―― 2011『もう一人のソシュール』エディット・パルク.

Kortlandt, Frederik 1977 Historical laws of Baltic accentuation. *Baltistica* XIII (2).

―― 1978 On the history of Slavic accentuation. *KZ* 92.

―― 2001 Initial Laryngeals in Anatolian. (www.kortlandt.nl/publications/art202e.pdf.)

―― 2009 *Baltica & Balto-Slavica.* Amsterdam/New York: Rodopi.

―― 2011 *Selected Writings on Slavic and General Linguistics.* Amsterdam/New York: Rodopi.

Kudzinowski, Czesław 1977 *Indeks-Słownik do „Daukšos Postilė".* I–II. Poznań.

Kuiper, Franciscus Bernardus Jacobus 1942 *Notes on Vedic Noun-Inflexion.* Mededeelingen der Nederlandsche Akademie van Wetenschapen. Afd. Letterkunde.

―― 1997 *Selected Writings on Indian Linguistics and Philology.* Leiden Studies in Indo-European. Amsterdam: Radopi.

Kurschat, Friedrich 1849 *Beiträge zur Kunde der littauischen Sprache*, Heft 2, Laut- und Tonlehre der littauischen Sprache. Königsberg: Hartungsche Hofbuchdruckerei.

―― 1876 *Grammatik der littauischen Sprache.* Halle: Verlag der Buchhandlung des Waisenhauses.

―― 1883 *Wöterbuch der littauischen Sprache. Littauisch-deutsches Wörterbuch.* Halle: Verlag der Buchhandlung des Waisenhauses.

Kuryłowicz, Jerzy 1927 ə indoeuropéen et ḫ hittite. *Symbolae grammaticae in honorem Ioannis Rozwadowski*, I. Kraków: Gebethner & Wolff.

―― 1935 *Études indo-européennes.* I. Kraków: Polska Akademja Umiejętności.

―― 1956 *L'apophonie en indo-européen.* Wrocław: Zakład Imenia Ossolińskich; Wydawnictwo Polskiej Akademii Nauk.

―― 1958 *L'accentuation des langues indo-européennes.* Wrocław/Kraków: PAN.

―― 1977 *Problèmes de linguistique indo-européenne.* Wrocław: Zakład Imenia Ossolińskich; Wydawnictwo Polskiej Akademii Nauk.

Laigonaitė, Adelė 1978 *Lietuvių kalbos akcentologija.* Vilnius: Mokslas.

Lehmann, Winfred Philipp 2002 *Pre-Indo-European.* JIES Monograph 41.

Leskien, August 1876 *Die Deklination im Slavisch-Litauischen und Germanischen.* Leipzig: Hirzel.

―― 1881 Die Quantitätsverhältnisse im Auslaut des Litauischen. *AslPh* 5.

Lietuvių kalbos žodynas. I–XX. 1941–2002. Elektroninis variantas. Vilnius: Lietuvių kalbos institutas, 2005. (= *LKŽ*)

Lietuvos TSR valstybinė respublikinė biblioteka 1972 *Kalbininko Kazimiero Jauniaus rankraštinis palikimas.* Vilnius.

Lindeman, Fredrik Otto 1982 *The Triple Representation of Schwa in Greek and Some Related Problems of Indo-European Phonology*. Oslo/Bergen/Tromsø: Universitetsforlaget.

Lyberis, Antanas 2015[6] *Lietuvių-rusų kalbų žodynas*. Šeštoji laida. Vilnius: Mokslo ir enciklopedijų leidybos centras.

Machida, Ken（町田　健）2004a『ソシュールと言語学』講談社.

—— 2004b『ソシュールのすべて』研究社.

—— 2011『言語構造基礎論』勁草書房.

Marouzeau, Jules 1922 *L'ordre des mots dans la phrase latine*. Paris: Champion.

Martinet, André 1953 Non-Apophonic *o*-Vocalism in Indo-European. *Word* 9.

—— 1955a Le couple *senex-senatus* et le «suffixe» *-k-*. *BSL* 51.

—— 1955b *Économie des changements phonétiques*. Berne: Francke.

—— 1956 Some Cases of *-k- / -w-* Alternations in Indo-European. *Word* 12.

—— 1957 Phonologie et «laryngales». *Phonetica* 1.

—— 1958 Les «laryngales» indo-euopéennes. Eva Sivertsen (ed.) 1958 *Actes du huitième Congrès International de Linguistes = Proceedings of the Eighth International Congress of Linguists*. Oslo University Press.

—— 1960 *Éléments de linguistique générale*. Paris: Armand Colin.

—— 1986, 1994[2] *Des steppes aux océans: L'indo-européen et les «Indo-Européens»*. Paris: Payot；神山孝夫訳編 2003『「印欧人」のことば誌：比較言語学概説』ひつじ書房.

Maruyama, Kēzaburō（丸山圭三郎）1981『ソシュールの思想』岩波書店.

Matsumoto, Katsumi（松本克己）1970「ギリシア語における *s の消失をめぐる方言史的考察」『金沢大学法文学部論集 文学篇』18.

—— 2014『歴史言語学の方法：ギリシア語史とその周辺』三省堂.

—— 2016『ことばをめぐる諸問題：言語学・日本語論への招待』三省堂.

Mayrhofer, Manfred 1953 *Sanskrit-Grammatik mit sprachvergleichenden Erläuterungen* (Sammlung Göschen 1158). Berlin: Walter de Gruyter.

—— 1981 *Nach hundert Jahren: Ferdinand de Saussures Frühwerk und seine Rezeption durch die heutige Indogermanistik; Mit einem Beitrag von Ronald Zwanziger*. Heidelberg: Winter.

—— 1983 Sanskrit und die Sprachen Alteuropas: Zwei Jahrhunderte des Widerspiels von Entdeckungen und Irrtümern. *Nachrichten der Akademie der Wissenschaften in Göttingen*, Philologisch-Historische Klasse, No. 5. Göttingen: Vandenhoeck & Ruprecht.

—— 1986 *Indogermanische Grammatik*. Band I/2: Lautlehre (Segmentale Phonologie des Indogermanischen). Heidelberg: Winter.

—— 2004 *Die Hauptprobleme der indogermanischen Lautlehre seit Bechtel*. Wien: Österreichische Akademie der Wissenschaften.

Meier-Brügger, Michael 2000[7] *Indogermanische Sprachwissenschaft*. Unter Mitarbeit von Matthias Fritz und Manfred Mayrhofer. Berlin/New York: Walter de Gruyter.

Meillet, Antoine 1928² *Les langues dans l'Europe nouvelle*. Paris: Payot ; 大野俊一訳 1943 『ヨーロッパの諸言語』三省堂.

—— 1934² *Le slave commun. Second édition revue et argumentée avec le concours de A. Vaillant*. Paris: Champion.

—— 1937⁸ *Introduction à l'étude comparative des langues indo-européennes*. Paris: Hachette.

Melchert, H. Craig 1987 Reflexes of *h₃ in Anatolian. *Die Sprache* 33.

Meyer, Leo 1861 *Vergleichende Grammatik der griechischen und lateinischen Sprache*. I. Berlin: Weidmannsche Buchhandlung.

Meyer-Lübke, Wilhelm 1911 *Romanisches etyologisches Wörterbuch*. Heidelberg: Winter.

Miklošič (Miklosich), Franz von 1850 *Lautlehre der altsovenischen Sprache*. Wien: Wilhelm Braumüller.

—— 1852 *Vergleichende Grammatik der slavischen Sprachen. I : Vergleichende Lautlehre der slavischen Sprachen*. Wien: Wilhelm Braumüller.

Mikulėnienė, Danguolė 2005 *Cirkumfleksinė metatonija lietuvių kalbos vardažodiniuose daiktavardžiuose ir jos kilmė*. Vilnius: Lietuvių kalbos instituto leidykla.

Möller (Møller), Hermann 1879 Anzeige: Friedrich Kluge, *Beiträge zur geschichte der germanischen conjugation* (Straßburg: Trübner, 1879). *Englische Studien* 3. Heilbronn: Verlag von Gebr. Henninger.

—— 1880 Zur declination : germanisch $\bar{a}$ $\bar{e}$ $\bar{o}$ in den endungen des nomens und die entstehung des *o* (*a₂*). *PBB* 7.

—— 1906 *Semitisch und Indogermanisch*. I. København: Hagerup.

—— 1909a Die gemein-indogermanisch-semitischen Worttypen der zwei- und dreikonsonantigen Wurzel und die indogermanisch-semitischen vokalischen Entsprechungen. *KZ* 42.

—— 1909b *Indoeuropæisk-semitisk sammenlignende Glossarium (Festskrift udgivet af Kjöbenhavns Universitet i anledning af Universitets Aarsfest)*. København: Hagerup.

—— 1911 *Vergleichendes indogermanisch-semitisches Wörterbuch*. Göttingen: Vandenhoeck & Ruprecht.

—— 1917 *Die semitisch-vorindogermanischen laryngalen Konsonanten*. København: Høst & Søn.

Montague, Richard 1974 *Formal Philosophy*. New Haven: Yale University Press.

Mounin, Georges 1968 *Saussure ou le structuraliste sans le savoir*. Paris: Seghers ; 福井芳男, 伊藤 晃, 丸山圭三郎訳 1970『ソシュール：構造主義の原点』大修館.

Murata, Ikuo （村田郁夫） 1992「リトアニア語」『言語学大事典』第 4 巻. 三省堂.

—— & Z. Zinkevičius 1975「フェルディナン・ド・ソシュールとカジミエラス・ヤウニュス 1: ヤウニュスのソシュールの書簡 ; 2: ヤウニュスの生涯」『東京経済大学人文自然科学論集』39

Nakao, Toshio （中尾俊夫） 1985『音韻史』（英語学大系第 11 巻）大修館.

Ōba, Jun（大場　淳）2011「フランスの大学教授職：身分・地位、職務、資格、養成等を巡って」羽田貴史編『諸外国の大学教授職の資格制度に関する実態調査（文部科学省先導的大学改革推進委託事業報告書）』東北大学高等教育開発推進センター.

Olander, Thomas 2009 *Balto-Slavic Accentual Mobility*. Berlin/New York: Mouton de Gruyter.

Ōshiro, Terumasa（大城光正）; Yoshida, Kazuhiko（吉田和彦）1990『印欧アナトリア諸語概説』大学書林.

Osthoff, Hermann 1876 Zur frage des ursprungs der germanischen *N*-declination (nebst einer theorie über die ursprüngliche unterscheidung starker und schwacher casus im indogermanischen). *PBB* 3.

――― 1881a Vorwort. *MU* 4.

――― 1881b Die tiefstufe im indogermanischen vocalismus. *MU* 4.

――― 1884 *Zur Geschichte der Perfects im Indogermanischen ; mit besonderer Rücksicht auf Griechisch und Lateinisch*. Straßburg: Trübner.

Otrębski, Jan 1958 *Gramatyka języka litewskiego*. I. Warszawa: Państwowe Wydawnictwo Naukowe.

Palmer, Leonard Robert 1954 *The Latin Language*. London: Faber & Faber.

――― 1980 *The Greek Language*. London: Faber & Faber.

Pauli, Carl 1863 Das praeteritum reduplicatum der indogermanischen sprachen und der deutsche ablaut. *KZ* 12.

Pedersen, Holger 1900 Wie viel laute gab es im Indogermanischen? *KZ* 36.

――― 1907/1908 Die indogermanisch-semitische Hypothese und die idg. Lautlehre. *IF* 22.

――― 1909 *Vergleichende Grammatik der keltischen Sprachen*. I. Göttingen: Vandenhoeck & Ruprecht.

――― 1926 *La cinquième déclinaison latine*. København: Høst & Søn.

――― 1928 Review: *Language* (The Linguistic Society of America) I, II, III, IV: 1; *Language Monographs* 1, 2, 3; *Language Dessertations* 1; Linguistic Society of America. Bulletin. 1. *Litteris: an international critical review of the humanities* 5.

――― 1933 *Études lituaniennes*. København: Levin & Munksgaard.

――― 1938 *Hittitisch und die anderen indoeuropäischen Sprachen*. København: Levin & Munksgaard.

Petit, Daniel 2004 *Apophonie et catégories grammaticales dans les langues baltiques*. Leuven/Paris: Peerers.

――― 2010 New insights on Lithuanian accentuation from the unpublished manuscripts of Ferdinand de Saussure (1857–1913). *Baltic Linguistics* 1.

Pictet, Adolph 1859–1863, 1877[2] *Les origines indo-européennes ou les Aryas primitifs*. 1–2. Paris: Joël Cherbuliez.

Pokorny, Julius 1959 *Indogermanisches etymologisches Wörterbuch*. Tübingen/Basel: Francke Verlag.

ソシュールと歴史言語学

Posner, Rebecca；風間喜代三，長神悟訳 1982 『ロマンス語入門』大修館書店.

Pott, August Friedrich 1833 *Etymologische Forschungen auf dem Gebiete der indo-germanischen Sprachen, mit besonderem Bezug auf die Lautumwandlung im Sanskrit, Griechischen, Lateinischen, Littauischen und Gothischen.* Lemgo.

—— 1836 *Etymologische Forschungen auf dem Gebiete der indo-germanischen Sprachen, insbesondere des Sanskrit, Griechischen, Lateinischen, Littauischen und Gothischen.* Zweiter Theil. Grammatischer Lautwechsel und Wordbildung. Lemgo.

Rask, Rasmus Kristian 1811 *Vejledning til det Islandske eller gamle Nordiske Sprog.* København: Schubote.

—— 1818a *Anvisning till Isländskan eller Nordiska Fornspråket.* Stockholm: Olof Grahn.

—— 1818b *Undersøgelse om det gamle Nordiske eller Islandske Sprogs Oprindelse.* København: Gyldental.

—— 1843 *A Grammar of the Icelandic or Old Norse Tongue.* London: Williams & Norgate; Frankfurt am Main: Jäger.

—— 1932 *Ausgewählte Abhandlungen* (hrsg. auf Kosten des Rask-Ørsted Fonds auf Anregung von Vilhelm Thomsen für Det danske Sprog- og Litteraturselskab von Louis Hjelmslev mit einer Einleitung von Holger Pedersen) I. København: Levin & Munksgaard.

Redard, Georges 1976 Ferdinand de Saussure et Louis Havet. *BSL* 71.

—— 1978 Louis Havet et le *Memoire. CFS* 32.

Rix, Helmut 2001[2] *Lexikon der indogermanischen Verben: die Wurzeln und ihre Primär-stammbildungen.* Wiesbaden: De. Ludwig Reichert Verlag.

Robinson, David Franklin 1976 *Lithuanian Reverse Dictionary.* Cambridge, Mass.: Slavica.

Rousseau, André 2009 Saussure à Paris (1880–1891): Le cours de grammaire gotique. *Comptes rendus des séances de l'Académie des Inscriptions et Belles-Lettres.* 153e année, N. 1.

Sakurai, Ēko（櫻井映子）2007 『ニューエクスプレス　リトアニア語』白水社.

Sapir, Edward 1938 Glottalized Continuants in Navaho, Nootka, and Kwakiutl with a Note on Indo-European. *Language* 14 (4).

Saussure, Ferdinand de 1878a Le suffixe -*t*-. *MSL* 3.

—— 1878b Sur une classe de verbes latins en -*eo. MSL* 3.

—— 1878c La transformation latine de *tt* en *ss* suppose-t-elle un intermédiaire *-*st*? *MSL* 3.

—— 1878d Exceptions au rhotacisme. *MSL* 3.

—— 1878e i, u = es, os. *MSL* 3.

—— 1878f Essai d'une distinction des différents *a* indo-européens. *MSL* 3.

—— 1878g Compte rendu: Pictet (1877). *Journal de Genève,* 17, 19, & 25 avril.

—— 1879 *Mémoire sur le système primitif des voyelles dans les langues indo-européennes.* Leipzig: Teubner.

—— 1881a *L'emploi du génitif absolu en sanscrit.* Genève: Jules-Guillaume Fick.

—— 1881b Ἀγαμέμνων. *MSL* 4.

—— 1884a Védique *libúgā*, paléoslave *lobŭzati*. *MSL* 5.

—— 1884b Sūdo. *MSL* 5.

—— 1884c Vieux haut-allemand *murg, murgi*. *MSL* 5.

—— 1884d Une loi rythmique de la langue grecque. Louis Havet (ed.) *Recueil de travaux d'érudition classique dédié à la mémoire de Charles Graux*. Paris: E. Thorin.

—— 1884e Termes de parenté chez les Aryas. Giraud-Teulon, Alexis (ed.) *Les origines du mariage et de la famille*. Genève: A. Cherbuliez.

—— 1887 Comparatifs et superlatifs germaniques de la forme *inferus, infimus*. *Mélanges Léon Renier: Recueil de travaux publies par l'École pratique des Hautes Études en mémoire de son président Léon Renier*. Paris: E. Bouillon.

—— 1889a Ἀδήν. *MSL* 6.

—— 1889b Lūdus. *MSL* 6.

—— 1889c Grec ἀλκυών, allemand *Schwalbe*. *MSL* 6.

—— 1889d Νυστάζω. *MSL* 6.

—— 1889e Λύθρον. *MSL* 6.

—— 1889f Ἴμβηρις . *MSL* 6.

—— 1889g Κρήνη. *MSL* 6.

—— 1889h Βουκόλος . *MSL* 6.

—— 1889i Sanscrit *stōkás*. *MSL* 6.

—— 1889j Gotique *wilwan*. *MSL* 6.

—— 1889k Un ancien comparatif de σώφρων. *MSL* 6.

—— 1889*l* Sur un point de la phonétique des consonnes en indo-européen. *MSL* 6.

—— 1891 Contribution à l'histoire des aspirées sourdes (Communication orale à *la Société de Linguistique de Paris* (séance du 6 juin 1891).

—— 1892a Les formes du nom de nombre «six» en indo-européen. *MSL* 7.

—— 1892b Φρυκτός . *MSL* 7.

—— 1892c Λιγύς . *MSL* 7.

—— 1892d Vieux prussien *siran* «le cœur». *MSL* 7.

—— 1892e Traitement de l'*ū* en vieux prussien. *MSL* 7.

—— 1892f Les féminins en -*ū* du vieux prussien. *MSL* 7.

—— 1892g Gotique *þarf, þaúrban* «avoir besoin». *MSL* 7.

—— 1892h Ἀκέων. *MSL* 7.

—— 1892i Τετίημαι. *MSL* 7.

—— 1892j Ἐπιτηδές . *MSL* 7.

—— 1892k Περί = ὑπερι. *MSL* 7.

—— 1892*l* Ἡνία. *MSL* 7.

—— 1892m Ὀκρυόεις . *MSL* 7.

—— 1892n Ὑγιής. *MSL* 7.

—— 1892o χ, φ pour *ks, ps*. *MSL* 7.

—— 1892p Attique -*ρη*- pour -*ρᾱ*-. *MSL* 7.

—— 1892q -*υμνο*- pour -*ομνο*-? *MSL* 7.

—— 1892r Lituanien *kùmstė* «le poing». *MSL* 7.

—— 1894a À propos de l'accentuation lituanienne. *MSL* 8.

—— 1894b Sur le nominatif pluriel et le génitif singulier de la déclinaison consonantique en lituanien. *IF* 4.

—— 1896 Accentuation lituanienne. *IF* 6. Anzeiger.

—— 1897 Compte rendu: Schmidt (1895). *IF* 7. Anzeiger.

—— 1898 Inscriptions phrygiennes. Ernest Chantre (red.), *Recherches archéologiques dans l'Asie occidentale: mission en Cappadoce, 1893–1894.* Paris: Ernest Leroux Éditeur.

—— 1905 D'ὠμήλυσις à Τριπτόλεμος : Remarques etymologiques. *Mélanges Nicole: Recueil de mémoires de philologie classique et d'archéologie offerts a Jules Nicole.* Genève: Imprimerie W. Kündig & Fils.

—— 1909 Sur les composés latins du type agricola. *Philologie et linguistique: Mélanges offerts à Louis Havet par ses anciens éleves et ses amis à l'occasion du 60ᵉ anniversaire de sa naissance le 6 janvier 1909.* Paris: Hachette.

—— 1912 Adjectifs indo-européens du type caecus "aveugle". *Festschrift Vilhelm Thomsen zur Vollendung des siebzigsten Lebensjahres am 25. Januar 1912, dargebracht von Freunden und Schulern.* Leipzig: Otto Harrassowitz.

——; Édité par Charles Bally et Alvert Séchehaye 1916 *Cours de linguistique générale.* Paris: Payot ; 小林英夫訳 1928『一般言語学原論』岡書院 ; 1940, 1972² 『一般言語学講義』岩波書店 ; 町田　健訳 2016『新訳 ソシュール一般言語学講義』研究社.

—— 1922 *Recueil des publications scientifiques de Ferdinand de Saussure.* Paris: Payot; Genève: Droz.

—— 1960 Souvenirs d'enfance et d'études. *CFS* 17.

——; Introduzione, traduzione e commento di Tullio de Mauro 1970 *Ferdiand de Saussure: Corso di linguistica generale.* Prima edizione riveduta. Bari: Laterza; 山内貴美夫訳 1976 『ソシュール一般言語学講義校注』而立書房.

—— 1977 *Труды по языкознанию.* Москва: Прогресс.

—— 1978 Essai pur réduire les mots du grec, du latin & de l'allemand à un petit nombre de racines. *CFS* 32.

——; 前田英樹訳・注 1991『ソシュール講義録注解』法政大学出版局.

——; Simon Bouquet et Rudolf Engler (eds.) 2002 *Écrits de linguistique générale.* Paris: Gallimard ; 松澤和宏校註・訳 2013『ソシュール一般言語学著作集Ⅰ：自筆草稿「言語の科学」』岩波書店.

——; 小松英輔編, 相原奈津江, 秋津伶訳 2006『フェルディナンド・ド・ソシュール 一

般言語学第二回講義(1908–1909 年)：リードランジェ/パトワによる講義記録』エディット・パルク.

――; 影浦峡, 田中久美子訳 2007『第三回一般言語学講義：エミールコンスタンタンのノート』東京大学出版会.

――; 小松英輔編, 相原奈津江, 秋津伶訳 2008『フェルディナンド・ド・ソシュール 一般言語学第一回講義(1907 年)：リードランジェによる講義記録』エディット・パルク.

――; 小松英輔編, 相原奈津江, 秋津伶訳 2009『フェルディナンド・ド・ソシュール 一般言語学第三回講義(1910–1911 年)：コンスタンタンによる講義記録＋ソシュールの自筆講義メモ』(増補改訂版) エディット・パルク.

Scherer, Wilhelm 1868 *Zur Geschichte der deutschen Sprache.* Berlin: Duncker.

Schleicher, August 1856 *Handbuch der litauischen Sprache. Litauische Grammatik.* I. Prag: J. G. Calve'sche Verlagsbuchhandlung.

―― 1861 *Compendium der vergleichenden Grammatik der indogermanischen Sprachen.* I. Weimar: Hermann Böhlau.

Schmalstieg, William R. 1974 *An Old Prussian Grammar: The Phonology and Morphology of the Three Catechisms.* The Pennsylvania State University Press.

―― 2000 *The Historical Morphology of the Baltic Verb.* JIES Monograph 37.

―― 2015 *Studies in Old Prussian : A Critical Review of the Relevant Literature in the Field from 1975 until 2005.* Vilnius: VAGA Pulishers.

Schmidt, Johannes 1895 *Kritik der Sonantentheorie: eine sprachwissenschafltiche Untersuchung.* Weimar: Hermann Böhlau.

Senn, Alfred 1966 *Handbuch der litauischen Sprache.* I. Heidelberg: Winter.

Shimizu, Makoto （清水　誠) 2012『ゲルマン語入門』三省堂.

Sievers, Eduard 1876 *Grundzüge der Lautphysiologie zur Einführung in das Studium der Lautlehre der indogermanischen Sprachen.* Leipzig: Breitkopf & Härtel; Weitere 4 Auflagen 1881, 1885, 1893 und 1901 unter dem Titel *Grundzüge der Phonetik zur Einführung in das Studium der Lautlehre der indogermanischen Sprachen* beim gleichen Verlag.

Skardžius, Pranas 1935 *Daukšos akcentologija.* Kaunas: V. D. U. Humanitarinių Mokslų Fakulteto leidinys.

―― 1999 *Rinktiniai raštai.* 5. Akcentologija. Bendrinės kalbos kultūra. Publicistika. Vilnius: Mokslo ir enciklopedijų leidybos institutas.

Sljusareva, N. A. (Слюсарева, Наталия Александровна) 1970 О письмах Ф. де Соссюра к И. А. Бодуэну де Куртенэ. *Baltistica* 6 (1).

―― 1972 Lettres de Ferdinand de Saussure à J. Baudouin de Courtenay. *CFS* 27.

Société de linguistique de Paris, la 1908 *Mélanges de linguistique offerts à Ferdinand de Saussure.* Paris: Honoré Champion.

Stang, Christian Schweigaard 1957 *Slavonic accentuation* (Skrifter utgitt av Det Norske Videnskap-Akademi i Oslo, II. Historisk-Filosofisk Klasse, No. 3). Oslo.

──── 1966 *Vergleichende Grammatik der Baltischen Sprachen.* Oslo; Bergen/Tromsö: Universitetsforlaget.

──── 1970 "Métatonie douce" in Baltic. *Opuscula Linguistica.* Oslo: Unversitätsforlaget.

Stundžia, Bonifacas 1995 *Lietuvių bendrinės kalbos kirčiavimo sistema.* Vilnius: Petro ofsetas.

Sturtevant, Edgar Howard 1917 *Linguistic Change : An Introducion to the Historical Study of Language.* Chicago: University of Chicago Press; New edition 1961 with an introduction by Eric. P. Hamp.

──── 1920 *The Pronunciation of Greek and Latin: the Sounds and Accents.* Chicago: University of Chicago Press.

──── 1926 On the Position of Hittite among the Indo-European Languages. *Language* 2 (1).

──── 1930 Can Hittite *h* be derived from Indo-Hittite *ǝ* ? *Language* 6 (2).

──── 1931a Changes of Quality Caused by Indo-Hittite *h*. *Language* 7 (2).

──── 1931b *Hittite Glossay: Words of Known or Conjectured Meaning with Sumerian Ideograms and Accadian Words Common in Hittite Texts.* Baltimore: Waverly Press.

──── 1933 *A Compartive Grammar of the Hittite Language.* Philadelphia: University of Pennsylvania Press; Second edition: Sturtevant & Hahn 1951.

──── 1936a (Review:) Kuryłowicz 1935. *Language* 12 (2).

──── 1936b (Review:) Couvreur 1935. *Language* 12 (3).

──── 1936c *A Hittite Glossay : Words of Known or Conjectured Meaning with Sumerian Ideograms and Accadian Words Occurring in Hittite Texts.* Philadelphia: University of Pennsylvania Press; Second edition of Sturtevant (1931b).

──── 1938a (Review:) Couvreur 1937. *Language* 14 (1).

──── 1938b (Review:) Pedersen 1938. *Language* 14 (4).

──── 1940a Evidence for Voicing in Indo-Hittite γ. *Language* 16 (2).

──── 1940b The Greek Aspirated Perfect. *Language* 16 (3).

──── 1940c *The Pronunciation of Greek and Latin : the Sounds and Accents.* Second edition. Chicago: University of Chicago Press.

──── 1941a The Indo-European Voiceless Aspirates. *Language* 17 (1).

──── 1941b The Indo-Hittite and Hittite Correspondences of Indo-European ɔ. *Language* 17 (3).

──── 1942 *The Indo-Hittite Laryngeals.* Baltimore: Waverly Press.

──── 1947 *An Introduction to Linguistic Science.* New Haven: Yale University Press.

──── 1952 The Prehistory of Indo-European. *Language* 28 (2: part 1).

──── 1962 The Indo-Hittite Hypothesis. *Language* 38 (2).

──── & Bechtel, George 1935 *A Hittite Chrestomathy.* Philadeophia: University of Pennsylvania Press.

──── & Hahn, E. Adelaide 1951 *A Comparative Grammar of the Hittite Language.* New Haven : Yale University Press; Second edition of Sturtevant (1933).

Szemerényi, Oswald John Louis 1970, 1990[4] *Einführung in die vergleichende Sprach-wissenschaft*. Darmstadt: Wissenschaftliche Buchgesellschaft.

—— 1996 *Introduction to Indo-European Linguistics*. English version by David Morgan Jones Oxford: Clarendon Press.

Tomimori, Nobuo（富盛伸夫）1978「もうひとりのソシュール〈未刊資料から〉」『言語』7 (3). 大修館.

—— 1985「ソシュールの生涯」丸山圭三郎編『ソシュール小辞典』大修館.

Torbiörnsson, Tore 1924 *Die litauischen Akzentverschiebungen und der litauische Verbal-akzent*. Heidelberg: Winter.

Tōyama, Hiraku（遠山　啓）1959, 1960 『数学入門』（上・下）岩波書店.

Trautmann, Reinhold 1910, 1970[2] *Die altpreußischen Sprachdenkmäler*. Göttingen: Vanden-hoeck & Ruprecht.

Ulvydas, Kazys (ed.) 1971 *Lietuvių kalbos gramatika*. II. *Morfologija*. Vilnius: Mintis.

Vaan, Michiel de 2008 *Etymological Dictionary of Latin and the Other Italic Languages*. Leiden/Boston: Brill.

Verner, Karl Adolf 1877a Eine ausnahme der ersten lautverschiebung. *KZ* 23.

—— 1877b Zur ablautsfrage. *KZ* 23.

—— 1886 Zur Frage der Entdeckung des Palatalgesetzes *Literarisches Centralblatt für Deutschland* 49. Leipzig: Avenarius.

Villani, Paola 1990 Documenti Saussuriani conservati a Lipsia e a Berlino. *CFS* 44.

Vitkauskas, Vytautas 1985 *Lietuvių kalbos tarties žodynas*. Vilnius: Mokskas.

Watkins, Calvert (ed.) 1985, 2000[2], 2011[3] *The American Heritage Dictionary of Indo-European Roots*. Boston: Houghton Mifflin Company.

Whitney, William Dwight 1875 *The life and growth of language.* New York: Appleton; deutsche Auflage von A. Leskien 1876 *Leben und Wachstum der Sprache*. Leipzig: Brockhaus.

Wijk, Nicolaas van 1958 *Die baltischen und slavischen Akzent- und Intonationssysteme*. Gravenhage.

Wilbur, Terence H. 1977 *The Lautgesetz Controversy*. Amsterdam: Benjamins.

Winter, Werner (ed.) 1965 *Evidence for Laryngeals*. The Hague: Mouton.

—— 1978 The distribution of short and long vowels in stems of the type Lith. *ésti*: *vèsti*: *mèsti* and OCS *jasti*: *vesti*: *mesti* in Baltic and Slavic languages. J. Fisiak (ed.) *Recent Developments in Historical Phonology*. The Hague: Mouton.

Yanagisawa, Tamio（柳沢民雄）1989「古代インド語の動詞のアクセント (I)」『名古屋大学言語学論集』5.

—— 1991「リトアニア語動詞の活用」『名古屋大学文学部研究論集』109.

—— 1993「低地リトアニア方言のアクセント法について」『名古屋大学文学部研究論集』115.

Yano, Michio（矢野通生）1984a「バルト・スラヴ語アクセント史研究序説 (I)」『名古屋大学文学部研究論集』88.

Young, Steven Robert 1991 *The Prosodic Structure of Lithuanian.* Lanham/New York/London: University Press of America.

Zimmer, Heinrich 1876 *Die Nominalsuffixe a und â in den germanischen Sprachen.* Straßburg /London: Trübner.

Zinkevičius, Zigmas 1980–1981 *Lietuvių kalbos istorinė gramatika.* I–II. Vilnius: Mokslas.

http://patrimoine.versoix.com/?page=82&obj=212（2017 年 5 月 3 日閲覧）

http://www.collegedesaussure.ch/presentation/horace-benedict-de-saussure/fichiershbs/node47.html（2017 年 5 月 6 日閲覧）

索引

あ

アーサー王伝説　76
アイスランド語　84
曖昧性　199 201 205
アイルランド語　25 40
アヴェ　→ Havet, Louis
アヴェスタ　16 17 23 24 27 30 235
アオリスト　93 101 102 123 130
アカデミー　56 68
アクセント　3 14 31 52 54 63 67 74f. 89f. 110 112
　132–134 139 141–144 146–149 151f. 154–157
　162 165f. 172–175 177 179–184 189–192 195
　210 214 217 233 235–237 239f.
アクセントの跳躍　190 191
アクセントパラダイム（AP）143 174 176–178 195f.
　235 239
アクセント属性　149 187 188
アクセント法　143 149 153 177
アスコリ　→ Ascoli, Graziadio Isaia
アスパラガス　51
頭高型　214
アッカド語　120
アッティカ　62 101
アップラウト→ 母音交替
アデール　→ Adert, Jacques
アテネ　215
アナグラム　76
アナトリア語　118
アナロジー　→ 類推
アブハズ語　236f.
アフロ・アジア語族　238
アポリア　198 200 224
アメリカ構造主義　201
アメリカ合衆国　79 93 118 231 232
アラビア語　238
アルテュール　→ Mallet, Arthur
アルバニア語　17
アルフォンス　→ Saussure, Alphonse Jean François
　de
アルベール・フェーシュ　→ Faesch, Albert
アルベルティーヌ　→ Necker de Saussure,
　Albertine Adrienne
アルメニア（語）　17 29 60 104 116 138 140
アレックス伯爵　→ Pourtalès, Alexandre-Joseph de
アンリ　→ Saussure, Henri Louis Frédéric de

い

イーリアス　30
イーリッチ・スヴィーティッチ　→ Illič-Svityč, V. M.

イェイル大学　39 40 121
イェーナ　32
イェスペルセン　→ Jespersen, Otto
イェルムスレウ　→ Hjelmslev, Louis
異音　128 130 134 226
異化　121
泉井久之助　231
イタリア（語）　13 14 72 210 231
一段活用　219 220
『一般言語学講義』→『講義』
遺伝物質　207
移動＝オクシトン・アクセント　191 195
移動アクセント　143 150 152f. 177f. 180f. 183
　185f. 188–191 194–196 235
意味の変化　225
意味役割　227 228 229 233
印欧語学　15 19 56 69
印欧語のシュワー（*ə）　88 94 97 100 104f. 107
　110 113 115–117 119 125 130f. 137–140
印欧（諸）語　3 10 15–21 23 28 36f. 41 43 46f.
　49f. 56 58 63 65f. 68f. 72 80 84–86 106 114f.
　117f. 125 129 138 141f. 155–158 161 163 168
　170 174 176 180 188–190 194f. 197f. 220–222
　227 231 233f. 237f.
印欧祖語　3 11f. 17 23f. 36 40 46 72 83–87 89
　92–95 97–100 105 110 113 119 127 128 130–
　136 139 160 167 171 190f. 197 220 236
インド（語）　15 87 91 159
インド・イラン語　89 91f. 94 98–100 105 110 116
インド・ヒッタイト語　118
韻律　148 149

う

ヴァイヤン　→ Vaillant, André
ウィーン　21 89 91
ヴィスワ川　63
ヴィッラーニ　→ Villani, Paola
ヴィンター　→ Winter, Werner
ヴィンターの法則　167 168 170
ヴィンディッシュ　→ Windisch, Ernst Wilhelm
　Oskar
ウェイク　→ Wijk, Nicolaas van
ヴェーダ　39 132
ウェールズ語　217
ヴェルテメール　→ Wertheimer, Joseph
ヴェルナー　→ Verner, Karl
ヴェルナーの法則　13 14 133
ウォトキンズ　→ Watkins, Calvert
ヴォルネー賞　63

- 263 -

ウムラウト　84
ヴュフラン城　6 78 79 80
ウルフィラ　58

え

盈階梯　91 93 97 101 103 104
英語　8 13f. 23 39 49 57 72 84 129 133 199 209f.
　219f. 231 233
エーベル　→ Ebel, Hermann Wilhelm
エツァルディ　→ Edzardi, Anton Philipp
エッダ詩　29 71
エッフェル塔　66
円唇化　126 127 135
円唇性　98 118 123 124 125 129 130
円唇性の残存　123 124 125 129 130
エンゼリーンス　→ Endzelīns, Jānis

お

オーヴァーベック　→ Overbeck, Johannes Adolph
o 階梯　101 107 118 128 133f. 236
大城光正　122
オースティン　118
小川博仁　3
オクシトン　187–191 196
オクシトン・アクセント　188
オストホッフ　→ Osthoff, Hermann
オスロ　118
オック語　217 229
オトレンプスキ　→ Otrębski, Jan
『覚え書』　23 31–33 35–40 42–48 51f. 61 67f. 75
　77 83 95 100f. 105 108–111 118 141 156f. 159f.
　235–239 241
オラス　→ Saussure, Horace de
オラス・ベネディクト　→ Saussure, Horace-Bénédict
　de
オランダ語　14
オリエンタリスト会議　75
オリンピック　16
オルデンベルク　→ Oldenberg, Hermann
オルトラマール　→ Oltramare, André ; Oltramare,
　Geneviève ; Oltramare, Paul
音位転換　→ メタテーゼ
音韻体系　204 211 233
音韻対立　135–137
音韻変化, 音(声の)変化　204 209–218 225f.
　228 240
音(韻)法則　41 44 72 219 238
音楽　218
音声学　23 32 70 72 92 104 106 119 130 138
　239f.
音声器官　209 210
音節　12 19 22 70 72 103 108 122f. 132 134f.

143 146–150 152 154–156 159f. 172 175 178
　192 210 236
音節核　22 23 91 96 97 98 119 134 139
音節主音　→ 成節～
音節保存　133 134 138 139
音節理論　43 240
音素　197 208 210 226
音調　75 142 144 146f. 149–152 154–181 184
　186f. 192 234f.
音調交替　→ メタトニー
音便　204 210 215 216
音列　203 208–213 224

か

開音節　121 122 210
回想　10 13 19 20 25 26 31 32 33 34 35 36 47 76
階梯　→ 盈階梯, 正常階梯, o 階梯, ゼロ階梯
概念　73 202 203 225
外破音　43 70 72 240
カイユ　→ Caille, Louis
外来語　114 147 148
格助詞　227 228
拡大　19 34 90 193 223
拡張子　118 122 124 125
過去分詞　49 161 163
風間喜代三　41 42 107 108 231
家畜・農産物の語彙　114
活格　132
活用　201 204 227
カテキズム　144 162
金澤忠信　13
可能動詞　220
神山孝夫　3 11f. 14f. 18 23 39 44 84 87 92f. 99
　102 105f. 121 131f. 231ff.
ガリア(語・人)　216 217
カルヴァン派　6 7
カルツェーフスキー　→ Karcevsky, S. I.
ガルトハウゼン　→ Gardthausen, Victor Emil
カルノー　→ Carnot, Sadi
川本　暢　75
関係性　232
貫頭衣　218
幹母音　→ 語幹形成母音
慣用句　208
完了(形)　11 90 93 94 122 124 134

き

ギーセン　38
キール　39 101
ギエス　→ Guieysse, Georges
気音化　114 116f. 120f. 126f. 129f.
気音完了　11

- 264 -

擬音語　114 169
記号体系　205
気候　209 211 212
きこえ（度）　22 240
基層言語　216 217 233
貴族　21 46 57 58 80
北岡千夏　3 242
規範文法　216
基本語順　233
逆成　220
ギャルド　→ Garde, Paul
ギャンブル　63 64
キュニー　→ Cuny, Albert Louis Marie
ギュムナージウム　35
ギュンタート　→ Güntert, Hermann
共時　3 48 72 200 232
強勢　→ アクセント
郷土愛　223
曲用　201 227
ギリシア（語）　8 10–14 16–19 23–25 27–29 35 37
　40 50 56 59f. 62f. 69–73 76 69 71 85f. 88 91–93
　98–101 104 116 122 124 132 137f. 140f. 155
　157–159 188 191 194 196 201 215 227 238

く
クヴルール　→ Couvreur, Walter
楔形文字　28 120
屈折　185 186 201 227
屈折語　201 227
グライフスヴァルト　38
グラスマン　→ Grassmann, Hermann Günther
グラスマンの法則　10 13 14
グラモン　→ Grammont, Mourice
クリウォヴィッチ　→ Kuryłowicz, Jerzy
グリム　→ Grimm, Jacob
グリムの法則　14 84 123
クリュー　→ Crue, Francis de
クルー・ド・ジャントー　8
クルークホルスト　→ Kloekhorst, Alwin
クルシャト　→ Kurschat, Friedrich
クルツィウス　→ Curtius, Georg
クルテネ　→ ボドゥエン・デ・クルテネ
クロッティンゲン　53 142

け
経済性　212 213
形式意味論　225
形態素　40 91 100 133f. 149 186–199 201 212f.
　224–228
ケーニッヒスベルク　142
ゲッティンゲン　38 39
ケルト（語）　17 23–25 30 37–39 56 75 216f.

ゲルマン語　14 16f. 23f. 27 31 37 50 57–59 63 65
　68 70–73 75f. 84f. 90 133 168 210 231
ゲルマン神話　235
ゲルマン文学　48
ゲルマン文献学　75
ゲルマン民族　215 217
ゲルマン民族の移動　217
言語記号　73 201–203 205f. 208f. 211 216 224
　226
言語基層　209 216
言語古生物学　8
言語接触　216 217
言語地理学　71 222
言語変異　222
言語変化　72 197–201 203–208 214 219–224
言語遊戯　203
言語類型　213 229
現在（形）　90 100 120 122 141
現在分詞　19 50 51 142 164
源氏物語　199
ケントゥム語群　98
ゲント大学　117

こ
古アイルランド語　25 30 112
ゴイデル語群　25
古イラン語　29
語彙　203 204f. 208 217 224f.
喉音　83 106 144 158
口蓋化　→ 硬口蓋化
口蓋閉鎖音　13 98 106 127
硬化　114 122–125 129f. 231f.
『講義』　3 15 31 43 70–72 197f. 200f. 203–206
　208f. 213 219 221–226 232 238 240–242
硬口蓋化　99 102 124 126 145 215
硬口蓋化法則　98
構造規則　226–229 233
構造主義的音韻論　226
構造　197 204 232 240
高地ドイツ語　14 28 30
膠着語　227
高地リトアニア語方言　176
高津春繁　102 105 107 231
高低アクセント　214
高等学術研究院　55
高等学校　10 11 16 17 35
高等研究院　23 42 48 54–61 65–69 73 142
喉頭原音　106
効率性　212 213
交流（インターコース）　223
古英語　49 59 70 72f. 76 103f. 199 215 233
コーカサス　237

- 265 -

ゴート語　16f. 28–30 57–60 70–72 75 84 87
語幹固定アクセント　150 152 177f. 180 183 188
古期ヒッタイト語　122
国際オリエンタリスト会議　74 143
国際音声学会　23
国際音声記号　22 23 126 129
国際言語学者会議　118
国立国語研究所　214
語形成　220
語形変化　227 228
語幹形成母音　100 120 123 124
古高ドイツ語　27 57 58 59 62 63 70 71 72 73 75
語根固定アクセント　155 185
語根重複　100 121
語根　11f. 43 91 96f. 100 102f. 107f. 110 112
　　121f. 124 128 130 132–134 141 169 175
古ザクセン語　29 72 75
語順　215 227
古代インド語　141 155 157 158 160 188 196
古代教会スラヴ語　16 23 29
古代ペルシア語　22 23 24 28 28 69
古代リトアニア語　188 192 194
古代ローマ　218
五段活用　219 220
国家　209 215 216
固定アクセント　152 152 177 178 180 181 183
　　185 186
ゴティエ　→ Gautier, Léopold
ゴデル　→ Godel, Robert
古典語　8 28 42 65 76 118
古典的類型　227
後藤敏文　231
語の体系　→ 語彙
古ノルド語　17 27 29 30 31 57 59 71 76 84
小林英夫　18 233 242
古仏語　55
古プロシア語　62 162 176
コペンハーゲン　77
小松英輔　10 47 76 81
コラム的アクセント　189
孤立語　227 228 229 236
コリッツ　→ Collitz, Hermann
コルトラント　→ Kortlandt, Frederik
コレージュ　10 11 69 70
コレージュ・ド・フランス　55 56 68 80
コレラ　78
コンスタンタン　→ Constantin, Émile

さ

最小主義　212
最小努力の法則　209 213
最適性理論　212

サガ　76
作詩法　63 70 71 72
ザクセン王国　53
櫻井映子　145
支え母音　23 24 25
サタム語群　98 99
サピア　→ Sapir, Edward
三重母音　209
サンスクリット　15–17 19–21 23f. 27–30 38–40 48–
　　50 55f. 65 69–73 76 80 84f. 86–89 91 94f. 98–
　　100 105 108 113 120f. 124 129 132 141 159 191
　　194 227 235

し

ジーヴァース　→ Sievers, Eduard
ジークフリート伝説　76
恣意性　73 201 202 205 206 207 208 212
子音推移　14 133
シェーラー　→ Scherer, Wilhelm
シェル　→ Schöll, Fritz
私講師　18 21 27 28 29 30 31 35 38
歯擦音化　98 99
時制・アスペクト体系　204
事態　202 203 213
ジタン　79
シニフィアン　73 197 201 202 203 205 206 208
　　207 209 210 211 212 213 224 226
シニフィエ　7 3 197 201 202 203 205 206 207 208
　　212 224
清水　誠　14
自鳴音　→ 鳴（子）音
弱韻　87
弱変化　90
借用語　168 169 221
弱化, 縮減　88 90 91 110 133 134 210 217
ジャック　→ Saussure, Jacques de
ジャントー村　6 8 9 43 44 47 79 81
シャントル　→ Chantre, Ernest
終止形　211 215
従属接続詞　49
縮減　→ 弱化
受信者（聞き手）　198 199 200 205 208 226
シュトラースブルク　38
シュトライトベルク　→ Streitberg, Wilhelm August
『ジュネーヴ新聞』　37 42 80 81
『ジュネーヴ人』（新聞）　80
ジュネーヴ歴史・考古学会　75
ジュネーヴ, ジュネーブ　6–10 16–19 21 23 31f.
　　38 40 42–44 47 52–57 60 63 65–71 73–75 77–
　　80 142–144 197 234 241
シュミット　→ Schmidt, Johannes
シュラーク夫人　21

- 266 -

シュライヒャー → Schleicher, August
ジュラシックパーク　75
ジュラ紀　75
ジュラ山脈　75
シュレーゲル → Schlegel, Friedrich von
シュレック夫人　21 47 48
小アジア　75
ジョウゼフ → Joseph, John E.
上層言語　210 216 217
ジョウンズ → Jones, Sir William
所格, 処格　50
所記　197
ジリエロン → Gilliéron, Jules
「試論」　11 12 13 15 95
新語　204
身体的特徴　209 210
身体部位　114
神統記　28
唇軟口蓋音　99
神話・伝説　76

す
スイス　21 33 46 53f. 56 65 68f. 75 80f.
スウィート → Sweet, Henry
スウェーデン語　84
ズーズー弁　211
スカルド詩　30
スコットランド　72
スターティヴァント → Sturtevant, Edgar Howard
スタング → Stang, Christian Schweigaard
ストレス（アクセント）　132 133
スノッリのエッダ　59
スパイ　75
スパルタ　215
スラヴ（語）　17 23–25 27–29 40 50 121 168 171
　　176 191–194 196 237
スリューサレヴァ → Sljusareva, N. A.

せ
正常階梯　96 101 103 104 108 113 121 123 128
　　130 131 133 236
政治　215 216
生成文法　212
成節音　22
成節ソナント　113 139
成節鼻音　24 25
成節流音　22 24 25 91
静態言語学　73
声調 → 音調
青年文法学派　21f. 31 33 39 41f. 44 46f. 72
　　109–113 125 141 219 234 241
声門化閉鎖音　167

セーヌ川　54
関戸雅男　3
セシュエ → Sechehaye, Albert
セシュエ婦人 → Sechehaye, Marguerite, née
　　Burdet
接辞　34 62 122 132 182 201 236
絶対構文　49 50 105
絶対語末　99 129
絶対所格　49 50
絶対属格　48 50 51
絶対奪格　50
絶対与格　49
接中辞　169 182
接頭辞　124 134 147 153f. 180–183 192
舌背音 → 口蓋閉鎖音
接尾辞　19 60 90 91 102 118 123 124 141 147
　　159 182 184 185 186 187 188 192
接尾辞固定アクセント　185 187
セム語　106 115 126
セメレーニ → Szemerényi, Oswald John Louis
セルビア・クロアチア語　23
ゼロ階梯　40 91 93 97 101 104 107f. 114 120
　　123f. 131 133 236
セン → Senn, Alfred
線状性　73 207
前置詞　229
前置母音　116 138
ゼンド　16

そ
噪音, 阻害音　22 119 121 130 134 136 138f.
相対年代　124 138
挿入母音　105 131 138
阻害音 → 噪音
促音　210
促音便　211
俗ラテン語　121 228
ソシュール → Saussure, Ferdinand Mongin de
ソシュール・ペーザーセンの法則　194
ソシュールの法則　74 143 151f. 154 164 173–
　　181 183 185f. 188 191–193 235f.
ソナント, 鳴（子）音　12 22 36 43 46 92 95f. 113
　　119 125 134 136 139 148 159–161
ソナント的付加音　43f. 68 95–98 100f. 103–106
　　115 141 159f. 234
ソルボンヌ　20 54 55 61 66

た
ダーウィン → Darwin, Charles Robert
第1次子音推移　14
第1論文　142 144 155 157–160 164
第1回「講義」　71 72 242

大気汚染　21
体系　142 144 156 172–174 177f. 190 194f. 197
　201 203–205 208 211 214 224–226 232f. 236
体系の複雑性　201 204
第3回「講義」　72 79 242
代償延長　12 25 103f. 108 120 122–125 135 139
第2回「講義」　72 76 242
第2次(高地ドイツ語)子音推移　14 133
第2次大戦　38
第2のシュワー　23 88 116 118 130 131
第2論文　143f. 157 164 173 234 238
大母音推移　104 204 209
駄洒落　203
脱落　12 14 19 40 76 91 103 114 133f. 136 138f.
　168 204 210f. 213 215 217 229 232
多様性　73 221 222 224
ダルメステテ　→ Darmesteter, Arsène
短アクセント　149 151 152 175 179

ち

チェコ語　23
千種眞一　231
地質　209 212
地中海世界　215
地名　75 217 235
中英語　103 104
中期イラン語　22
中期ペルシア語　27
中高ドイツ語　14 27 71 72 75 221
中国語　227 233
中断音調　168 188
中動相　11 102
調音　13 106 125 127 128 129 135 209 226
聴覚映像　73
朝鮮・韓国語　227
長短母音の交替　44
重複音節　11 120 121
チョムスキー　→ Chomsky, Noam
地理的概念　114
地理的条件　211 212
地理的多様性　221
地理的な変異　208 221
地理的変異　222

つ

ツァルンケ　→ Zarncke, Friedrich Karl Theodor
ツィマー　→ Zimmer, Heinrich
通時　3 55 58 62 63 69 72 92 232
ツューリッヒ大学　19

て

定形動詞　→ 動詞人称形態

低減階梯　→ ゼロ階梯
低地ドイツ語　28 30
低地リトアニア語方言　145 167 168 176
ディボー　→ Dybo, V. A.
ディボーの法則　192 193
デーリッチ　→ Delitzsch, Franz
テオドール　→ Saussure, Théodore de
デガリエ　→ Dégallier, Georges
テュービンゲン　38 39
デュショザール　→ Duchosal, Henri
デルブリュック　→ Delbrück, Berthold
伝達　199 200 205 208
デンマーク　84

と

トイェッティ　→ Tojetti, Virgile
ドイツ(語・人)　8 10–16 18 20f. 23 27f. 30 32f. 35
　38–41 43f. 47 51 56–60 62–64 67 69–74 84 86
　98 106 109 111 113 115 118f. 125 127 161 210
　213 215 221 231 242
ドイツ帝国　52 53
等位接続詞　49
トゥーキュディデース　10
東京方言　214
動形容詞　63
動詞人称形態, 定形動詞　49 101 102 103
東北方言　211
遠山啓　224
トカラ語　117
独立分詞構文　49
都市国家　215
富盛伸夫　16 55 67 75
トムセン　→ Thomsen, Vilhelm
トラウトマン　→ Trautmann, Reinhold
トリスタン　76
トルコ(語)　115 227

な

内的再建　194
内破音　43 70 72 240
中尾俊夫　104
ナポリ　71
ナポレオン　15
奈良時代　209 228
ナンシー　6

に

ニーベルンゲンの詩　18 27 28 31 71 76
2音節語基　43 61 62 83 108
ニコラ　→ Saussure, Nicolas de
ニコラ・テオドール　→ Saussure, Nicolas-Théodore
　de

ニコル → Nicole, Jules
西ゲルマン語　14
二次元性　207
西ベルリン　38
二重母音　62f. 97 114 116 121 146–148 156–158
　162f. 167f. 172 209 217
二重母音化　121 217
二重母音的結合　146 147 148 157 158 163
日本語　129 199 210 211 214 215 216 219 220
　227 228
日本歴史言語学会　3 231

ね　の
年齢　214
能格　132
能記　197
ノエミ → Mallet, Noémi

は
ハーヴァード　55
パーマー → Palmer, Leonard Robert
バイイ → Bally, Charles
ハイデルベルク大学　41
バウナック → Baunack, Johannes
パウリ → Pauli, Carl
パウル → Paul, Hermann
バガヴァッドギーター　29
バカロレア　17
ハ行子音　209 216
ハ行転呼音　216
破擦音　11 14 214
パシー → Passy, Paul
橋本進吉　209
撥音　210 211
発信者（話し手）　198 199 200 205 208
服部四郎　240
ハム語　115
波紋節　42
バラノフスキ → Baranowski, Antoni
バラモン　24
パリ　15f. 21 25 31 35–38 42f. 46 48 52 54 56f. 60
　63 67f. 73 75 77 79 81 113 142 144 240
パリス → Paris, Gaston
バリトン・アクセントパラダイム　188 189 195 196
パリ言語学会　19 20 21 34 60 61 63 66 67 68 74
　93 113 117 142 158
バルト・スラヴ語　37 56 144 166 167 168 171 180
　186 191 194 195 196 235 236 237 239
バルト語　159 170 173 188 193 194 195 196 235
バロウ → Burrow, Thomas
パロール　73 197 198 200 226 232 233
バンヴェニスト → Benveniste, Émile

半二重母音 → 二重母音的結合
半母音　12 95 97 119 134
範列（パラダイム）　219
範列関係　197 232

ひ
鼻音接中辞　169
鼻音ソナント　10 13 22 24–26 35f. 39–41 74 90
　92 162 241
比較言語学　15f. 20–23 30 43 47 56 65f. 68f. 72
　80 85f. 95 106 115 197 198 222
比較文法　15–18 20 64 65 85
東プロシア地域　142
東ベルリン　38
東リトアニア　142
引き延ばし音調　188
ピクテ → Pictet, Adolphe
ビッグバン説　207
ヒッタイト語　23f. 115–118 120 122 126 128–130
　136 239
ピッチアクセント　132
鼻母音　25 144 145
ヒュップシュマン → Hübschmann, Heinrich
ビュルヌーフ → Burnouf, Eugène
標準語，標準日本語　214 215
ヒルト → Hirt, Hermann

ふ
ファーヴル → Favre, Édouard ; Favre, Léopold
ファリエール → Fallières, Armand
フィック → Fick, August
ブーガ → Būga, Kazimieras
フェーシュ → Faesch, Jules
フォルトゥナートフ → Fortunatov, F. F.
フォルトゥナートフ・ソシュールの法則　191 192
不完了体　125
複雑性　208
副次アクセント　176
副動詞　50
プシカリ → Psichari, Jean
藤原氏　216
プティ → Petit, Daniel
舞踏会　64
ブラウネ → Braune, Wilhelm
プラハ言語学サークル　73
フランク（族・語）　210 215 217
フランス　6 16 20f. 56f. 63 65 74f. 79 92 216 241
フランス語　13f. 18 23 33 69–72 75 121 209f.
　215–217 219 229 231 233 235
フランス文学　19
ブランデンブルク門　38

フリードリヒ・ヴィルヘルム大学　38
フリスク　→ Frisk, Hjalmar
フリッチェ　→ Fritzsche, Adolf Theodor Hermann
ブリトニック語群　25
フリブール方言　62
ブリュギア語　17
ブルークマン　→ Brugman(n), Karl
ブルークマンの法則　92
プルタレス家　→ Pourtalès, la famille de
ブレアル　→ Bréal, Michel
プレルヴィッツ　→ Prellwitz, Walther
プロイセン王国　52 53
フロズニー　→ Hrozný, Bedřich
分詞構文　50
文法の集い　27f. 30–37 42 241
文法の夕べ　32 33 35 37 46

へ
平安時代　199 204 210 216 228
閉音節　123 192 210 211
平板型　214
平板化　214
ペーザーセン　→ Pedersen, Holger
ペーザーセンの法則　181 194
ヘーシオドス　28
ヘーシュキオス　69
ヘーリアント　29
ヘーロドトス　10
ベッツェンベルガー　→ Bezzenberger, Adalbert
ベヒテル　→ Bechtel, Friedrich
ベルゲーニュ　→ Bergaigne, Abel Henri Joseph
ペルシア語　85
ベルリン　38 42 43 46 47 52 53 56 86 92
ベルリン・フンボルト大学　38
ベルリン自由大学　38
ベルリン大学　15 38 39
変異　200 214 222 223
変格活用　219
ベンファイ　→ Benfey, Theodor

ほ
ボアズキョイ　115
ホィットニー　→ Whitney, William Dwight
母音交替　3 17 34–36 40 43 77 83f. 86f. 93–96
　100 102f. 105 112 114 118–120 138 140 155
　191
母音組織　3 77 83–88 92 94f. 98 104f. 111 131
　138–140 146
方言　75 200 214 215 223 235
ホーフヴィル　8
ポーランド（語）　25 53 176

北部九州方言　219
ポズナー　→ Posner, Rebecca
ポット　→ Pott, August Friedrich
ボップ　→ Bopp, Franz
ホテル・ハウフェ　51
ボドゥエン・デ・クルテネ　→ Baudouin de
　Courtenay, Jan Ignacy Niecisław
ホメーロス　30 63 69 70
ボルドー大学　115

ま
マイヤー　→ Meyer, Leo
マイヤー・ブリュッガー　→ Meier-Brügger, Michael
マイヤー・リュプケ　→ Meyer-Lübke, Wilhelm
マイルホーファー　→ Mayrhofer, Manfred
マウロ　→ Muro, Tullio de
枕草子　199
摩擦音化　14 213
町田　健　3 18 198 199 202 212 213 215 227 228
　232 236 238 239 240 241 242
松本克己　11 102 231
マラソン　16
マラニー　8 77 79
マリー　→ Saussure, Marie de
マルティ　→ Marti, Lucien
マルティーヌ学院　8 10 13
マルティネ　→ Martinet, André
丸山圭三郎　197
マレ家　64 65
満州語　80

み
ミクロシッチ　→ Miklošič, Franz von
未然形　211 215
宮本順一郎　3
民間語源　220 221
民族　210 216

む
ムーナン　→ Mounin, Georges
無機的　87
無気力　205 206
無声化　11 23
無声帯気音　63 68 113 116
村田郁夫　142 145

め
メイエ　→ Meillet, Antoine
鳴（子）音　→ ソナント
明治政府　216
メーメル　52 53 142

- 270 -

メタテーゼ　23 24 121 143 144
メタトニー　156 170 171
メッサピア語　17
メラー　→ Möller, Hermann

も
モ（ー）ラ　148 149 173 175
モスクワ・アクセント学派　176
模倣　218
モレル　→ Morel. Louis
モンゴル語　227

や
ヤウニュス　→ Jaunius, Kazimieras
柳沢民雄　3 141 149 169 176 180 196 233 235
　236 238 239 240 242
矢野通生　168 192 236
山内貴美夫　38
ヤング　→ Young, Steven Robert

ゆ
有機的　87
有声化　14 116 120 121 126 127 129 130 133
　213
有声帯気音　11

よ
幼児　209 214 215
幼児語　114
ヨーロッパ諸語　84–89 92–95 98–100 105 110
　167
吉田和彦　122
四段活用　210

ら
ライプツィヒ　13 16 18f. 21f. 26 31–34 36–38 40f.
　44 46–48 52f. 56 69 74 89f. 93 109 112 241
ライプツィヒ大学　21 26 33 35 39 49 51 55 101
　142
ラスク　→ Rask, Rasmus
ラテン語　8 12–14 16–18 23f. 28 37 50 55f. 59f.
　69–73 76 85f. 88 93 98f. 109 114 117 121–124
　155 157–159 199–201 210 215–217 219 227f.
　233 238
ラトヴィア語　167 170 176f. 188
ラリンガル，喉音　75 77 83 106–108 110 113–115
　117–121 123–126 128 130f. 134–139 167f. 231
　234f.
ラリンガル＝ソナント説　119 130
ラリンガル＝子音説　125 131
ラリンガルの残滓　118–120 125 129 130
ラリンガル理論，喉音理論　106 109 113 115
　117–119 121f. 136

ラリンジャル　106
ランガージュ　222
欄外的アクセント　189
ラング　73 197 208 214 226 232f. 240
ランゲ　41
ラ行子音　214
ら抜き言葉　220

り
理化学研究所　207
リグヴェーダ　27 28 29
リシャール　→ Richard, Louis
リトアニア（語）　3 16f. 23f. 30f. 52–54 57 59 63 67
　70 74–76 141f. 144f. 147f. 150 153 155 157–
　163 165–174 176–178 180–185 188–196 233–
　240
リドランジェ　→ Riedlinger, Albert
リプシウス　→ Lipsius, Justus Hermann
リベック　→ Ribbeck, Otto
リヤール　→ Liard, Louis
流音　22–25 91 95–97 161f.
流音ソナント　96 162
流行　218
流行語，流行語大賞　204
リューフェン（ルーヴァン）大学　117
リンデマン　→ Lindeman, Fredrik Otto

る
ルイーズ　→ Saussure, Louise de
類型論　98
類推　11 14 41 72 92 114 121 123f. 135 161 169f.
　190 219f. 238
ルダール　→ Redard, Émile
ルネ　→ Saussure, René de

れ
レイマン　→ Lehmann, Winfred Philipp
レーモン　→ Saussure, Raymond de
レール・スプワヴィンスキ　→ Lehr-Spławiński,
　Tadeusz
レジェ　→ Léger, Louis
レジオン・ドヌール勲章　68 69
レスキーン　→ Leskien, August
レスキーンの法則　164–166 172 175 192
レヒ語群　25
レマン湖　8 9 79
連辞関係　73 197 232 240
連声　99
連用形　210

ろ
ローザンヌ　6 79

ローマ　71 201
ローマ人　216 217
ローマ帝国　199 215 217
ローマ文化　217
ロシア（語）　54 71f. 121 125 142 192f. 231 236f.
ロシア帝国　53
ロタシズム　14
ロマンス語　14 55f. 121 123 199f. 215 217 229
ロレーヌ　7
ロンドン　15 85

欧語

acute　74f. 146 148 150–152 154f. 157–162 164–
　172 174f. 177–181 184f. 187 192 234f.
Adert, Jacques (1817–1886)　42
Ambrazas, Vytautas = Амбразас, В. (1930–)　141
　147 148
Andronov, A. V. = Алексей Викторович
　Андронов (1972–)　176
Archives de Saussure　142
Ascoli, Graziadio Isaia (1829–1907)　98
athematic　154
Bally, Charles (1865–1947)　69 70 79 81 198 241
　242
Baranowski, Antoni = Antanas Baranauskas
　(1835–1902)　172 173
Baudouin de Courtenay, Jan Ignacy Niecisław =
　Иван Александрович Бодуэн де Куртенэ
　(1845–1929)　54 67 142
Baunack, Johannes (1855–1928)　51
Bechtel, Friedrich (Fritz) (1855–1924)　96 111
　113
Beekes, Robert (1937–2017)　14 60
Benfey, Theodor (1809–1881)　20 86 91 94
Benveniste, Émile (1902–1976)　107 117 119 132
Bergaigne, Abel Henri Joseph (1838–1888)　20 55
　61 65
Bezzenberger, Adalbert (1851–1922)　157 158
Bopp, Franz (1791–1867)　15–18 20 32 85–87
　132
Bouquet, Simon (1954–)　54 67
Bourciez, Édouard (1854–1946)　121
Braune, Wilhelm (1850–1926)　27–31 37 42 58
Bréal, Michel (1832–1915)　16 19f. 55–57 61 66–
　68 81 241
Brugman(n), Karl (1849–1919)　22 25f. 29 31–33
　35–37 39–47 51 67 74 91–95 97f. 102 109–112
　140 174 241f.
BSL　81
Būga, Kazimieras (1879–1924)　153 170 182 194
Burnouf, Eugène (1801–52)　92
Burrow, Thomas (1909–1986)　131
Busze Oginsky　142
Caille, Louis　72
Carnot, Sadi (1837–1894)　66

Chantre, Ernest (1843–1924)　74
Chomsky, Avram Noam (1928–)　212
circumflex　74f. 143 146f. 149–152 154 156 161–
　165 168–175 178f. 184 187 192
Collitz, Hermann (1855–1935)　93 94
Constantin, Émile　72 73
Cours → 『講義』
Couvreur, Walter (1914–1996)　107 117 126
Crue, Francis de (1854–1928)　81
Cuny, Albert Louis Marie (1869–1947)　107 115
　119 130
Curtius Studien　109
Curtius, Georg (1820–1885)　15–21 27–32 34f.
　39–42 46 51 89–92 109f. 113
Darmesteter, Arsène (1846–1888)　55 58
Darwin, Charles Robert (1809–1882)　65
Dégallier, Georges (1885–1973)　73
Delbrück, Berthold (1842–1922)　32 42
Delitzsch, Franz (1813–1890)　48
Derksen, Rick (1964–)　170 176
DNA　207
Duchosal, Henri (1872–1962)　69
Dybo, V. A. = Владимир Антонович Дыбо
　(1931–)　149 157 166f. 176 186 191–194
*ə → 印欧語のシュワー
Ebel, Hermann Wilhelm (1820–1875)　20 89
École supérieure pour jeunes filles　19
Edzardi, Anton Philipp (1849–1882)　27–31 37
Endzelīns (Endzelin), Jānis (1873–1961)　170 182
　188 194
Evidence for Laryngeals　118
Faesch, Albert (1868–1914)　79
Faesch, Jules (1833–1895)　77 79
Fallières, Armand (1841–1931)　66
Favre, Édouard (1855–1942)　47 48
Favre, Léopold (1846–1922)　19 20
Fick, August (1833–1916)　94 98
Fleury, Michel (1923–2002)　60
Fortunatov, F. F. = Филипп Федорович
　Фортунатов (1848–1914)　96 142 157–162
　191 234
Fraenkel, Ernst (1881–1957)　144 168 169
Frisk, Hjalmar (1900–1984)　60
Fritzsche, Adolf Theodor Hermann (1818–1878)
　28 31
Gamkrelidze, T. V. = Тамаз Валерианович
　Гамкрелидзе (1929–)　167
Garde, Paul (1926–)　143 149 166 184–187 191
　237
Gardthausen, Victor Emil (1843–1925)　28
Gautier, Léopold　72
Gilliéron, Jules (1854–1926)　222
glottalic theory　167
Godel, Robert (1902–1984)　67
Grammont, Mourice (1866–1946)　60 240
Grassmann (Graßmann), Hermann Günther (1809–
　1877)　14
grave　146 150 161

Grimm, Jacob (1785–1863)　14 16 84–90 92–94 98
Grinaveckis, Vladas (1925–1995)　168 176
Guieysse, Georges (1869–1889)　59 66
guṇa　87
Güntert, Hermann (1886–1948)　23
Havet, Louis (1849–1925)　42–44 48 55 57 61 70 76 81 241
Henry Poole & Co.　64
Herder, Johann Gottfried von (1744–803)　211
hi 活用　122
hīc et nunc　122 123
Hirt, Hermann (1865–1936)　23 74 143
Hjelmslev, Louis (1899–1965)　170
Hoffner, Harry Angier (1934–2015)　120
Hrozný, Bedřich (Friedrich) (1879–1952)　115
Hübschmann, Heinrich (1848–1908)　21f. 26–28 31 33 42 98 111f.
IF　143
Illič-Svityč, V. M. = Владислав Маркович Иллич-Свитыч (1934–1966)　191 193–196
Indogermanisches Jahrbuch　81
IPA → 国際音声記号
Isidor　58
Ivanov, V. V. = Вячеслав Всеволодович Иванов (1929–2017)　167
Jaunius, Kazimieras (1848–1908)　67 142
Jespersen, Jens Otto Harry (1860–1943)　22 240
Jones, Sir William (1746–1794)　15
Joseph, John E. (1956–)　7 13 15 18–21 26 31 35 40 46 48 52 55 57 64 67 69–73 78–81 234
Kager, René (1957–)　212
Kamantauskas, Viktoras (1899–1951)　147
Karcevsky, S. I. =Сергей Иосифович Карцевский (1884–1955)　73
Kazlauskas, Jonas (1930–1970)　182
Kloekhorst, Alwin (1978–)　128
Kortlandt, Frederik (1946–)　128 168 170 176 177 180 191
Kudzinowski, Czesław (1908–1988)　181
Kuiper, Franciscus Bernardus Jacobus (1907–2003)　107 131
Kurschat, Friedrich (1806–1884)　156f. 171–173 177 180 185 234
Kuryłowicz, Jerzy (1895–1978)　107 115–118 120 122 126 128 130f. 136 138 166 192 194f. 235 239
labio-velar　98
Laigonaitė, Adelė (1926–2005)　153 182
Lange, Ludwig (1825–1885)　41
Le Temp　81
Léger, Louis (1843–1923)　58
Lehmann, Winfred Philipp (1916–2007)　119
Lehr-Spławiński, Tadeusz (1891–1965)　192
Leskien, August (1840–1916)　27–31 33 37 41f. 52 142 157f. 164f. 234f.
Liard, Louis (1846–1917)　66
Lindeman, Fredrik Otto (1936–)　101 138

Lipsius, Justus Hermann (1834–1920)　41
Lyberis, Antanas (1909–1996)　185
Mallet, Arthur (1821–1891)　64
Mallet, Noémi (1866–1961)　63–66
Marti, Lucien (1880–1983)　70
Martine, Eugène (1819–1898)　8
Martinet, André (1908–1999)　12 77 118 122f. 127 130–132 134 205 212 237
Mauro, Tullio de (1932–2017)　38
Mayrhofer, Manfred (1926–2011)　99 119
Mažvydas, Martynas (1520–1563)　144
Meier-Brügger, Michael (1948–)　119
Meillet, Antoine (1866–1936)　59f. 66f. 71 75f. 81 107 115 117 132 141 192
Melchert, Harold Craig (1945–)　120 128
Mémoire → 『覚え書』
Meyer, Leo (1830–1910)　89
Meyer-Lübke, Wilhelm (1861–1936)　121
Miklošič, Franz von (1813–1891)　91
Mikulėnienė, Danguolė (1952–)　170
Möller, Hermann (1850–1923)　47 100f. 103 105f. 109 112f. 115 118–120 125f. 128 131 138 140
Montague, Richard (1930–1971)　225
Morel, Louis　18 19 31
Mounin, Georges (1910–1993)　68
MSL　19–21 25 34 36 60–62 66 74 93 158
MU　42 109 110
nāsālis sonans → 鼻音ソナント
Necker de Saussure, Albertine Adrienne (1766–1841)　6 10
Nicole, Jules (1842–1921)　76
Odéon Hôtel　54
Olander, Thomas (1974–)　181 191 192
Oldenberg, Hermann (1854–1920)　38 39
Oltramare, André (1822–96)　10
Oltramare, Geneviève (1887–1967)　72
Oltramare, Paul (1854–1930)　65 74
Osthoff, Hermann (1847–1909)　20 27f. 31 36 39–42 46f. 90f. 95 97 109–111 140
Otfrid　58
Otrębski, Jan (1889–1971)　176
Overbeck, Johannes Adolph (1826–1895)　27
palato-velar　98
Palmer, Leonard Robert (1906–1984)　130
Paris, Gaston (1839–1903)　55 66–68
paroxyton　179
Paskalwen　142
Passy, Paul (1859–1940)　23 59 240
Paul, Hermann (1846–1921)　42
Pauli, Carl (1839–1901)　90
Pedersen, Holger (1867–1953)　107 117 190 194
Petit, Daniel (1967–)　142 143 144 169 234
Pictet, Adolphe (1799–1875)　8 10 12–17 19 37
Pokorny, Julius (1887–1970)　63
Posner, Rebecca　215
Pott, August Friedrich (1802–1887)　20 87
Pourtalès, Alexandre-Joseph de (1810–1883)　8

Pourtalès, la famille de　8 38 53 77 79
Prellwitz, Walther (1864–?)　60
Pröckuls　142
proparoxyton　179
Psichari, Jean (1854–1929)　59 67
Ragnit　142
Rask, Rasmus (1787–1832)　14 16 84 90 92
Redard, Émile (1848–1913)　37 42 43 71
Ribbeck, Otto (1827–1898)　41
Riedlinger, Albert (1883–1978)　71 72
Rix, Helmut (1926–2004)　62
Robinson, David Franklin (1935–)　184 185
R音　23
Sapir, Edward (1884–1939)　118 121f. 126 128
Saulxures, Mongin Schouel (Chouel) de　(1469–1542)　6
Saulxures-lès-Nancy　7
Saulxures-lès-Nancy, Schouel (Chouel) de (c1430–?)　6
Saulxures-sur-Moselotte　7
Saussure, Albertine Adrienne de → Necker de Saussure
Saussure, Alphonse Jean François de (祖父, 1770–1853)　6 8 10
Saussure, Antoine de (1514–1569)　6
Saussure, César de (1637–1703)　6
Saussure, Claude de (c1542–?)　6
Saussure, Daniel de　6
Saussure, Elie de (1602–1662)　6
Saussure, Ferdinand Mongin de (1857–1913)　1–243
Saussure, Henri Louis Frédéric de (父, 1829–1905)　6–8 17 19 21 37f. 42f. 47f. 65 77 79
Saussure, Horace de (弟, 1859–1926)　65 82 243
Saussure, Horace-Bénédict de (曾祖父, 1740–1799)　6 7 8 17 48
Saussure, Jacques de (長男, 1892–1969)　77
Saussure, Jean de (1546–1617)　6
Saussure, Jean-Baptiste de (1576–1647)　6
Saussure, Louise de (母, 1837–1906)　7 65 79
Saussure, Marie de, née Faesch (妻, 1867–1950)　6 77–81
Saussure, Nicolas de (1709–1791)　6 7
Saussure, Nicolas-Théodore de (1767–1845)　6 7 17
Saussure, Raymond de (次男, 1894–1971)　78
Saussure, René de (弟, 1868–1943)　65
Saussure, Théodore de (1674–1750)　6
Saussure, Théodore de (伯父, 1824–1903)　63
Scherer, Wilhelm (1841–1886)　89 90
Schlegel, Friedrich von (1772–1829)　15
Schleicher, August (1821–1868)　12 17–19 87–89 98 132 156f. 234f.
Schmalstieg, William R. (1929–)　162 169 176
Schmidt, Johannes (1843–1901)　42 46 74 92 110 113
Schöll, Fritz (1850–1919)　28

Schwebeablaut　83 108
Sechehaye, Albert (1870–1946)　69–71 79 81 198 241 242
Sechehaye, Marguerite, née Burdet (1887–1964)　73
Senn, Alfred (1899–1978)　145 154
Sievers, Eduard (1850–1932)　32 42 240
Skardžius, Pranas (1899–1975)　181 182 194
Sljusareva, N. A. = Наталия Александровна Слюсарева (1918–2000)　67 142
s mobile/movable　12 130
Spaltung　87 89
Stang, Christian Schweigaard (190–1977)　170 176 190 193–195
stóti の法則　170 171 168
Streitberg, Wilhelm August (1864–1925)　10 33 35 44 46 67 74 76 81 242
Stundžia, Bonifacas (1952–)　185 186
Sturtevant, Edgar Howard (1875–1952)　77 107 118 121 131
Sweet, Henry (1845–1912)　126
Szemerényi, Oswald John Louis (1913–1996)　92
Tatian　58
Thomsen, Vilhelm (1842–1927)　77
Tilsit　142
Tojetti, Virgile (1867–1932)　69 73
Torbiörnsson, Tore　194
Trautmann, Reinhold (1883–1951)　162 176
Ulvydas, Kazys (1910–1996)　154
Vaan, Michiel de (1973–)　63
Vaillant, André (1890–1977)　192
Valckenaer, Lodewijk Caspar (1715–1785)　10
Verner, Karl (1848–1896)　14 32 42
Villani, Paola (1964–)　26 28 33 35 36 44 46 51 67
Vitkauskas, Vytautas (1935–2012)　147
vṛddhi　12 87
Watkins, Calvert (1933–2013)　62 128
Wertheimer, Joseph (1833–1908)　18 71 241
Whitney, William Dwight (1827–1894)　32f. 39 40 74 241
Wijk, Nicolaas van (1880–1941)　173 192
Wilbur, Terence H. (1924–2000)　32
Windisch, Ernst Wilhelm Oskar (1844–1918)　17 29–31 37 42 51
Winter, Werner (1923–2010)　118
Young, Steven Robert (1951–)　180
Zarncke, Friedrich Karl Theodor (1825–1891)　27 31 44 48 51
Zimmer, Heinrich (1851–1910)　38 39 40 46 90
Zinkevičius, Zigmas (1925–)　145 183
Zum Arabischen Coffe Baum, or Coffe Baum　32

τετάχαται　10 11 15 18 25 92

ъ (hard jer)　121
ь (soft jer)　121

- 274 -

著者紹介（五十音順）

神山孝夫（かみやまたかお）　東京外国語大学大学院外国語学研究科修士課程修了。博士（文学）（東北大学）。大阪大学大学院文学研究科教授。専門はヨーロッパ諸語を中心とした歴史言語学と音声学。
主要業績：『日欧比較音声学入門』（鳳書房、1995）、マルティネ『「印欧人」のことば誌：比較言語学概説』（ひつじ書房、2003）、国際音声学会『国際音声記号ガイドブック』（竹林滋氏と共訳編）（大修館書店、2003）、『印欧祖語の母音組織』（大学教育出版、2006）、『脱・日本語なまり』（大阪大学出版会、2008）、『ロシア語音声概説』（研究社、2012）、「名誉会員の業績に学ぶ：松本克己」『歴史言語学』5（日本歴史言語学会、2016）。

町田健（まちだけん）　東京大学大学院人文系科学研究科博士課程修了。名古屋大学大学院文学研究科名誉教授。久留米大学附設中学校・高等学校校長。専門はロマンス語学を中心に言語学全般。
主要業績：『コトバの謎解き：ソシュール入門』（光文社新書、2003）、『ソシュールのすべて』（研究社、2004）、『ソシュールと言語学』（講談社現代新書、2004）、セミル・バディル『イェルムスレウ：ソシュールの最大の後継者』（大修館書店、2007）、『言語世界地図』（新潮新書、2008）、『言語構造基礎論』（勁草書房、2011）、『ロマンス語入門』（三省堂、2011）、『フランス語文法総解説』（研究社、2015）、ソシュール『新訳 一般言語学講義』（研究社、2016）。

柳沢民雄（やなぎさわたみお）　名古屋大学大学院文学研究科博士課程退学。名古屋大学大学院人文学研究科教授。専門は北西カフカース語学、言語類型論、通時アクセント論を中心にバルト・スラヴ語学。
主要業績：「ロシア語のアクセント法の歴史」『ロシア語ロシア文学研究』25（1993）、「ロシア語アクセント法の史的変遷 1–2」『言語文化論集』15（名古屋大学、1993–1994）、『ロシア・ソヴィエト言語類型論の研究』（名古屋大学、2002）、*Analytic Dictionary of Abkhaz*（ひつじ書房、2010）、*A Grammar of Abkhaz*（ひつじ書房、2013）、ポール・ギャルド『ロシア語文法：音韻論と形態論』（ひつじ書房、2017）。

歴史言語学 モノグラフシリーズ 1
ソシュールと歴史言語学

2017 年 12 月 20 日　初版第 1 刷発行

著　者　　神山孝夫（編者）、町田　健、柳沢民雄
編集者　　日本歴史言語学会　代表 神山孝夫
　　　　　事務局　〒263–8522　千葉市稲毛区弥生町 1–33
　　　　　　　　　千葉大学人文科学研究科　田口善久研究室内
　　　　　info@histling.com
　　　　　http://www.jp-histling.com/
発行者　　株式会社大学教育出版　代表 佐藤　守
　　　　　〒700-0953　　岡山市南区西市 855-4
　　　　　TEL: 086-244-1268（代表）　　　FAX: 086-246-0294
　　　　　info@kyoiku.co.jp
　　　　　http://www.kyoiku.co.jp

　　　　　ISBN978–4–86429–488–1